本书为2019年度国家社科基金艺术学重大项目"网络文化安全研究"（项目批准号：19ZD12）阶段性成果之一。

跨学科媒介研究译丛

交互叙事与跨媒体叙事

新媒体平台上的沉浸式故事创作

INTERACTIVE NARRATIVES AND TRANSMEDIA STORYTELLING

Creating Immersive Stories Across New Media Platform

［爱尔兰］凯利·麦克莱恩（Kelly McErlean） 著

孙 斌 李 蕊 丁艳华 译

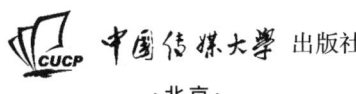

中国传媒大学出版社

·北京·

《交互叙事与跨媒体叙事：新媒体平台上的沉浸式故事创作》为媒体专业学生和行业专业人士提供跨多种平台创建创新新媒体项目的策略。凯利·麦克莱恩（Kelly McErlean）集合视觉、听觉和交互媒体领域众多理论家和实践者的观点，提供了一个实用的参考指南和工具包，帮助读者了解最佳的实践和技术，关键的历史和理论概念，以及媒体叙事者和创意者在创作出色的交互和跨媒体叙事时所需要的术语。麦克莱恩以一个广阔的视角，探索传统叙事、虚拟现实、增强现实、观众解读、声音设计、蒙太奇、跨媒体叙事等方面的内容。

无论是对有经验的媒体从业人员还是对那些寻求帮助以提升创造力的人，或是对想学习如何更好地编写跨平台故事的人来说，《交互叙事与跨媒体叙事：新媒体平台上的沉浸式故事创作》都是引领这个不断发展的领域的指南。本书配套的在线资源网站www.Storyfort.ie将定期更新相关文章和链接。

凯利·麦克莱恩为当地和国际学生开设电影和新媒体方面的本科和研究生课程，并成功代表欧洲广播联盟为国际广播组织提供了现场教学和网络在线教学。麦克莱恩在爱尔兰邓多克理工学院（Dundalk Institute of Technology Ireland）讲授电影、新媒体及创业课程。他曾凭借电影、新媒体作品和摄影作品荣获了包括金蜘蛛奖和数字媒体奖在内的奖项。麦克莱恩拥有都柏林国立艺术与设计学院（National College of Art and Design）视觉文化博士学位。

目　录

第一章　简介 ··· 001
一、这本书是给谁看的？ ··· 001
二、交互叙事和跨媒体叙事的定义 ································· 002
三、关于作者 ·· 003
四、叙事新模式 ·· 004
五、章节摘要 ·· 006
六、商业规则 ·· 008
七、掌握阅读 ·· 008
八、横向思维 ·· 009
九、推销你的想法 ·· 009
十、构思一本创意书/视觉日记 ····································· 010

第二章　传统叙事文本 ··· 011
一、"会说话的照片"：在摄影中找到叙事 ···························· 011
二、图片中的几何构成 ··· 012
三、静止的故事序列 ··· 012
四、佩德罗·梅耶尔的"魔幻现实主义" ······························ 013
五、浏览非线性文本 ··· 013
六、逼真度 ·· 014
七、布莱希特：现实主义 ·· 014

八、亚里士多德的《诗学》（Poetics）……………………………………… 015
九、霍加斯：《逐渐堕落》………………………………………………… 016
十、波德莱尔的《浪漫派的艺术》………………………………………… 016
十一、电影剪辑：沃尔特·默奇…………………………………………… 017
十二、"六条准则"………………………………………………………… 017
十三、第三效果……………………………………………………………… 020
十四、爱森斯坦的评分图表………………………………………………… 020
十五、突发声音……………………………………………………………… 021
十六、具体的声音…………………………………………………………… 023
十七、推进叙事……………………………………………………………… 024
十八、解读作者意图………………………………………………………… 025
十九、叙事真实与受众真实………………………………………………… 025
二十、屏幕上的文本………………………………………………………… 027
二十一、博尔赫斯：回顾叙事……………………………………………… 027
二十二、构建一个故事情节………………………………………………… 029
二十三、叙事距离、深度和一致性………………………………………… 030
二十四、巴赞的无形见证…………………………………………………… 030
二十五、故事节奏：俳句…………………………………………………… 032
二十六、无声时代的技术…………………………………………………… 033
二十七、波尼茨谈希区柯克………………………………………………… 034
二十八、麦高芬……………………………………………………………… 034
二十九、斯拉沃热·齐泽克谈希区柯克…………………………………… 035
三十、在叙事中控制时间…………………………………………………… 035

第三章　主观释义 …………………………………………………………… **037**

一、叙事视角………………………………………………………………… 037
二、打破边界：视角边界的解体…………………………………………… 038
三、语言的灵活性：将词汇融进和弦……………………………………… 038
四、叙事解构………………………………………………………………… 039
五、循环：如果－那么－转到……………………………………………… 039

六、因果关系 ··· 040

　　七、放弃权威控制 ·· 040

　　八、注意瞬脱 ··· 041

　　九、虚构：没有情景的情感体验 ··· 042

　　十、不断发展的语言 ·· 042

　　十一、伊塔罗·卡尔维诺：读者与叙事者之间易被影响的关系 ········· 043

　　十二、对颜色和形式的主观反应 ··· 044

　　十三、积极色彩与消极色彩 ·· 045

　　十四、颜色与情感反应 ··· 045

　　十五、数字和模拟彩色调色板 ·· 047

　　十六、几何图像的实际反应 ·· 047

　　十七、艺术的意志 ·· 048

　　十八、了解你的观众 ·· 048

　　十九、控制叙事/编辑文本 ·· 049

　　二十、瓦西里·康定斯基：相关感情链 ··· 050

第四章　声音设计 ·· 052

　　一、对声音的原始反应 ··· 052

　　二、根据情感反应分类和声 ·· 053

　　三、叙事全景声 ··· 054

　　四、情感音频 ··· 054

　　五、情感暗示 ··· 055

　　六、将对话与背景噪音分离 ·· 055

　　七、韵律和语法 ··· 056

　　八、音乐主题 ··· 056

　　九、情绪的表现 ··· 057

　　十、声音通用的"调色板" ··· 058

　　十一、感受记忆：音乐形式编纂的局限性 ······································· 059

　　十二、预期与实现 ·· 059

　　十三、节奏组织与"敲击屏障" ·· 061

十四、心理时间和本体论时间 ················· 061

　　十五、音乐记谱法 ··························· 061

　　十六、偶然对位 ····························· 062

　　十七、通过音乐传达情感 ····················· 063

　　十八、切分音 ······························· 064

　　十九、配乐 ································· 065

　　二十、电影的隐喻 ··························· 066

　　二十一、电影的声音元素 ····················· 066

　　二十一、模仿-外延的乐器法 ·················· 068

　　二十二、视觉和对话的局限性 ················· 068

　　二十三、主旋律 ····························· 069

　　二十四、移情/非移情配乐 ···················· 069

第五章　视觉蒙太奇 ···························· **071**

　　一、蒙太奇：并列视觉元素 ··················· 072

　　二、书面陈述-阐述 ························· 072

　　三、垂直蒙太奇 ····························· 073

　　四、照片蒙太奇：霍克尼拼贴 ················· 074

　　五、巴勒斯的文学碎片 ······················· 075

　　六、字母派 ································· 076

　　七、布鲁盖尔的微叙事 ······················· 076

　　八、马克的《堤》 ··························· 077

　　九、时间序列的空间呈现 ····················· 078

　　十、屏幕上的多重叙事视角 ··················· 078

　　十一、维尔托夫的"电影之眼" ················· 079

第六章　编纂故事元素 ·························· **081**

　　一、普罗普的民间故事形态 ··················· 081

　　二、叙事学：叙事结构如何影响我们的感知 ····· 082

　　三、叙事学术语：提喻、毗连、转喻 ··········· 083

四、嵌入叙事：法布拉和休热特 ……………………………………… 083

五、叙事的透视法 …………………………………………………… 084

六、主观追溯 ………………………………………………………… 084

七、照片：无编码信息 ……………………………………………… 085

八、《战争入门读本》：布莱希特的"照片警句" ………………… 085

九、"会说话的照片"：摄影图片和音频片段 …………………… 086

十、佩里克的"超日常" …………………………………………… 086

十一、德·昆西的《一个英国鸦片吸食者的自白》 ……………… 087

十二、照片：平淡无奇的人类学事实 ……………………………… 087

十三、布莱希特的距离论 …………………………………………… 088

十四、词汇优先于情节 ……………………………………………… 089

十五、大型数据集的可视化 ………………………………………… 090

十六、元数据：标记存档内容 ……………………………………… 090

十七、照片档案 ……………………………………………………… 091

十八、摄影测量技术：网络考古学 ………………………………… 092

十九、趋势识别算法 ………………………………………………… 092

二十、网飞量子理论 ………………………………………………… 092

二十一、创作多重叙事轨迹 ………………………………………… 093

二十二、数据库 ……………………………………………………… 093

二十三、超叙事 ……………………………………………………… 094

二十四、提取式超文本和沉浸式3D ………………………………… 095

二十五、关联链接 …………………………………………………… 096

二十六、类型分类 …………………………………………………… 096

二十七、电影隐喻 …………………………………………………… 096

二十八、非传统电影：戈登的时间减速 …………………………… 097

二十九、突现叙事 …………………………………………………… 098

三十、综合内容 ……………………………………………………… 098

第七章 交互叙事 ……………………………………………………… 100

一、文本交互 ………………………………………………………… 100

二、查尔·戴维斯：渗透 ·········· 101
三、本体感觉 ·········· 102
四、艺术家与观众：阿瑟顿的交互论述 ·········· 102
五、非线性文本 ·········· 103
六、融合式的通感语言 ·········· 104
七、模拟故事中延迟现象的干扰效应 ·········· 104
八、交互叙事 ·········· 105
九、文本世界中的沉浸 ·········· 106
十、视觉写作 ·········· 106
十一、时间沉浸 ·········· 107
十二、故事背景 ·········· 108
十三、遍历文本 ·········· 108
十四、持续的语境重构 ·········· 109
十五、深度优先的探索 ·········· 110
十六、交互性结构 ·········· 110
十七、空间沉浸与情感沉浸 ·········· 111
十八、希腊戏剧合唱团 ·········· 112
十九、观众参与：生活剧场 ·········· 113
二十、视角主义方法 ·········· 114
二十一、弗雷塔格三角 ·········· 114
二十二、叙事限制 ·········· 115
二十三、乔伊斯的顿悟 ·········· 116
二十四、电视语言 ·········· 116
二十五、强制叙事和表现叙事 ·········· 117
二十六、客观对应物 ·········· 118
二十七、虚拟身份 ·········· 118
二十八、扁平人物与圆形人物 ·········· 119
二十九、虚拟现实叙事技巧 ·········· 120
三十、表演动作 ·········· 121
三十一、手势控制界面 ·········· 122

三十二、技术与艺术 ………………………………………………… 122

　　三十三、霍伊《水的重量》：在虚拟现实中制造在场感 ……… 123

　　三十四、混合叙事：《弗兰的悲惨之旅》 ………………………… 124

　　三十五、交互诗歌：《亲爱的艾斯特》 …………………………… 124

　　三十六、基于位置的增强现实技术（AR） ……………………… 125

　　三十七、叙事框架 …………………………………………………… 125

　　三十八、试验叙事即兴小段：《葛瑞马腾》 ……………………… 126

　　三十九、补救故事 …………………………………………………… 126

　　四十、交互设计：Twine …………………………………………… 127

第八章　跨媒体叙事 …………………………………………………… 129

　　一、"寻找女孩" ……………………………………………………… 130

　　二、"爆炸理论"：《永远的艾薇》 ………………………………… 130

　　三、《凯伦》 …………………………………………………………… 131

　　四、内容创作部门：病毒式传播 …………………………………… 131

　　五、数字新闻工作室：跨媒体及虚拟现实 ………………………… 133

　　六、社交媒体平台叙事 ……………………………………………… 134

　　七、数据分析 ………………………………………………………… 135

　　八、故事开发工具和技术 …………………………………………… 136

　　九、增强现实 ………………………………………………………… 137

　　十、重建剧场体验 …………………………………………………… 137

第九章　结　论 …………………………………………………………… 139

附件1　制作短片《一点外快》 ………………………………………… 142

　　一、走向新电影范式 ………………………………………………… 142

　　二、使用空间蒙太奇的叙事 ………………………………………… 144

　　三、观众凝视 ………………………………………………………… 145

　　四、作者的首要意图 ………………………………………………… 145

　　五、放弃作者权 ……………………………………………………… 147

六、解构主义电影 ··· 147

七、嵌入叙事的功能 ··· 148

八、学习互动的新模式 ··· 149

九、叙事沉浸 ··· 150

十、中央视觉和外围视觉 ··· 151

十一、改变视角 ··· 151

十二、《一点外快》的声音设计 ··· 152

十三、解读与重新解读文本世界 ··· 152

十四、故事板和动画 ··· 153

附件2　数字化数据压缩 ·· **154**

一、时空压缩：开发冗余 ··· 154

二、量化：阈值水平和色带 ·· 155

三、编码压缩 ··· 155

四、帧预测：关键帧和校验和值 ··· 155

索　引 ··· **156**

第一章　简介

> 形式在不停地变化与创新，我们永远在探索新的发现。
> ——Kasimir Malevich-*Suprematist Manifesto*（1916）

这本书致力于探索当代叙事与传统叙事的概念和观点。它鼓励在交互叙事和跨媒体叙事方面进行理论研究和实践。它涵盖的专业范围很广泛，很多从业人员跨越了众多创意领域，包括写作、音乐、电影、摄影、戏剧、艺术和新媒体。它对那些关键的文本信息进行了识别与鉴定，包括对专业从业者和学术研究人员的采访。纵观历史，艺术灵感往往来自那些意想不到的源泉。解放思想总是会给叙事带来原始的、令人兴奋的和具有挑战性的机会。

一、这本书是给谁看的？

这本书的目标读者是那些希望利用新技术和发行平台来开发以及发布交互叙事和跨媒体作品的故事创作者。它综合了许多关于交互叙事策略的理论，同时也思考了一些交互叙事当前存在的问题。希望通过此书能够让读者获得一定的知识，并且引导他们去激发创意的产生。其中的关键点与故事导航（引导故事发展）相关，包括：如何解决在情节中创建交互关键点的难题？这些交互关键点应该是自然但不刻意生硬的交互情节。交互内容的目标受众是谁？他们在哪里？这些被定位的受众经历过什么？如何向这些特定受众进行信息传递？交互内容的受众是否需要了解特定（可能是最新的）技术？是否需要经历交互故事体验、具备一定社交媒体参与历史、拥有平台意识或具有特定软件应用程序使用经验？交互故事开发人员最需要的技能和经验是什么？在这些新的叙事模式中，传统叙事里的哪些元素可以被利用？在一般叙事背景下，音效设计和音乐被认为具有很大的潜力，可以充分建构叙事世界，并令观众沉浸和参与其中。本书探讨了交互叙事的未来及其艺术性和商业价值，以及如何完成与发展这些项目。在整本书中，我都避免采用以技术为中心的方法，重点在于创建引人入胜的故事，这些故事（通过尝试和失败）利用最创新又最合适的模式，在多种平台上有效地传达故事创意。这本书包含了本人多年来在欧洲各大学讲授这门课程中发现的最有意义的内容。你会注意到书中参考了许多传统艺术家的作品。当我认为这些作品与交互叙事和跨媒体叙事的开发相关时，我对它们的工作流程进行了研究。我从传统媒体中汲取了最佳的实践方法，用于认识与研究那些带有试验性又能够引人入胜的创意作品，并综合了全面的理论，使之为广大观众所接受。

二、交互叙事和跨媒体叙事的定义

交互叙事为观众提供了预先设定好的故事模式与选择方式，使他们能够对情节产生影响。交互体验是"高度依赖于前后内容，并涉及使用某种形式的界面，如文本输入（在命令行输入）、手持控制器或手势感知设备"（Laurel，1991，p.21）。根据不同的叙事设计，每一次交互都会对故事产生不同程度的影响。制作人小岛秀夫（Hideo Kojima）表示，交互叙事开发者面临的挑战体现在：不舍弃那些通过"剪辑序列"（经过编辑的场景，而不是交互游戏玩法）所开发的故事情感，而去提供更多的代理（Ashcraft，2008）。位于布莱顿（Brighton）的艺术家团体"爆炸理论"（Blast Theory）发布了一部非常有趣的交互叙事作品，名为《凯伦》（Karen，2015）。作品使用了一个基于手机的视频通话应用程序，用户扮演客户的角色，与一个叫作凯伦的生活教练进行几天的互动。凯伦提出的问题往往具有引导性，而选择题的答案被用来构建成每个用户的心理评估资料，这些资料可以在故事结束时购买。故事沿着一个令人满意的叙事弧推进，其中包括合理的故事冲突、戏剧化情节和幽默感。用户的参与感往往来源于精心构造的问题（由凯伦提供）和对用户同样有效的回答选项设计。这种交互叙事的结果，会让观众感觉自己成为一场精心设计的戏剧体验中的表演者。

跨媒体叙事是通过多种媒介平台传播的，其格式多种多样，可以包括故事片、短片、电视剧、流媒体内容、社交媒体、游戏、平面媒体、音乐和音频剪辑。跨媒体叙事被定义为"围绕一个核心故事和角色开发的许多系列故事"（Blumenthal & Xu，

2012，p.190）。尽管跨媒体叙事元素之间有一些差异，但是能够同时存在于一个单一的故事世界中。"爆炸理论"团体在"寻找女孩"（Find The Girl）的发行中，就使用了跨媒体宣传活动，不但传播了5集网络剧《失落十三年》（*Thirteen*，2016）的故事内容本身，而且也在社交媒体平台和各种网站上达到了宣传的目的（Puschmann，2016）。

三、关于作者

在我18岁的时候，我申请到了英国的教育补助奖学金，离开了北爱尔兰的巴尼莫利（Ballymoney），去英国伯明翰理工学院（Birmingham Polytechnic，UK）学习计算机编程。我1989年毕业，不久就开始了我的职业生涯，在位于莱斯特的英国国防部马可尼指挥控制系统公司（Marconi Command and Control Systems at a UK Ministry of Defence Site in Leicester）担任计算机程序员。我用Ada（国防部门的传统语言）设计和编写软件，对伦敦消防队的地理位置数据库进行语音检索。该系统允许紧急电话接线员语音输入听到的街道名称，而不需要检查拼写。然而，我逐渐发现类似需要传达指令的工作缺乏我所追求的创造力，所以我回到了伯恩维尔艺术学院（Bournville Art College），在导师约翰·霍奇特（John Hodgett）的鼓励下学习摄影。20世纪90年代中期，我和当时的女朋友伊瑟（Esther）带着一个小孩回到都柏林。在那里，我能够将我的软件工程、电影和摄影技能结合起来。我受聘于颇具影响力的雕塑家、学者艾琳·麦基奥格（Aileen McKeogh），在艺术工坊（Arthouse）工作。作为培训和制作负责人，我负责管理欧洲资助的项目，并代表爱尔兰政府拟定和发布新媒体教育合同。2001年，我个人筹集了25万欧元的资金，在都柏林市中心建立了一所新媒体培训学院。我开始在东欧和北非各地旅行，帮助国际广播组织构建数字化战略，并为其制定新媒体培训方案。在每个国家，我都会写一篇摄影散文来打发会议间隙的时间。我在从巴基斯坦（Pakistan）去往拉瓦尔品第（Rawalpindi）的途中，在一个偏僻的地方拍摄了一个巨大的收费站，差点因此而被捕。在埃及，我和现在的妻子埃丝特（Esther）采访了在未来可能会成为课程参与者的对象，她也很高兴收到很多关于如何建立婚姻信任的建议。在走访邻近吉萨（Giza）的媒体制作城的时候，一个简单的语言错误（后来被纠正）导致我被误认为是爱尔兰广播电视台（Telefis Eireann，RTE）的总经理。这件事很有戏剧性，我们花了一天的时间穿梭于电影制片厂，并被介绍给电影明星，还使一个满员的水上公园在我们到达之后才开始表演。

在旅行中，我时常注意到叙事语言的国际化以及新技术在创造新叙事范式方面的潜力。我继续研究这一课题，并非常幸运地在凯文·阿瑟顿博士（Dr. Kevin Atherton）和保罗·奥布莱恩博士（Dr. Paul O'Brien）的指导下，成功获得了都柏林国立艺术与设计学院的视觉文化博士学位。2012年，我们的学院已获得资格认定，提供电影、戏剧、游戏设计、摄影和动画方向的本科和研究生课程，并热情接收了来自22个国家的学生。我们制作了欧洲歌唱大赛（Eurovision Song Contest）在广告前后播放的动画标志，每年有超过1.2亿人观看。我们的学生获得了国家和国际奖项，深受音像制作公司的青睐。2014年，爱尔兰移民局对国际学生的高压政策迫使爱尔兰关闭了数十家私立教育机构，包括我们的学校。从那以后，我一直在公共教育部门工作。现在我正在唐道克理工学院极具创新精神的创意艺术、媒体和音乐系（Creative Arts, Media and Music Department, Dundalk Institute of Techndogy）进行研究和授课工作。

我一直对试验性的叙事项目很感兴趣，比起传统的商业影片，我更喜欢艺术片。我从孩子们参与游戏和社交媒体平台的互动中获得灵感，并继续开发自己的项目——交互叙事、电影和图片集。我最近的电影作品《奇异》（Singularitas）是一部混合了多种语言的短片，听上去比较混杂，而且没有字幕。我的目的是创造一个概念作品，一个目前还难以理解的视听奇观。几年后，就可以通过普通的语言翻译设备进行观看。翻译将解放文本，消除语言、方言、语调和韵律的障碍，使在任何国家、说任何语言的任何人都能读懂。简而言之，这部电影是面向未来的。

四、叙事新模式

在这本书中，我还考虑了不断发展的技术将如何影响叙事媒介和传播模式。我们对叙事的阐释取决于对创造和传递故事的技术的理解（Wood，2007，p.42）。如今，受众对生产工具、工作流程和发布平台的了解越来越多。在这样的情景下，我们的注意力会集中在技术本身，观众就会产生一种想要更多地了解生产过程的欲望。独立的数字化元素在推动叙事和帮助创造沉浸式环境的同时，也带走了观众的注意力（Wood，2007，p.45）。这种数字效果可以与真实元素一起使用，也可以作为对位，扩展和发展叙事的意义。如果试图重建那些已经不存在或尚未存在过的事物，可能会过分强调视觉奇观。从这个意义上说，新媒体技术与早期电影的特效并无不同。如果观众知道一种效果是如何产生的，那么这种影响就会减少，对故事的沉浸感就会消失。认知的流动性导致叙事视角的产生。世界在不断变化，作者的叙事在其创作过程中也发生了变化，当读者观察到它时，又再一次发生了变化：

将一个物体或区域移出视野中心,甚至移到视觉边缘,都会使它发生变化。知觉恒常性(perceptual constancy)是一个幻觉,因此所看到的世界不再与其自身相同。

(Crary,2001,p.298)

观众参与到光学技术的发明与操作中,这是一种有别于传统戏剧认知的体验。(Crary,2001,p.191)。我将以我制作的交互电影《一点外快》(*The Little Extras*)(见附录1)为例进行说明,它是为了拓宽作者和观众之间的关系而制作的。在这部电影中,观众的交互改变了他们对故事的看法,创造了一种灵活或可塑的叙事体验。

在交互电影中,交互的过程可以被认为是呈现角色发展的一种表现手段。对叙事发展设置导航会让我们对表象的理解产生变化。信仰体系会让对真实的再现成为可能。这种真实是指在故事的上下文语境与观众的世界中都可被接受的真实(Mitchell,1995,p.356)。在交互叙事文本中,人物的表现与扮演角色的演员以及交互模式本身之间是有距离的。我们可以把表象看作是一个过程或一种相互作用的模式,也可以把它与"某种特定的物体"联系起来(Mitchell,1995,P.420)。故事的沉浸性允许跨越距离,也允许拥有多重人物视角,共同构成元叙事。交互模式被混合到叙事中,作为一种自然的引导故事的方法,"所有的表现形式都是传统的,因为它们依赖于符号系统,而这些符号系统在原则上可能被其他系统所取代"(Mitchell,1995,p.351)。《一点外快》中的交互模式植根于简单的超链接。如果适当地鼓励和刺激观众"阅读"文本并寻找交互机会,他们将抓住一个符号系统,从而更自由地浏览。《一点外快》创造了交互文本中短暂的现实。时间周期是观众熟悉的,因为它涉及历史上熟悉的概念,包括嫉妒和愤怒的情绪(Mitchell,1995,p.353)。

电影对现实的表现可以被认为是不具有电影艺术色彩的(Carrol,2008,p.203)。叙事所揭露的东西都是不现实的,因为它没有复制我们日常生活中所经历的现实,大多数问题仍然没有解决,真相与事实隐藏其中。支持意大利新现实主义(Italian Neorealist)的理论家强调摄影在电影作品创作中的价值。在电影作品中,摄影机只是简单地拍摄它前面的现实。而另一种理论立场则强调通过编辑创造叙事结构,叙事元素的节奏和并置为观众创造了镜头与场景之间的关系,并根据作者的视角推动叙事。米切尔(Mitchell)注意到了故事写作和阅读之间的不同之处,"叙事似乎是一种认知和展示的模式,它构建了一个未知的区域、一个文本或图像,随着时间的推移,伴随我们的阅读"(Mitchell,1995,p.190)。非线性故事的作者创造了一个有机的文本,它通过交互而生存和成长。随着故事的发展,过去和未来的关联也在不断变化。文本中的对话为人物提供了一种声音,作为对引导(diegesis)绝对论的替代。当观众可以更好地理解角色和他们的处境时，便可以灵活地去解释这种模仿（Mitchell，1995，p.191）。大多数电影制作人的作品都会获得目标观众的理解与认知（Carrol，2008，p.212）。这里包括作品类型已知的特性，如黑色惊悚电影的高调照明和西部片中的独行侠。一部电影如果"是真实的，在本体论上与其他任何事物都无法相比……那么，这将是一个令人费解的人工制品。完美奇幻影像中的信念源于一个天才的浪漫——现代主义幻想"（Carrol，2008，p.216）。

杰罗姆·布鲁纳（Jerome Bruner）探讨了知识的转移和叙事的同化。他指出："知识总是代表一个人的观点。因此，叙事的规范性，不是历史或文化的终点。它的形式随着时代的关注和周围环境的变化而变化"（Bruner，1991，p.16）。布鲁纳认为，一个人对作者意图的考虑会影响他对故事的看法。这取决于我们对作者本人和讨论主题的了解程度。他驳斥了知识是一个固定实体的概念。相反，知识是高度灵活和变化的，由不同的读者来调节和纠正，这些读者反过来又受到他们的背景、朋友、书籍、文化经验和习俗的影响。叙事所创造的现实是对其呈现给我们的事实的一种解释。

不同的文化将以不同的方式利用发展中的数字交互媒体（Jenkins & Thorburn，2003，p.5）。政治、文化和经济力量将推动人与新兴技术之间的互动。这本书包括了对传播和处理技术的分析，它们将被用于开发和发布新的媒体格式，包括交互电影。此书还探讨了作者与观众之间的关系，即数字媒体允许读者通过交互中使用的插入和链接来改变原文（Landow，2006，p.126）。作者的角色正在发生改变。读者被授权通过增加新的解释来积极地构建作品意义。然而，读者总是从特定的角度来阅读文本，这样做会改变他们对意义的理解，使之适合自己。对已经发布的文本添加内容的行为只是信息接收过程中的一个步骤，这个过程会让读者对内容进行解释，产生自己的态度立场。

五、章节摘要

第二章，《传统叙事文本》，探索各种创造性艺术家的作品，包括摄影师、剧作家、作家、电影制片人和学术理论家，涉及了非线性叙事开发人员利用传统的叙事结构、技术和文学手段来创造独特故事体验的情况。本章介绍了相关的术语，对通过增加交互界面来增加线性叙述的前景进行了思考。本章还探讨了经典的电影制作技术，包括叙事冲突的融合、促进观众的沉浸感和声音的使用。交互电影的字幕也是需要考虑的，因为其中可能包含超文本内涵。

第三章，《主观释义》，探讨了读者如何解读叙事文本中的意义。对作者和读者的相对地位进行了评估。伯吉斯（Burgess）和德维（Dovey）认为，在文本的语言结构和交互中可以减少作者的控制。所讨论内容还包括：贝兰托尼（Bellantoni）关于人们对颜色序列的情感反应研究、康定斯基（Kandinsky）的色彩心理学理论，以及莫滕森（Mortensen）关于人们对几何图形本能反应的描述。

第四章，《声音设计》，通过阿多诺（Adorno）和艾斯勒（Eisler）的理论文本考察了音乐的基本特征。本章还介绍了古多尔（Goodall）对音乐发展史的研究以及斯托尔（Storr）对音乐情感意义的研究。书中涉及音乐设备和技术的开发，包括对位、切分音、暗示主义、心理时间和乐器；探讨了音乐在电影作品中的应用，以及音乐在故事片配乐中的应用。

第五章，《视觉蒙太奇》，详细探索了视听作品的空间表现形式，并评估了空间蒙太奇和故事元素并列的意义和解释。本章还涉及霍克尼（Hockney）、马克（Marker）和巴勒斯（Burroughs）的作品，探讨了在传统电影和印刷媒体中使用的空间表现技术如何应用于交互叙事环境。

第六章，《编纂故事元素》，本章涉及使用预先确定的数据库模式对交互叙事元素进行分类。内容的编码需要识别存储在数据库中的故事组件。编码的数据可以不按顺序访问，向观众呈现一个非线性的叙事。本章还讨论了普罗普（Propp）和鲍尔（Bal）提出的编码技术；介绍了叙事学术语，以及巴特（Barthes）提出的"无码信息"理论；进一步探讨了数据内容的META标签、数据可视化、识别算法的趋势、数据分析和超叙事。本章还探讨了历史档案的有关内容，反映了布莱希特（Brecht）、昆西（Quincey）和佩里克（Perec）的工作情况。

第七章，《交互叙事》，着眼于文学、交互标题、交互界面、叙事沉浸、故事结构、潜在因素、发行平台和相关技术等内容的研究。评估了交互方法及其对用户的影响，包括对手势控制界面和本体感觉的研究。本章对虚拟现实（VR）、虚拟身份和增强现实（AR）也进行了探讨。VR为观众创建了一个完全渲染的计算机图形环境，而AR则覆盖了计算机生成的文本和图形。

第八章，《跨媒体叙事》，着眼于探讨交互叙事和跨媒体叙事在国际市场上的商业化。本章介绍了几个具有开创性的试验性叙事公司的工作，如"爆炸理论"公司（英国）和万豪国际集团（Marriott International）（美国）的内容创作部门。这一章探讨了一系列新的叙事平台，包括社交媒体；分析了一些高度创新、在商业上成功将交互内容商业化的尝试。本章还着眼于探讨国际新闻机构数据分析工具的发展，以此来衡量观众的参与度、增强现实产品的发展和地理定位叙事的发展。

在附录1，我以自己制作的《一点外快》为例，讨论了交互电影的发展。将电影的概念与布鲁盖尔（Brueghel）、马诺维奇（Manovich）和塔科夫斯基（Tarkovsky）

的作品进行对比。从概念上讲，这部电影创造了一个范式转变，从根本上不同于传统的线性叙事。在附录2中，我简要介绍了数字化数据压缩。对数据压缩的更好理解，可以使针对新叙事平台的探索和使用数字化工作流程开发试验性叙事的探索，更具有效性。

六、商业规则

研究期间，我采访了爱尔兰国内外的媒体行业专业人士和学术理论家。前者寻求开发新的叙事平台的商业潜力，后者则认为没有商业要求的理论方法和开放的试验才能带来创新产品的开发，而这种产品最终才能成功变现。因此，我的方法考虑到了在这个高度试验性和创造性的叙事环境中，所有可以成功的潜在商业机会。这本书中讨论的故事已经以各种各样的形式被体现，包括从独立的娱乐产品到内容创造部门受众建设营销策略中的媒体部分。或许，您认为根据内容创建商业需求无关紧要，而从交互内容中获取收入才是挑战。然而，值得注意的是，当我们考虑传统媒体被动消费的创收潜力时（销售给客户的商业广告空间基于对观众数量的估计），会发现与故事元素相关但又与众不同且可识别的交互活动带来的商业潜力明显更大。

七、掌握阅读

为了拓展对传统媒体探索的实践，我鼓励读者走出舒适区，继续研究更广泛的文本。阅读并不总是那么容易，甚至在某些情况下还会令人感到不愉快，因为许多有价值的文本需要大量的努力才能读完。作为一名电影和摄影讲师，我一直强调批判性分析叙事文本的重要性。坚持阅读，直到它不再是一种思想，而是一种观点。

我发现有必要鼓励"阅读而不是观看"。阅读一篇文章需要更深入地理解作者的意图和论点。阅读使人对一个概念有更深刻的理解。在某些情况下，观看在线纪录片可能是有用的，但它往往会导致简单的事实反刍——它缺乏批判性。在检查学生的作业时，我总是很清楚，谁是通过"阅读"进行研究，谁只是在"观看"。

当你把相关的出版资料作为研究对象时，应该去一个有大量参考书籍的图书馆，简单浏览一下文本。最终，一种叙事技巧或视觉风格会吸引你，它会让你了解自己，并为未来的研究和实践提供起点。对技术、风格和方法的试验常常会发现一些原创的东西。电影制作人阿兰·帕克（Alan Parker）把他在电影制作上的成功归功于他在早期广告生涯中制作的大量电视广告。他认为，在这个过程中他能够犯错误，试验新的想法，并最终磨炼手艺。这也让他发展出一种独特的叙事风格与个人审美。重复短故事创作流程，构思想法、拍摄、完成作品，让他不断分析自己的工作，从而成长为一名艺术家。事实上，以我作为一名教师的经验来看，在竞争激烈的行业中，往往是完成了大量小项目的学生在工作表现中更为优秀出色，而不是那些完成了一些大项目且具有一定野心的学生。

八、横向思维

高水平的批判性分析会带来更深层的横向思维，即从不同角度考虑一个概念，并且围绕这个概念进行思考。在叙事时，这种思维方式能让作者写出独特的、发人深省的故事。当故事创作者在参与开发过程中保持开放的思想，他们将在工作中获得更多话语权。随着叙事的推进，这种话语权和外界对你的作品及其意图的批判，会鼓励你对每一个故事"说点什么"。它总是能产生一种更有说服力的叙事，一种有自己的观点、能够雄辩地表达，并促进辩论的叙事。增加与作者创造意图的交流互动也增加了商业成功的可能性，重要的是你创作的艺术作品将在你和观众之间创造一种理智的对话。在这方面，最成功的作品都是直言不讳的。你的意见，以及你对所讨论主题的观点，应该来自一个有根据的立场，这个立场综合了有关的研究与知识。

九、推销你的想法

向受众推销你的想法是有益的，可以促使你在创造产品时考虑市场定位。一个学术型的人可能会尝试一些概念和叙事模式，但他们对自己作品的商业潜力兴趣不大，然而大多数学生从事学术研究是为了开启成功的职业生涯。因此，我认为，明确故事构思面对的受众和决定如何将故事传达给他们，这两者都很重要。这种约束，迫使有创造力的个人或团队为特定的受众定制产品，也是一个利用横向思维来开发新的视角和个人风格的机会。

十、构思一本创意书/视觉日记

一本创意书或视觉日记是产生好想法的宝贵资源。它应该包括所有鲜为人知和众所周知的视觉、文本、参考资料等所有形式。你可以随意地把重要内容写在纸上、扫描、复制或画出来。我所见过的最好的创意书往往都是些"乱七八糟"的东西,比如一片片的纸和各种各样从书的侧面鼓出来的材料。在这本书中,储存了一系列的叙事元素可供参考。视觉日记是向客户和其他创意人员传达想法的重要工具。应该注意的是你为什么会把那些内容包括进去。经常会有这样的事情发生:视觉上令人兴奋的作品被收录到一本创意书中,只是那些有创造力的人忘记了这些作品包含的重要意义是什么。

这本书的写作目的是为了让叙事者感觉更容易理解、更吸引人、更深刻、更有见地。书中的研究是具有高度选择性的,致力于对复杂、抽象想法的阐明和简化。它突出了与新叙事结构发展相关的词汇和知识,适用于故事生产者、创作者、行业从业者和学术研究人员,还包括了相关的文学参考,以指导和激励他们。所有的东西都在本书,你只需要"翻开它"就可以了!

第二章　传统叙事文本

本章从一系列传统线性文本出发，尝试用多种方式去打破叙事习惯，效果显著。它探讨了摄影师、电影制作人、剧作家的叙事作品；探讨了经典叙事结构、线性和非线性叙事之间的差异，以及与交互叙事相关的电影剪辑理论和技巧。如果能够对传统故事构成、故事策略和叙事技巧进行全面了解，那就可以在发行平台中加大试验力度。如果叙事者要有效地开发利用新技术，他们将需要在大量的试验和失败中去创建新的用户体验。受众也应被鼓励参与到新的叙事结构和交互界面的开发中，他们的参与对叙事观念的发展起到积极作用。一个掌握传统叙事概念和技巧的叙事者会在任何传播方式下，都与受众建立情感上的联系。

一、"会说话的照片"：在摄影中找到叙事

20世纪70年代，摄影师丹尼尔·梅多斯（Daniel Meadows）还是一个学生，他在曼彻斯特拍照，对记录人的生活状态很感兴趣。早期，他受到一些人物的影响，包括口述历史学家斯图特·特克尔（Studs Terkel）和摄影师比尔·布兰德（Bill Brandt）。他们"将相机作为在社会阶层之间穿梭的通行证"（Meadows，2016）。摄影比起视频，是性价比更高的媒介，梅多斯更喜欢摄影所提供的显著参与感。当他遇到拍摄对象时，会为他们拍照，进行电影化处理，然后再将作品提供给拍摄对象，一起讨论效果。梅多斯并不经常随身携带录音机，录音机也经常出故障，录制音频只是为了获得照片的说明文字。那时候，剪辑的成本太高，所以他没有立即将音频和视频结合在一起。一直到多年后，当他开始使用数字剪辑技术时，重新完成了这项工作，并创作了40个"会说话的照片"系列，时长两分钟的音频片段，带有第一人称声音的个人

照片。他将这些称为"我的档案之窗"。梅多斯的纪录片作品从普通人的角度自下而上地观察思考世界,他希望以协作的方式工作,创作出更"友好、愉快、民主"的作品。他的作品具备了人类学的高度,而且很个性化,风格独特。他捕捉到的是过去的时间、地点、口音和行为。每个片段会选择静止图像传递自己的叙述,并通过剪辑的音频进行强化,梅多斯创造了一种"在场感"。

二、图片中的几何构成

摄影师托尼·雷·琼斯（Tony Ray-Jones）被称为"当代丹尼尔·梅多斯"。在纽约,雷·琼斯在设计室（Design Laboratory）里,在颇具影响力的欧洲艺术家阿列克谢·布罗多维奇（Alexey Brodovitch）的指导下学习。布罗多维奇会鼓励艺术家们与"现代生活的各个方面"互动,他的教学"包括在追求成功的过程中提出'道德和哲学问题',鼓励公开辩论和寻求个人审美"（Russell,2004,p.11）。雷·琼斯的作品受20世纪60年代美国街头摄影的影响极大,特别是盖瑞·温诺格兰德（Garry Winogrand）和他的朋友乔尔·迈耶罗维茨（Joel Meyerowitz）。雷·琼斯的照片以社会评论的形式呈现,他的摄影对象就像演员一样被安排在一个场景中,每个角色似乎都不相干,但又共同存在于同一画面中（Russell,2004,p.16）。雷·琼斯写了几篇日记,里面是他的待办事项清单,用于指导未来的摄影项目和剪辑任务。作品清单提到了"更靠近一点"、"不拍无聊的照片"和"不总是平视角度"等事项,证明他试图探索摄影这种媒介并发展个人风格,传达他对人物和地点的特定认识。他的照片构图达到了几何学上的平衡。每个人都在一幅画内构建一个复杂的叙事,他们同时存在于一个时空之中,这是他独特视角的动态表现。

三、静止的故事序列

艺术家杜安·麦可斯（Duane Michals）创作了连续格式的摄影作品,在几幅图像中构建一个可以展开的叙事,探索人类的情感并进行哲学思考。

> [这些]序列与电影的关系类似于诗歌与小说的关系:它们不是通过描述和解释所积累的证据,而是通过凝聚富含隐喻与典故的单个图像来作用于想象。
> （Livingstone,1997,p.8）

麦可斯还在他的图像中添加了手写文本，暗示单独的照片无法传达艺术家的复杂想法。通过在照片中添加语言和符号，创造出了一种具有更高级概念的解释性作品，让意义变得丰富而有层次。

摄影书的作用是讲述叙事技巧，揭示摄影师的"思维模式"（Gibson，1999，p.705）。图片展示了允许观众从不同角度、距离、时间和社会背景来解读作品的空间。一本书约束了读者的阅读，因为它需要被拿在手上，保持固定的距离，而且它的触觉性质会影响阅读的体验。然而，书籍保留了一定的灵活性，因为它可以在任何时候看，不需要进一步的阅读计划。书籍还鼓励批判性地参与作者的意图："书变成思想，然后成为记忆"（Gibson，1999，p.707）。

尼古拉斯·尼克松（Nicholas Nixon）自1975年起，每年都用大画幅相机给妻子和三个妹妹拍照。他的书《布朗姐妹的三十三年》（*Brown Sisters: Thirty-Three Years*, *2007*）每年都会有表现姐妹形象的代表作品，一直至2007年（Nixon，2007）。虽然她们在每个镜头中的位置、顺序相同，但每帧中的家族动态是不同的。我们可以识别出姐妹之间关系的微妙变化，并观察生活经历对她们的影响，这一点从她们慢慢衰老的脸上便可看出。

四、佩德罗·梅耶尔的"魔幻现实主义"

佩德罗·梅耶尔（Pedro Meyer）是数字成像技术的早期运用者。他用它们来重建"魔幻现实主义世界；没有人会注意到他的改变，就像用手术刀精确完成"（Meyer，1996，p.13）。他创造性的工作流程包括传统的底片图像采集，然后是数字扫描和操作，"将图像还原到我对实际发生的事情的记忆中"（Meyer，1996，p.108）。对梅耶尔来说，仅由底片拍摄的图像并不能准确地记录他曾经历的真实情况。它们并没有反映出他在那里的记忆，他觉得他必须用数码技术对它们进行润色，提高可靠性。梅耶尔还开发了他建立视觉档案的潜力，通过对数字处理和历史影像的并置（juxtaposition）来寻找新的叙事、故事结构和意义。

五、浏览非线性文本

虽然传统的电影文本在结构上是线性的，但电影制作者已经成功地验证了"法布拉"（Fabula）①的非线性呈现。这是一种复杂的叙事方法，需要坚定的方向和观众的参与。《夺命巅峰》（*The Summit*，2012）这部电影由尼克·瑞安（Nick Ryan）执导，是一部讲述2009年K2登山悲剧的影片。瑞安预先设置了故事的关键元素，允许这些叙事元素在影片后期有所发展。以线性顺序呈现这个故事是乏味的，缺乏叙事的沉浸感，并且会过早地泄露重要的情节和细节。因此，瑞安对叙事结构进行了重组，使其更具吸引力；他说，"编辑的全部目的是引导好故事"（Ryan，interview 2016）。

六、逼真度

苏珊·海沃德（Susan Hayward）指出，经典电影的主导思想是追求逼真，情节刻意地按照人为想法去发展。故事都以颠覆规则开始，接着，直截了当地按照因果关系（cause and effect）推进叙事。电影结尾是叙事的结束和再次回归现实的感觉。在这里，正如俄狄浦斯轨迹概念（Oedipel trajectory）所定义的那样，社会稳定的目标包括危机的解决。然而，这场危机为用户交互提供了机会，读者可以选择不同的引导路径，从而在故事中创建一条独立自主的路径（Hayward，2006 p.82）。

七、布莱希特：现实主义

伯托尔特·布莱希特（Bertolt Brecht）美学把科学和实践结合起来，也使身体和精神活动重新结合起来。布莱希特创作的"教育"作品是为了让观众享受，让他们立即得到满足。这种现实主义的方法激发了人们对文本研究的积极性：

> "现实主义"的艺术作品是一种"现实"的、试验性的态度尝试。这种态度尝试不仅存在于作品的人物和虚构的现实之间，而且存在于观众和作品本身之间。"现实主义"这种实践的三重维度，明显地推翻了传统模拟作品的纯具象范畴。
>
> （Adorno et al，1986，p.205）

在这里，文本被认为是具有革命性的，它可以激发辩论和改变观点。那些因为大

---

① 法布拉："按逻辑和时间先后顺序串联起来的一系列由角色引起或经历的事件（Bal，1985，p.52）。

众媒体的影响而生成的内容，将获得更大成功。因此就要避免使用那些现代精英主义的方法。这意味着要去创造一个能够被理解而不是追求新奇的作品。现代主义的发明需要不断更新，留给批判性评价和反思的时间太少。如果作品发生了根本性的快速变化，就会让观众困惑，它就不会流畅，效率也不会提高。因此，交互作品的作者需要考虑受众的需求和期望。

"布莱希特对马洛（Marlowe）的《爱德华二世》（*Edward II*）的翻译创造了自由但不规则的节奏，使台词不够流畅"（Willett，1988，p.95）。布莱希特后来在自己的剧本中使用了这种技巧，摒弃了抑扬格五音步的流畅风格，反映了他试图在人物和场景中创造的使人不愉快的粗糙感。布莱希特将文本设计成戏剧化的语境；人物的台词简短、犀利，只说他想说的话。这种方法的目的是从句子结构中去掉所有优雅的东西，布莱希特认为这会模糊文本的真正含义。切分音（syncopation）在戏剧中的使用如同在爵士乐（jazz）中的使用，有助于分割讲话节奏。每个段落的基本态度都是通过属于个人的真实情感来传达的，而不是让演员把单一的情感运用到长篇剧本中（Willett，1988，p.101）。布莱希特后来采用了进一步的技巧以避免观众沉浸在戏剧中，包括指导演员在戏剧的不同阶段离开舞台，加入观众。在排练中，演员们会用间接语言来表达台词，就好像是作为旁观者来看自己所扮演角色的行为。这让演员们知道观众将如何看待他们。避免观众沉浸其中是为了保持他们批判的心态，促进观众对戏剧内容的理智参与和思考。保持批判性的心态对交互故事文本很重要。交互的动态过程意味着观众必须时刻思考，而不能成为一个被动的、不参与的观众。布莱希特认为："只有当观众从表象中有所汲取，并将其运用到生活中，情绪宣泄才是完整的"（Laurel，1991，p.31）。

八、亚里士多德的《诗学》（*Poetics*）

亚里士多德（Aristotle）很尊重人类的情感和给他们讲故事的效果。他认为，情绪是人类合理的反应，应该被理解，而不是被斥为过于动物主义和无意义精神。他认为情绪不仅仅是非理性的冲动，在某个时间、某个地点，可以用正确的令人满意的情绪来反应合适的情景。马尔科姆·海斯（Malcolm Heath）总结了亚里士多德关于故事情节在叙事中的首要地位的第一个论点：

> 悲剧的目的是激起恐惧和怜悯，这些情绪是对成功和失败的反应；成功和失败取决于行为；因此行为是悲剧中最基本的东西，情节是最重要的

因素。

(Heath, 1996, p.xxi)

人物独立于情节发展。事实上,一个存在于预定情节中的人物发展,有自己的轨迹、自己的声音。他们在自己的自然维度中说话,因此文本和情节是完全分离的实体。人物不限制情节。写作基于真实事件的故事,作者不应该被现实所束缚。否则,过分强调事实会影响情节设定。在整个故事背景下,事件只需要被连接起来。亚里士多德定义了创造情节驱动叙事的规则:最好的故事情节是把一个道德高尚的人从一个好运气的境遇转换到坏运气的境遇;其次好的故事情节是有一个双重的发展路线,好的角色最终获得好运,而坏的角色在不幸中结束(Heath, 1996, p. xxxiv)。

九、霍加斯:《逐渐堕落》

威廉·霍加斯(William Hogarth)的系列画作《逐渐堕落》(*A Rake's Progress*,1731-1733)展示了富商的儿子汤姆·雷克韦尔(Tom Rakewell)堕落的故事。他继承了一笔财富,却因赌博和奢侈的生活失去了这笔财富。这一系列作品遵循了亚里士多德的"最佳情节"结构,随着故事的进展,人物的命运走向下坡路,最后,他失去了一切。只有他忠实的朋友莎拉·杨(Sarah Young)(尽管他早前承诺要娶她,但他还是拒绝了这样做)在他最后住进疯人院时,仍然和他在一起。

亚里士多德反对使用明显好或明显坏的单一人物形象,这样缺乏复杂性和多面性。他认为,人物应该是品行端正的,或者至少没有正当理由就不应该是道德败坏的。站在叙事视角上,他们应该是可信的(Heath, 1996, p.XXI)。在情节中,他们应该寻求品行端正,或者尽可能地品行端正。在情节创造的现实中,人物的行为必须符合现实规定,同时也要强化情节。只要对推进情节向前发展是必要的,情节中的人物就可以发生一些事件,以传达作者希望讲述的故事。

十、波德莱尔的《浪漫派的艺术》

西尔维安·阿加辛斯基(Sylviane Agacinski)继续对亚里士多德进行分析:"没有运动或变化就没有时间,只有在感知运动中我们才能感知时间"(Agacinski, 2003, p.34)。变化的节奏可以交替进行以保持对文本的兴趣。时间没有一个单一的衡量标准,这对于在电影中创造一个沉浸式的环境来鼓励观众与文本的"交互"是很重要的。交互叙事的受众正与作者一起合作,共同创作故事。"波德莱尔(Charles Pierre Baudelaire)将内部图像的形成归因于一个过程,通过这个过程,记忆随着应用观察而中断,并实现知觉合成(perceptual synthesis)……在感知它的那一刻想象真实"(Agacinski,2003,p.74)。波德莱尔定义了《浪漫派的艺术》(*L'art mnemonique*),认为"记忆和想象发生在作品本身的执行过程中,而不是之前"(Agacinski,2003,p.74)。重点是创作和交互的过程,而不是对已完成作品的定义。

十一、电影剪辑:沃尔特·默奇

沃尔特·默奇(Walter Murch)将剪辑描述为"剪辑——突然打破现实"(Murch,2001,p.16)。虽然当我们从一个人看向另一个人或从一个物体看向另一个物体时,人眼会"眨"一下,但剪辑可以把完整故事呈现给观众。生硬的剪辑通常被认为是笨拙的,因为它是不必要的,不会将观众带入他们希望看到的剧中情节。连贯的剪辑可以将镜头无缝组合,更流畅地呈现给观众,让他们感觉像是眨了一下眼。各种技术的运用使剪辑更流畅。这些技术包括剪辑运动镜头(当一个角色移动到椅子上时,物理运动的突然性会隐藏了镜头透视突然变化和潜在的连续性错误)、在镜头切换之前剪切音频(镜头之间的过渡看起来更加自然)和交叉淡入剪辑,它们可以使镜头连贯地合并在一起。

十二、"六条准则"

默奇在其作为电影和声音剪辑师的职业生涯中,创造了"六条准则"(rule of six)这是一个包含6个优先准则的清单,用于优化剪辑顺序。他还为这组准则开发了一种使用模式,"满足列表中较高剪辑原则往往会掩盖列表中较低剪辑原则带来的问题,反之亦然"(Murch,2001 p.18)。他把它们的重要性按百分比分类。"情绪"的占比为51%,是迄今为止最重要的考虑因素。如果情绪是对的,那么剪辑就是成功的;其次是故事,占23%——剪辑是否推进了故事有意义地发展?节奏的比例是10%——剪辑是否打乱了原来的电影节奏?"视线追踪"占比7%——剪辑是否关注观众的视线位置,他们在看向银幕的何处?聚焦于谁?有意思的是,"屏幕的二维位置"和"三维空间"与剪辑的相关性很低,仅为5%和4%(Murch,2001,p.8)。根据默奇的说法,理想的剪辑将同时满足所有标准。但是，在这个权重系统中，应该根据每个法则的优先顺序来决定取舍。因此，找到正确的情绪是最重要的，而角色之间的关系（在三维空间内）是最不重要的。找到正确的情绪优先于故事，故事优先于节奏。

22　　通过使用这个优先级别法则来评估每一次剪辑，默奇让观众从情感、叙事、节奏和构图等不同层面观看故事，让他们批判性地思考每一次剪辑及其对故事的影响。电影观众总认为剪辑是有原因的，这个系统让默奇确保每一个剪辑都服务于叙事，并且是完全合理的。

在剪辑电影时，默奇从每一组镜头序列中选择一个"关键帧（代表帧）"（representative fram），然后将其放大成照片。他把这些照片按故事顺序陈列在墙上。如果一组镜头视觉上很复杂，他会使用多张照片。默奇将这些图像与卡地亚·布列松（Cartier-Bresson）的"决定性瞬间"（decisive moment）进行比较。该理论认为，在每一段时间内都存在一个代表其本质的"代表性框架"（Murch，2001，p.41）。这些照片板可以让他"一次全部"观看故事，考虑可供选择的剪辑和潜在的场景结构。它们也可以提醒他有哪些镜头可选择。

在组织试映时，默奇建议在观看电影几天后再征求观众意见，以便让电影有时间完全被观众理解。这就避免了他所说的"牵连式疼痛"（referred pain）。如果有"牵连式疼痛"，观众可能会指出他们不喜欢某场戏，剪辑师就有压力要重新修改它。不过，观众可能只是因为场景设置不当而不喜欢，也许是因为之前的某场戏有问题，默奇把这个过程比作一个医生怀疑病人的疼痛是由一种尚未确定的疾病造成的，如果要让疼痛消失，就需要治疗这种疾病。

试看观众（test audiences）在看过电影后经常被问到关于影片的问题。如果让他们立即说出自己的看法，那会给观众带来很大压力。因为人们通常需要几个小时甚至几天的时间来决定他们对电影的长期反应。紧跟在电影后的时间通常是在脑海中"重演"故事的一部分。这种重演和与其他观众的对话让我们有时间再次欣赏电影中的重要场景；或者意识到这个故事经不起批评，那么我们很快就会忘记它。虽然制作公司想尽快知道人们对他们的产品的看法，但他们忽略了这样一个事实，即观众最重要的印象可能是在几天后才建立起来的。在现实生活中，观众可能会在这段反思时间结束之后才推荐看这部电影，并在此后的一段时间里持续推荐它。

23　　默奇提出了一个问题，为什么电影剪辑可以被接受？它们在视觉上不同于我们在现实生活中所经历的任何事情。他认为，我们之所以接受这种剪辑，是因为它类似于我们梦境中图像拼接的方式。默奇也注意到了"剪切"与"眨眼"之间的相似之处。当我们移动头部看向一个又一个物体时，我们会眨眼以避免"细节冲击"不停地出现在我们的视野中。剪切还允许我们剪掉场景中不必要的细节。我们可以暂时地移动，专注于那些最重要的时刻。慢镜头允许观众超越"实时",观看"超真实"版本的镜头。这些慢镜头被运用在动作序列镜头中,并且经常为了强调而使其与加速镜头互相交切。

默奇引用约翰休·斯顿(John Huston)的话:

> 在我看来,完美的电影仿佛就在你的眼睛后面展开,你的眼睛在投射它,使你看到你想看到的东西。电影就像思想。这是所有艺术中最接近思想的过程。
>
> (Murch,2001,p.60)

费里尼(Fellini)《八部半》($8^1/_2$,1963)的开篇系列镜头通过剪辑完成了无缝运动,几乎不被注意到。取而代之的是,观众沉浸在费里尼呈现的视觉盛宴中,沉浸在电影的现实中。

20世纪90年代,默奇是数字剪辑技术的倡导者,这项技术具有传统线性系统的固有优势。他认为,数字剪辑技术的优势在于它们为剪辑师提供了更多的选择,而不仅仅是它们的速度。这使剪辑保持其灵活性。数字剪辑系统让剪辑师快速连续地观看一个剪辑作品的多个不同版本。这意味着可以尝试更多的想法,发展和商定更多的概念。他指出,与传统设备不同,新技术的这种灵活性需要经过必要的训练。现在,电影可以在发行前几天才进行剪辑。这种灵活性使剪辑师必须朝着特定的叙事目标努力,而不是寄希望于有好的东西出现而不断地改变。这种灵活性还意味着剪辑师可以把所有的素材扔到那里,不必担心储存空间受损或增加成本。在传统的胶片编辑中,即使是测试一个转场,也会产生相当大的处理和光学设备成本。剪辑师必须预先将作品形象化,并对剪辑的潜在成功或失败做出预判。传统的处理过程还包括后期制作中的漫长等待,这些都迫使剪辑师要对整部影片进行更多横向的思考。

有时一部电影包含太多风格鲜明的元素,仅仅因为它"可以"包含,而不是因为它对电影有帮助。这就是为什么默奇的"六条准则"如此重要。它规定了正在进行的剪辑,并确保它们与电影的整体"风格"保持一致。

默奇观察到,人们在说不重要的信息时,比如发出"s""f""th"等辅音(non-Vocalised consonauts)而不是"d"的时候,往往会眨眼睛。默奇利用这一眨眼的时间来判断"剪切"的关键点。因此,当画面中演员眨眼的时候,他就会进行剪切。"让人物眨眼的时间点同样也是让观众眨眼的时间点,观众在那一刻更容易接受注意力的转移"(Ondaatje,2004,p.142)。当我们转头从一个物体看向另一个物体时也是这样。视线会随着头部的运动而平移,平行运动会引起轻微的定向障碍和头晕,所以我们会"眨眼"错过它。当头部开始转动时,眼睛会闭上,只有当头部几乎完成运动时才重新睁开。这样，我们总是在大脑中进行自然的剪辑。我们正在剪切掉那些我们不感兴趣且不重要的信息。注意到这一点很有意思，因为它解释了为什么早期的电影观众如此容易地接受了传统的剪辑。

关于电影的时间线，默奇说，让一个演员在很长一段情节时间里穿同样的衣服是可以被接受的，因为观众下意识地认为，角色只在这里待了两个小时。这是一个关于电影如何被观众解读的有趣观察。在现实生活中，角色可能已经换了衣服，但在压缩的叙事时间里，这不是问题。同样有趣的是，大多数电影会呈现角色的吃喝。如果没有这种提神醒脑的方式，观众似乎会想起现实中的自己还处在饥渴中的事实。

在电影《对话》（conversation，1974）中，主角"哈利"（Harry）是由吉恩·哈克曼（Gene Hackman）扮演的窃听专家。这部电影由弗朗西斯·科波拉（Francis Coppola）导演，默奇剪辑。默奇指出，哈利原本是传统电影中的次要人物，电影的一部分目的是从次要人物的角度看故事。从叙事角度看，次要人物对情节发展没有任何显著的影响。

十三、第三效果

25　　默奇重释了爱森斯坦（Eisenstein）的蒙太奇（Mantage）理论，探讨了我们的左右眼是如何从两个稍微不同的角度看待同一个场景。这些交替的视野非常相似但又不同。当大脑试图同时看到两者时，"第三视觉"被引入，这是"两个视角都可以存在的领域"（Ondaatje，2004，p.209）。因此，大脑能够从视网膜产生的两幅二维图像中推断出深度信息。默奇所说的视觉元素的并置，与组成该视觉元素的各部分都不同，是一种全新的东西。作为一名摄影师，我经常探索这种"第三效果"的潜力。"第三效果"是由看似相互独立的视觉效果组合而成的，创造了一种独立于创造它的部分的新含义。每幅图片是一幅由不相关的照片组成的双联画（diptych）。对这两种形象的统一解读，与从个别形象衍生出来的解读有着根本的区别。在《视觉蒙太奇》一章中，我们将对爱森斯坦的蒙太奇理论进行详细探讨。

十四、爱森斯坦的评分图表

弗洛里安·布罗迪（Florian Brody）（quoted in Lunenfield，2000，p.140）探讨了爱森斯坦为《亚历山大·涅夫斯基》（Alexander Nevsky，1938）制定的"评分图表"。

每一帧都被构造成编排好的时间流中的一个实体，"图像的空间和时间组成、故事的发展以及声音都是显而易见的"（Lunenfeld，2000 p.140）。利用视听媒体，通过控制各方面的内容，包括音乐、视觉、音频和几何，爱森斯坦提出了一个很有野心的看法。他的作品几乎没有留下开放式的诠释空间，电影放映机已经固定了视听的帧速率和场景的顺序。

十五、突发声音

默奇曾在许多电影中担任录音师，并积累了大量"有意义"的声音。他把这些声音称为"突发声音"（precipitant sounds），"我们需要把它与特定的环境联系在一起，但它本身是不同的，然后其他声音会自然出现"……"我花了很多时间试图发现那些带着宇宙万物的关键声音"（Murch quoted in Ondaatje，2004，p.244）。通过使用声音文本或者宇宙音，默奇可以在场景中注入更多层次的意义。默奇录制了声音并在电影中使用，使电影制作人试图创造的电影世界更加逼真。他举了各种各样的例子，比如，使用一个扳手被扔到远处的微小声音给观众带来地理上的空间感。这段音频下意识地告诉观众：这一幕发生在一个造船厂附近。这在电影的前面部分提到过，但在这场戏中没有这个定场镜头。

声音是有色彩感的，虽然有可能与视觉颜色不匹配。默奇建议，电影创作者应该同时视觉化和听觉化（倾听包含声音的空间）来创造一个毗连（contiguous）的片段（Murch quoted in Ondaatje，2004，p.247）。不匹配的颜色和声音会显得脱节，甚至可能使故事支离破碎。

剪辑纯粹是用思想、情感、节奏和音乐去创作（Ondaatje，2004，p.269）。在实践中，默奇对他所谓的"退缩点"（flinch points）进行剪切。他的目标是找到他观看一个镜头时每次都想要剪切的那个画面。他说，在那一刻，有一种"自然真实"向他表明，这就是要剪切的那一帧。《黑道家族》（The Sopranos，2007）的最后一集就是一个典型的案例。餐厅里的最后一幕故意使用不连贯的镜头。托尼·索普拉诺（Tony Soprano）在整季的故事里都在和他的敌人作战，随时都有可能被杀死。场景的节奏是"关闭"的，场景包括一个失去方向感的"跳切"（jump cut）；一个不连贯的视觉序列创造了一种不安的气氛。有点不对劲，但那是什么？虽然表面上看起来一切都很好，但我们相信托尼感觉到了一些东西，尽管可能太晚了。剪辑带我们看到了餐厅内外的环境，镜头继续混淆和支离破碎。最后一个镜头与剧中之前对死亡的思考保持一致。托尼象征性地抬起头，期待着他的女儿梅多（Meadow）穿过餐厅的门。这时，一阵象征性的铃声响起（在《美好生活》(It's a Wonderful Life，1946)中，铃声象征着守护天使克拉伦斯·奥德博迪（Clarence Odbody）），他的故事陷入了一片漆黑的寂静。就像香特尔·阿克曼（Chantal Ackerman）导演的法国短片《我饥肠辘辘，我寒冷难耐》(J'ai faim，J'ai froid，1984)中的场景，可能只是对一个事件的回忆。这是阿克曼成年后，对她十几岁时离家出走来到巴黎的记忆进行再现的电影。或许，《黑道家族》最后一幕也是梅多在多年后对餐厅里那个灾难性夜晚的描述。现在，这个场景充满了深刻的哲学认知，为观众带来了一次全新的共鸣。

27 默奇受到了阿雷佐·吉多（Guido d'Arezzo）在乐谱中的启发，他为电影场景的呈现创建了一个类似乐谱的概念。他认为电影制作人还没有达到与中世纪大教堂的建筑师相比的阶段。建筑师可以凭借其神秘的直觉进行创作，创建流传几个世纪的作品，至今仍然没有一个评分系统来评估他们的设计。默奇认为，一个等效的电影院评分是需要的，但仍然需要继续完善。

默奇使用苹果（Apple）的Final Cut Pro剪辑软件剪辑了《冷山》(Cold Mountain，2003)。他坦率地向查尔斯·科佩尔曼（Charles Koppelman）讲述了这项开创性的工作：利用原本面向业余爱好者的低成本技术完成了一部大片的剪辑。这是他第一次使用Final Cut Pro进行剪辑，在罗马尼亚工作时，流程上遇到了很多问题。他将技术机构移至伦敦，与导演安东尼·明格拉（Anthony Minghella）一起完成最后版本的剪辑。把技术机构从一个国家搬到另一个国家去重建，造成了很多问题。这个项目是个试验项目（在这之前没有故事片用Final Cut Pro剪辑过），默奇没有从苹果那里得到任何官方支持。苹果公司担心的是如果项目失败，他们的技术将会受到指责。尽管这种由消费者主导的剪辑软件被用在故事片剪辑中会带来很多显而易见的好处，但他们也不愿意提供官方帮助。这套设备的成本比默奇之前使用的通用剪辑系统低很多。他可以用购买AVID（剪辑软件）所花费的钱买四套Final Cut Pro系统，同时雇佣一些技术人员在他的监督下剪辑素材。默奇的团队通过改变工作流程解决了许多问题。剪辑一部电影是一系列的重复工作，包括登录、剪辑、调整剪辑等。他们简化了工作流程，提升了整体剪辑的速度。对默奇来说，优化工作流程（整合一系列技术）比技术本身更重要。

非线性剪辑使默奇和明格拉可以制作包含时空变化的复杂叙事："随着故事的进展，内部的时间可以随之跳转。明格拉喜欢这种结构的调整。他认为非线性叙事的故事，需要观众花费更多心思去理解"（Koppelman，2004，p.211）。在早期的电影场景中，两个角色的镜头交切，他们的时间框架（步伐）是不同的。直到他们到达同一个"时间框架"，"两个人物之间才能根据地点切换镜头"（Murch quoted in Koppelman，2004，p.213）。

十六、具体的声音

默奇提到，当电影完成第一次剪辑时，在不影响叙事的情况下，可以去掉30%的内容。在那之后，电影将会改变，故事需要重新思考。他将对话称为"带编码的声音"，"听众必须使用语言工具对其进行解码才能读懂"（Murch quoted in Koppelman, 2004, p.288）。音乐是"具体的声音"，它"不需要代码来理解"，它可以不经过任何分析而被直接感受到。在对话和音乐之间是一种半语言、半音乐的声音效果。默奇在1998年的文章《高清晰度，高密度》（Dense darity, Clear Density）中写道：

> 一幅和谐的绘画作品，应该是有趣的，从互补光谱中获取的色彩分布比例也是合适的。电影的配乐（soundtrack）如果与光谱中的色彩分布一样，元素分布比例良好，将显得平衡有趣，就像有色彩的声音（sound-colours）一样。
>
> （Murch, 2005）

默奇认为，观众可以注意到两个声音，但不能跟踪三个。三个声音会被当作一个声音。一首配乐的主要元素不应该超过三个，而且第三个元素应是次要的——这和一个音乐和弦没有什么不同（Murch, 2005）。这就是默奇的"两层半定律"（law of two-and-a-half）：

> 清晰，来自对单个元素（音符）的感觉；密度，来自对整体（和弦）的感觉。我发现这种平衡点最常出现在没有三层东西的时候——我的两层半定律。
>
> （Murch, 2005）

声音的物理特性使这种分层方式成为可能，默奇称之为"和声叠加"（harmonic superimposure）。就像音乐的音调一样，声音可以被加在一起，而每个元素都保留着自己的特性。C、E和G可以生成一些新的旋律，比如C大调和弦，但你也可以听到每个原始的音符。太多的音符在一起就会产生毫无意义的"白噪音"——当电影中使用了太多的背景音时，就会听到这种声音。数字技术将给电影剪辑创造出无穷无尽的变化，以适应观众在地区、人口和情感方面的不同需要。"在这里，电影变得更像现场戏剧，演员对从观众那里得到的反馈做出反应"（Koppelman, 2004, p.331）。

十七、推进叙事

传统的电影叙事结构，利用了观众之前通过看电影获得的特定类型（genre）的知识。早期的电影理论家创造了观众容易理解的故事，并使他们能够参与其中。亚历山大·麦肯德里克（Alexander Mackendrick）在他的《制作电影》（*On Film-Making*）一书中，根据自己作为电影导演和成功教育家的经验，提出了如何创作引人入胜的故事的建议。他把叙事描述为"迅速抓住观众的想象力，并且不让它消失的诀窍"（Mackendrick，2004，p.77）。如果故事的结局能带来一定程度的满足感，观众就会一直被吸引住。叙事的紧张感可能会不时地放松，但如果观众的注意力开始减退，就必须紧紧抓住，以便迅速重新引起他们的注意。麦肯德里克允许在叙事时有一定程度的灵活性，允许跑题。但目标是在一个虚构的现实中抓住观众，并让他们留在那里。

推进叙事是指在故事的向前发展中，带领观众踏上一段永远无法完全跟上叙事者的旅程。一个好的电影制作人会改变电影的节奏，在不稳定和不可预测的叙事中让观众保持稳定的兴趣。紧张可能是潜在的，但它总是存在。将注意力从主要叙述中转移（使用子叙述和旁白），当观众再次回来时可以增强情节的冲击力。麦肯德里克强调了电影中张力的本质。它可能不在情节层面，也不在屏幕上的人物之间，它是一种"想象的张力"，会导致好奇、悬念和恐惧（Mackendrick，2004，p11）。

没有戏剧张力（dramatic tension），观众就没有理由沉浸在故事中，他们在理解或跟随情节发展方面就起不到任何作用。麦肯德里克认为电影中消极被动的角色会影响戏剧价值。对于戏剧张力的要求并不适用于其他叙事形式，比如小说和短篇小说就不需要有冲突或危机。

麦肯德里克指出，文学写作和电影写作的主要区别在于，在剧本创作时，作者必须把自己从中游离出来（Mackendrick，2004，p.16）。观众会去寻找需要解决的冲突。角色最令人信服的变化是性格因素冲突的解决。在很多电影中，角色往往代表着观众，角色会提出问题并去寻找观众需要寻找到的答案。这个角色代表了观众对故事的"看法"。麦肯德里克写道，在写作结构上，观众并不知道故事讲述的具体细节，但他们确实知道规则是被遵守还是被打破（Mackendrick，2004，p.30）。

故事背景（Back-story）是向观众传达角色是如何到达故事发展某一段落的关键。它必须简洁地、尽可能多地提供观众需要的信息，而不是创造一个新的故事线（story arc）。导演和演员共同探讨剧本，探索和表达作者的意图（intension）。他们要解读原始文本，提取意义，做出创造性的决策，再在屏幕中加以实现。在他们的合作之后，剪辑师在处理他们拍摄的视听材料时，必须继续他们的工作，以捕捉"变化中的虚构"（Mackendrick，2004，p.67）。

剧本拍摄完成后，可以对影片进行多种方式的剪辑，让导演有空间重新诠释文本。视觉编辑甚至可以与对话相反，成为强调场景的潜台词（subtext）。剧本是电影制作三个主要阶段的第一阶段。这三个阶段分别是：剧本、拍摄和剪辑。剧本是演员和导演创作拍摄（主要摄影）的框架。麦肯德里克将剧本和已完成的电影之间的关系比作建筑师的设计和建筑的关系，他认为好的剧本应该易于快速阅读。

在对个体和团体演员的选角上，常常会出现这样的情况："电影中对人物性格的描绘往往更关注外表和体魄，而不是动机和气质"（Mackendrick，2004，p.74）。在故事情节中表现角色的行为时，往往不如在故事中刻画他们的外表重要。一个演员可能在外表上不适合一个角色，但在气质上却是完美的。演员之间的动态关系，要比根据剧本对角色的描述盲目选角有趣得多。一部优秀的剧本会有演员需要的"感觉"元素，从而让台词生动起来。当剧本的描述性太强时，编剧就会依赖演员的才能让台词发挥作用。剧本应该能够通过文本传达情感。

十八、解读作者意图

苏联文学理论家维克托·什克洛夫斯基（Viktor Shklovsky）探讨了文本与电影之间的关系。在他看来，把一部作品从文字印刷品拍成电影，会影响我们对作者原意的理解。当阅读时，单词在页面上的位置传达了一种观点，而文本的有声表达与电影的视觉效果一起则构建呈现了一种完全不同的东西。原始（书面）序列的逻辑混乱了，"起初，文学可能会模仿电影的手法……也可能文学会进入纯粹的语言领域，放弃情节"（Viktor Shklovsky，2008，p.73）。

十九、叙事真实与受众真实

威廉·戈德曼（William Goldman）讨论了生活的现实与电影制作者创造的现实之间的区别。戈德曼指出，电影创造的现实并不根植于我们的现实世界，因此电影中的人物不受这个现实的约束（Goldman，1989，p.139）。如果电影中的事件在电影所创造的世界中有意义，那么它们就会被观众所接受。然而，在编剧创造的世界里，"现实"必须与观众头脑中已有的"现实"相吻合。这包括故事必须带领观众进行一段旅程，并提供娱乐。故事中的某些衔接会让观众质疑接下来会发生什么，但是他们已经知道在电影文本的"标准化"现实中接下来会发生什么（Goldman，1989，p.139）。编剧要做一些完全不同和意想不到的设计。换句话说，要超越已知电影文本的真实性（reality of film texts）。真正危险的是，这样做会打破观众身临其境的感觉，观众将退出叙事，撤退到现实世界，并试图"找出"这个故事被赋予的意义。

> 但每一部电影——从罗伯特·弗莱厄蒂（Robert Flaherty）的纪录片到《夺宝奇兵》（*Raiders of the Lost Ark*）——都设定了自己独特的现实。一旦这些限制被建立起来，如果不冒着让整部电影支离破碎的风险，那么这些限制就不可能被打破。
>
> （Goldman，1989，p.139）

一些导演将电影历史融入他们的文本中，马丁·斯科塞斯（Martin Scorsese）经常改变已经确立的电影传统，他略微调整了这些传统的叙事文本，让它们呈现给观众一个全新的视角。在《穷街陋巷》（*Mean Streets*，1970）中，罗伯特·德尼罗（Robert DeNiro）扮演的角色约翰尼·博伊尔（Johnny Boy）在一场汽车追逐枪战中意外死亡。他扮演的角色在电影中曾经为观众和角色们带来很多快乐。在这个冗长的死亡场景中，博伊尔大声尖叫，发出令人不安的哀号。他的硬汉形象消失了，留给我们的是他内心深处那个不成熟的"孩子"的新现实。痛苦的声音会给有同理心的观众也带来痛苦（Sonnenschein，2001，p.139）。

在《赌场风云》（*Casino*，1995）中，角色们通过画外音来讲述一部分故事。这种手法曾在上一代黑帮电影中使用过，但《赌场风云》描绘的是新一代的罪犯，旧的规则不再适用。导演通过修改类型化的叙事习惯有效地传达了这一点。通过画外音（voiceover），乔·佩西（Joe Pesci）扮演的角色桑托罗（Nicky Santoro）向观众讲述了一场对立帮派成员的会议。我们看到这些人物出现了，桑托罗本人也出席了会议。令人震惊的是，他遭到伏击，并被挥舞棍棒的暴徒打死。他的画外音把会议描述成即将举行的样子，这让观众以为他一定能活过这次会议。如果角色们即将被杀死，他们通常不会用剧情声（diegetic）或无剧情声的方式来讲述自己的故事。在《日落大道》（*Sunset Boulevard*，1950）中，故事的叙事者乔·吉利斯（Joe Gillis）在影片一开始被介绍时就脸朝下漂浮在游泳池里，我们在整部电影中都知道他死了。随着《赌场风云》的上映，斯科塞斯更新了类型片的叙事习惯，但仍尊重叙事背景。在这个故事中发生的一切都是可信的。他已经修改和更新了体裁，但在故事的背景下，他仍然保持在规则之内。

在《美国荣耀》（*American Splendor*，2003）中，演员保罗·嘉马地（Paul

Giamatti）扮演漫画作家哈维·佩卡尔（Harvey Pekar），再现了佩卡尔的一生。当我们观看嘉马地的表演时，电影却来回切换到真正的佩卡尔对原始事件的评论。在《奇妙人生》（*Marvellous*，2014）中，托比·琼斯（Toby Jones）饰演尼尔·鲍德温（Neil Baldwin），一个在学习上有明显困难、但人生却充满成就的人。鲍德温在电影中多次与虚构的自己讨论他对生活的乐观看法。这种与电影叙事现实的明显突破可能会造成混乱，但其使用手法却很巧妙，有助于让观众了解鲍德温古怪性格的本质。《隐于书后》（*To Walk Invisible: The Bronte Sisters*，2016）是对19世纪40年代，生活在西约克郡霍沃斯牧师住宅里的勃朗特姐妹生活的戏剧化描述。勃朗特的房子和周围的环境景观是故事的基础。在最后一幕，导演萨莉·温赖特（Sally Wainwright）带领我们走过了今天的霍沃斯牧师住宅。这让观众深刻地感受到了姐妹俩作品的文学影响。

二十、屏幕上的文本

阿托姆·伊戈扬（Atom Egoyan）和伊恩·巴尔弗（Ian Balfour）考虑在各种国际电影中使用字幕（subtitles）。他们考察了字幕作者和译者的角色，这两者必须对电影文本进行解读，并将其传达给跨国观众。字幕是为了阐明电影文本，而不是成为一个影响和分散注意力的平行故事情节，所以需要特别注意语言的流畅性和创造性。伊戈扬将罗素·班克斯（Russell Banks）原著小说中的文字置于《莫失莫忘》（*The Sweet Hereafter*，1997）的主要摄影剧照上。剧照被用来创造另一种叙事，讲述一个与电影类似的故事，但并不是电影的一部分，而是对同一个故事有了新的解释。剧照/字幕版在不影响剧情的情况下，创造了一个新的视角。在克莱尔·丹尼斯（Claire Denis）的电影《星期五之夜》（*Friday Night*，2002）的一个场景中，有两个人隔着玻璃窗交谈。丹尼斯希望把字幕印错，以反映人物之间交流的困难。字幕人员回应说，这是不可能的：要么用正确的，要么不用。这种方式并不能再现角色们在听到彼此说话时所经历的困难。字幕不能正确地再现对原场景的理解。亨利·贝哈尔（Henri Behar）指出，字幕人员在翻译字幕语言时会遇到很多问题，一些口语短语没有翻译（*Egoyan & Balfour*，2004，p.82）。字幕人员必须选择一个近似的短语，以某种方式表达一个类似的意思。这样一来，原来的意思已经丢失，而由别的词语代替。通过这种方式，字幕人员变成了部分编辑和部分导演的角色，改变了文本和角色说出的对话。

二十一、博尔赫斯：回顾叙事

1936年，豪尔赫·路易斯·博尔赫斯（Jorge Luis Borges）在《太阳报》（*Sur*）上发表了一篇文章，探讨了在叙事中重新安排时间、打破顺序编辑场景的可能性（*Egoyan & Balfour*, 2004, p.114）。他说的是回顾叙事（retrospective narrative），这是詹姆斯·乔伊斯（James Joyce）在《尤利西斯》（*Ulysses*, 1993）中使用的一种叙事手法。回顾叙事允许角色自我介绍，然后讲述一个以前发生的故事。回顾叙事允许大范围地改变时间线。在莎士比亚的戏剧中，多年的时间流逝在几个小时内呈现出来，而乔伊斯的《尤利西斯》只描写了一天的时间，由于其大量的细节和内心独白，阅读起来要长得多。

阿勒代斯·尼科尔（Allardyce Nicoll）认为，回顾叙事比普通电影叙事手法更具戏剧性（Nicoll quoted in *Egoyan & Balfour*, 2004, p.114）。时间线是灵活的，并且不能妨碍讲好故事。奥森·威尔斯（Orson Welles）的杰作《公民凯恩》（*Citizen Kane, 1942*）并没有按照时间顺序展开。回顾叙事被用来展示这位媒体大亨临终前的遗言，以及遗嘱执行人对遗言的解读。他们梳理了历史证据，并与熟人会面，以便更好地理解他的遗言——"玫瑰花蕾"（Rosebud）。

哈米德·纳菲西（Hamid Naficy）指出，当电影在屏幕上使用文本时，观众被迫同时进行看、听、读、译和解决问题的活动（Nicoll quoted in *Egoyan & Balfour*, 2004 p.146）。由此带来非同步性（asynchrony）和批判性的并列，从而很难连贯地解释问题。为了跟上叙事，有太多的事情要做。字幕糟糕的电影掩盖了真实的故事情节，让观众只能看到真实故事的梗概。潜台词和表演的微妙之处可能会完全消失。字幕人员的职责是总结翻译后的文本，并在时间和空间上进行呈现。这样一来，新的本地化文本（包括字幕）就能忠实地代表原文的真正内涵。

鲁比·里奇（B. Ruby Rich）指出，预告片可能没有对白，这样会让观众误以为电影对白是英文（Rich quoted in *Egoyan & Balfour*, 2004, p.157）。美国观众认为，阅读字幕的"交互性"与迷失在故事中，这两者并不互补。他们视阅读为工作，带字幕的电影在美国的票房表现不如没有字幕的电影。"单语主义（Monolingualism）假设了一个单一文化的世界，在这个世界里，'我们'的价值观不仅占主导地位，而且是真正共享的、无可争议的"（*Egoyan & Balfour*, 2004, p.165）。我们怎么能如此容易地在电脑、手机等设备上使用文本而不去阅读字幕呢？里奇认为，字幕涉及我们想要回避的更大的世界。字幕让我们主观地解读演员的原始表演。

阿莫里什·辛哈（Ameresh Sinha）写道，一个好的翻译看起来根本不是在翻译，而是在用另一种语言去传达意义，同时不会失去其原有的本质或价值（Sinha quoted in *Egoyan & Balfour*，2004，p.189）。内加尔·莫塔赫德（Negar Mottahedeh）指出，由于伊朗的谦逊法禁止女性不戴面纱的形象，一些伊朗电影（Iranian film）制作人将女性角色转移到户外拍摄，这样可以使面纱看起来更自然（Mottahedeh quoted in *Egoyan & Balfour*，2004，p.310）。《穿过橄榄树》（*Through the Olive Trees*，1994）是基亚罗斯塔米斯·科克（Kiarostamis Koker）三部曲中的第三部，记录了该系列前一部电影的制作过程。角色通过盯着镜头打破了第四堵墙（the fourth wall），为了迷惑观众的视角，定场镜头被删除。基亚罗斯塔米斯试图发展一种电影语言，"使伊朗电影成为在全球语境下说本土化方言的电影"（*Egoyan & Balfour*，2004，p.326）。通过转移视线，这种电影语言弱化了结局。基亚罗斯塔米斯认为，在一部"去语境化的电影"（decontextualised cinema）中，并无结局一说。

《随风而逝》（*The Wind Will Carry Us*，1999）被称为基亚罗斯塔米斯的半成品电影。他谈到了电影中被忽略的元素，"邀请观众的想象力参与那些……我们转移视线所看到的元素"（*Egoyan & Balfour*，2004，p.327）。基亚罗斯塔米斯的"摄影机取景和摄影机运动作为吸引人的对象，却忽略了当代观众对叙事向前推进的自然需求"（*Egoyan & Balfour*，2004，p.329）。与看最原始电影的那些观众一样，他的观众对故事的专注程度较低，反而是那些好奇的观众被激发了兴趣。

二十二、构建一个故事情节

爱德华·布拉尼根（Edward Branigan）说：

> 创建一个故事时间的动力不是简单地从电影的运行时间（屏幕时间）中产生的，而是从自上而下的过程中寻找一种新的顺序，这种顺序对材料中的其他约束非常敏感，例如假定的因果关系（causality）和事件持续时间。
>
> （Branigan，1992，p45）

观众对电影结构进行解释与分析（inderpretative analysis），将故事拆解成有意义的、连贯的叙事结构。

视听产品的形式会对受众产生影响，媒介本身对内容的接收有着重要影响。每一种媒介都需要运用不同的时空解构技巧。各种媒体系统会让观众沉浸在一种体验中，将他们的注意力集中在叙事中，这样他们就会沿着故事线，参与到对作品观点的反应中。我们可能会对一个角色或他们的处境产生同理心，但故事必须在叙事所创造的现实世界中保持可能性。超越这个世界将导致观众脱离作品和完全缺乏沉浸感（immersion）。在叙事过程中，观众无法感知系统；"只有当我们依赖于维持表征语境的系统时，参与才有可能"（Laurel，1991，p.115）。

从历史上看，广角镜头在电影中被用来捕捉整个场景，就像叙事者只给出一个叙事的概要，而没有添加关于特定叙事元素的细节来创建一个更加沉浸式的叙事弧。在《玩家马布斯博士》（*Dk Mabuse The Gambler，1922*）中，弗里茨·朗（Fritz Lang）使用了多种镜头，而以前的电影制作人只会使用一种镜头。观众必须在脑海中创造出一幅发生动作的空间画面，以遵循镜头透视的顺序。这种电影制作上的创新，帮助创造了一种新的电影语言，观众被"邀请"进入动作，从内部观看叙事。

二十三、叙事距离、深度和一致性

叙事（narration）可以按"量"来计算："距离"（来自我们对电影惯例和常识的认识）；"深度"（呈现给观众的主观/知识）和"一致性"。观众对故事中发生的事情的了解程度永远比屏幕上呈现出来的内容要多。观众根据以往的电影、故事、叙事习惯等对叙事弧轨迹进行计算。屏幕上呈现的内容可能更着重在于保持推动情节向前发展的沉浸感。在希区柯克（Hitchcock）的"炸弹理论"（bomb theory）中，桌子底下有颗炸弹，观众都知道，但电影中的角色不知道。"他意识到，观众的求知欲与他或她在电影中对情境和人物的期待有着密切的关系"（Branigan，1992，p.75）。

二十四、巴赞的无形见证

一些电影制作人反对使用观点镜头，但他们太刻板了。电影摄影不能捕捉无意识；它记录的是现实世界。因此，观点镜头并没有完全实现相机的表达潜力，它将故事限制在单个角色的视角上。但文字可以捕捉无意识；因此，它通常被认为是最适合第一人称叙述的媒介。安德烈·巴赞（André Bazin）"不喜欢《湖里的女人》（*Lady in the Lake*），以及德国表现主义（German expressionism）和爱森斯坦的蒙太奇效果"，因为他认为它们是对被记录的现实的操纵，使之故意有利于作者的观点（Branigan，1992，p.144）。巴赞认为，作者不应该固化对文本的解释，也不应该把自己的观点强加给观众，而应该让他们自己去体验故事，形成自己的观点。"好的改编应该是对文字和精神本质的恢复"（Bazin，2005，p.67）。然而，无论一部电影如何制作，作者都是存在的，这个世界必须被创造出来，在这个世界里，故事情节将会展开。作者可以退一步，通过填补故意创造的时间空白，邀请观众参与叙事的构建。这些时间上的空白是独立于影像顺序的，指的是故事按发生顺序排列的时间框架。当需要在开放且复杂的不同层次上对叙事进行解释时，叙事就像变色龙一样富于变化。观众解说的自由度越大，参与的观众就越多。巴赞注意到"文学、戏剧和音乐"对电影演变的影响，就像一个孩子模仿成年人一样（Bazin，2005，p.56）。他认为，直到1938年，电影才从这些传统艺术中独立出来，取得了良好的进展。他们成功地开发了新的技术资源，包括人工照明、感光胶片乳剂、声音、蒙太奇效果和新的照相技术；"电影制作人发现了被新艺术赋予内容的原始主题"（Bazin，2005，p.73）。巴赞考虑了文本、戏剧和电影之间的关系，将"戏剧"描述为能够栖居在"其他身体"中的戏剧灵魂（Bazin，2005，p.81）。第一次改编的戏剧文本合成为必需品；如果要在商业上成功，这些被重新改编为电影的元素文本，一般都来自一部小说，很少是来自一部戏剧。这就好像剧院站在一个不可逆转的美学进化过程的终点。在电影电视经典时代到来之前，巴赞认为电影是一种"完整的艺术形式，取代歌剧成为文化中的'整体艺术作品'（Gesamtkunstwerk）"（Ryan，2004，p.381）。

安德烈·塔科夫斯基（Andrei Tarkovsky）在写作《雕刻时光》（*Sculpting In Time*，1989）时花费了很长一段时间，书中概述了他的电影制作方法。塔科夫斯基是诗人的儿子，他作为一个艺术家接触电影；电影制作过程成为他的艺术创作手段。他与同一个团队合作制作了几部电影，但创作意图始终是他本人的。

> 所有这些再次证明，电影和其他艺术一样，都是作者创造的。在与同事共事的过程中，导演所被给予的是不可估量的；尽管如此，正是他独特的构思最终赋予了这部电影统一性。
>
> （Tarkovsky，1989，p.33）

塔科夫斯基的电影以一种令人着迷的凝视来接近时间；镜头以人物和场景为依托，通过细致的观察来寻找真正的意义。"时间不能消逝得无影无踪，因为它是一种主观的精神范畴；在我们内心，我们生活的时间被设定为一个时间范围内的经历"（Tarkovsky，1989，p.58）。

就像诗歌一样，塔科夫斯基相信电影也可以传达一种内在的真理，一种概念上的美，这种美不仅仅是各个部分的总和，它最初是在导演个人的头脑中被创造出来的。

导演会和其他人一起工作,包括演员和作曲家,来创造电影的质感和美感,然后将这种视觉转移到屏幕上,让观众参与和解释。塔科夫斯基把导演的作品比作雕刻家的作品。导演没有使用大理石,却塑造了一段时间,"一个巨大、坚实的活生生的事实集群",并小心翼翼地剔除了那些"与电影影像无关"的特征(Tarkovsky,1989,p.63)。塔科夫斯基称这个过程为"雕刻时光"。

二十五、故事节奏:俳句

日本俳句(Haiku)是一种与描述主体融为一体的诗歌形式,这种纯粹性吸引了塔科夫斯基。爱森斯坦以俳句为例,说明了三个独立的元素如何结合在一起,创造出独特的、与单个元素截然不同的东西。他认为每一个场景都应该是独立的,在功能和表达上都应该表现真实的事实。对这些图像的解释是主观的,并随着时间的推移而变化。即使是经典的叙事,历代读者的解读也有主观性和独特性。电影制作人通过剥离文本中所有无关的意义来创造艺术,只留下观众用来解释的部分。塔科夫斯基参考了日本诗人对现实进行长期观察却仅用三行文字进行表达的方式。一部电影首先通过拍摄创建工作模式,然后修剪成片,删除一切无用的,剩下真正有意义的部分。镜头有自己的固有节奏,这决定了电影的节奏。塔科夫斯基试图隐藏电影制作过程,避免使用蒙太奇手法,转而使用不需要编辑的长镜头。他拒绝蒙太奇电影,因为它阻止了观众用他们的个人经验来探索电影。对他来说,蒙太奇电影使用了太多特效和象征主义(symbolism),造成了意义上的障碍。他将观众带入叙事的体验中,体会导演的感受,将故事的力量转化为另一种媒介并传播给所有人。

故事将以其自身完整的内在节奏发展。这种节奏会让观众沉浸在一种能够创造高潮和低谷的体验中,时而紧张,时而毫无生气,时而幽默,时而戏剧化。节奏是在每个场景的叙事中,不受时间线的支配。塔科夫斯基支持使用加长镜头和未剪辑的场景。他认为编辑打断了故事的自然节奏(natural rhythm of the story),创造了一种人为的模式。塔科夫斯基不支持传统上对电影色彩和形式的关注。他认为色彩应加以中和,以减少其对观众"绘画风格"的影响。就像摄影师使用的镜头不能复制人眼的视角(angle of view)一样,电影制作人从观众意料之外的角度来呈现故事,这个角度是即使他们在那里也无法看到的角度。这是根据导演选择的"视角"来聚焦故事视角。形状、声音、颜色和形式也以这种方式选择,"奇怪的是,尽管世界是彩色的,黑白图像却更接近心理与自然主义(naturalistic)艺术真相,因为它是基于特殊性质看到和听到的"(Tarkovsky,1989,p.139)。黑白"图像"并没有复制现实世界的真相。对观看者来说，这是对所发生事情的一种记忆。因此，黑白图像可以让观众暂停现实生活，进入叙事本身的现实。塔科夫斯基坚信电影制作与艺术家创作的过程必须保持流畅和活力。在导演的指导下，在演员和工作人员的推动下，制作呈现出一种有机的生命力。那些自以为通过读剧本就能完全理解角色的演员，破坏了电影的制作过程。角色和情节形成了自己相互作用的方式，不太受潜在的观众反应的影响。创造一个纯粹为观众消费的最终产品会偏离最初设想的真实性。这一概念被推广到如何经济地使用剧情音乐和画外音。塔科夫斯基指出，音乐可以"通过扩大观众对视觉形象的感知范围，在特定的方向上激发观众的情绪"（Tarkovsky，1989，p.158）。音乐改变了视觉的外在呈现，使人们对它们的感知发生变化。

二十六、无声时代的技术

克里斯蒂安·梅茨（Christian Metz）的理论包括："横向结构和纵向结构（并列结构）"（Metz quoted in *Monaco*，2000，p.420）。横向结构关系到叙事的线性结构，纵向结构（并列结构）关系到选择。横向结构和纵向结构（并列结构）取代了蒙太奇和嵌段结构（场景的视觉风格）。梅茨把电影定义为一系列可以分解成子代码的代码。这些代码包括电影的每一个元素，包括类型、角色和技术。在《电影作为艺术》（*Film As Art*，1957）一书中，鲁道夫·阿恩海姆（Rudolf Arnheim）提道：观看条件和与影像的距离在很大程度上影响着我们对作品的理解。从远处看，一个颗粒状的图像会以高对比度的连续色调出现，但近距离看，细节会消失在碎片（fragwentation）中。较小的图像具有更高的对比度，往往更赏心悦目。较大的图像会失去对比度，需要更强的构图。卡尔·德雷尔（Carl Dreyer）的默片《圣女贞德的激情》（*The Passion of Joan of Arc*，1928）是根据对圣女贞德进行审判的真实记录改编的。在电影中，话语通过一系列的剪辑和不同的拍摄角度来表现，试图代替对话抓住观众的兴趣。这被称为"形而上"。阿恩海姆指出，只需有必要的声音存在，其余许多声音都可以从电影的音频组合中删除。音频不是必须真实；但它必须符合观众所接收到的视觉信息。在电影图像的可理解性方面，阿恩海姆将电影比作音乐，在音乐中使用预先定义的音阶可以创造出特定的模式。黑白电影的形式化结构将白与黑放在一起，创造出引人注目的视觉效果，避免了"模糊不清的色调"；无声时代的技术超越了叙事的简单视觉化，包含了传达抽象概念的叠加技术。

电影文本中创造的现实与日常现实相反，这是基于导演的角度选择，他们想让我们看到什么，他们想告诉我们怎样的故事。导演可以选择在不改变现实的情况下省略或加入一些元素。导演应使用合适的视角讲故事、拍摄场景和录制音频。时间可以被分割、放慢和加速，以强调文本中的现实元素。并不是所有的技术进步都促进了（电影）讲故事的形式的发展。同步录音改变了电影通用语言的方向。在声音出现之前，电影是一门全球性的艺术。声音使电影具有文化特异性，并促进了电影作品的商业化。

二十七、波尼茨谈希区柯克

在写到希区柯克的电影《臭名昭著》（*Notorious*，1946）时，帕斯卡·波尼茨（Pascal Bonitzer）指出，希区柯克的电影是：

> 以"独特的严谨"为特色……他的作品是一种结构艺术，要求"电影"优先于一切，优先于任何现实主义的概念，当然也优先于主角以及任何存在主义的作品。
>
> （Bonitzer quoted in Žižek，1992，p.152）

这些"结构"是电影叙事的基石。希区柯克创造了一种电影体验，让观众沉浸在熟悉的叙事空间中，这是因为电影制作人（auteur film-maker）的作品创造出了一种可识别的场景。现实主义和实用主义的外部需求与希区柯克的叙事无关。电影是一个由部分组成的结构，它将现实暂时搁置，驱动叙事，将观众吸引到叙事者的世界中。波尼茨评论希区柯克的风格：

> 悬疑确实是通过编辑来实现的，但是希区柯克与格里菲斯（Griffithian）式快速平行剪辑不同，他在一个同质空间中采用了纵向结构的编辑方式。这种编辑以慢动作为前提，并以凝视维持。而凝视本身又由第三个元素，即反常的物体引起。
>
> （Bonitzer quoted in Žižek，1992，p.29）

二十八、麦高芬

希区柯克的电影鼓励观众参与，加强了交互与叙事。观众不是一个被动的观察者，而是积极地从时间和空间两方面对框架进行考察，以回应叙事空间中产生的张力。就这样，希区柯克作为电影制作人可以直接与观众交流。他的故事在一个精心编织的公式化空间里变得熟悉，让人安心地识别出来。希区柯克经常使用一种叫作"麦高芬"（MacGuffin）的情节设置：麦高芬是一个情节围之展开的不明物体，其目的和意义没有被解释。麦高芬的存在推动着故事的发展，将叙事现实与观众所处的现实世界拉开距离。这种戏剧性阐释的缩减为人物和情节留下了更多的时间。在《碟中谍3》（*Mission Impossible III*，2003）中，出现了一个麦高芬，主角们寻找并争夺的不明身份的"兔脚"，它从未被解释是什么，或它可以用来做什么，只是被强调是非常重要的。

二十九、斯拉沃热·齐泽克谈希区柯克

斯拉沃热·齐泽克（slavoj Žižek）写道，"希区柯克的电影最终只包含两个对象的立场，即导演的和观众的，叙事空间中所有带有剧情声的人代表的都是这两个立场之一"（Žižek，1992，p.218）。希区柯克创造了一种具有亲密感的电影风格，邀请观众进入他熟悉的故事世界。他对待观众就像对待熟人，可以在一定的范围内推动和哄骗他们，但他们也对他的作品有一定的期待。希区柯克利用这种熟悉度创作了一些电影，尊重观众根据以往经验对叙事进行解码和结构的能力，让他们能欣赏到电影复杂的微妙之处。

三十、在叙事中控制时间

结构主义电影（structural/materialist film）强调创造视听产品的过程（Heath，1981，p.165）。一对一的时间关系将导致电影的长度与它所描述的时间框架相同。观众是跟随电影的节奏来观察时间的加速和减速的。通过延迟来扩展时间（Van Sijll，2005，p.70），放慢了观众对时间的感受，观众被允许只专注于叙事中的一个时间段。类似的惯例可以用来加快时间的速度，让观众通过叙事以更快的速度不停地推动故事向前发展。对时间节奏的物理操控反映了观众对现实的感知。在现实中，一段令人无聊的时间似乎没完没了，而一段使人兴奋的时间则感觉匆忙。时间可以被想象成几何里的圆形和线性。循环（圆形）叙事将动作重复循环，使角色困在他们自己的生活中。线性模式则像在十字路口，意味着角色必须在生活中做出决定（Van Sijll，2005，p.38）。

许多纸质交互文本的重点在作者身上。为了使交互标题起作用，作者不应该如此明显地出现。麦肯德里克对叙事冲突的强调也为用户交互提供了机会。冲突促进了对文本的积极思考；当观众试图"伸手接触"和改变他们的视角的时候，就会带来自然的互动。就像他们在博物馆里研究一件艺术品，会在它周围走动，从不同的角度发现它的要素。

在这一章中，我注意到，戈德曼认为电影的沉浸感使文本创造的现实代替了我们真实世界的现实。当电影剪辑、表演和导演技术使用得当时，这种沉浸感应该在电影中得以持续体现。交互开发人员面临的挑战是如何保持沉浸感，同时让观众在他们的真实世界中有所反应，以便与文本创建的世界进行交互。潜台词的使用确实有助于促进与作品相关的积极思考。通过适当的处理，当观众调整视角以了解他们对故事的推测是否正确时，发人深省的潜台词可以启动交互。这些推测包括他们对在叙事的短暂间隙里所发生的事件推测得出的结论。

文本与视觉效果的结合被广泛应用于字幕。但是，对于交互文本，也可以使用嵌入在可视范围内的超文本（Hypertext）链接。界面需要智能化，以理解各种用户的交互并相应地做出响应。

交互作品面临的巨大挑战是：交互会产生新的编辑，而且不受导演决定或控制。允许用户选择在其交互的时间段里成为编辑，这意味着通过额外的空间呈现，编辑将在预先设置好的任何时间段出现。曾经神圣不可侵犯的编辑工作，现在更像是一席流动的盛宴。

44 传统的线性电影文本为观众提供了舒适的体验。随着技术的进步，特别是在发行方面，电影制作人现在可以考虑在他们的作品中加入交互。交互的程度将决定观看电影的沉浸感。交互电影模式发展的现阶段，我提倡利用一个简单的导航系统，遵行现实主义方法，可能最易成功。界面是达到目的的一种手段，而不是创造性工作的基本部分。通过结合传统的叙事技巧，遵循亚里士多德的《诗学》，观众将认识到线性文本中被广泛使用的熟悉的叙事手段。交互将扩展和扩大传统技术的使用，因此不会在技术方面失去受众。我们需要密切监控交互环境中的用户体验，以匹配我们在线性电影中已经非常精湛的编辑水平。默奇在这方面的理论是理解线性和交互叙事惯用编辑方法的绝佳起点。他的作品关注的是观众对文本的反应和互动，交互电影的开发者需要关注的是观众，而不是技术本身。

第三章　主观释义

语境会影响对叙事文本的解释。如果电影作品具有一定的可被批判分析的实质性内容，观众在重复观看时，将对其进行无止境地重新解读。观众从以前的观看经验中，获得对文本的了解，再对故事进行主观的重新解释。本章讨论的是传统叙事形式和新叙事形式的主观释义（subjective interpretation）。

一、叙事视角

通过在交互故事中操纵视角，作者使观众能够从多重视点观看叙事。虽然这些视点由作者创建，但它们的呈现顺序是由观众"编辑"的。叙事视角有着悠久的历史。叙事视角通过在空间和时间上呈现一定的观点，来增强故事的交互元素。18世纪晚期的全景画就是围绕观众的360°图像（Rieser & Zapp，2002，p.28）。这些沉浸式艺术作品是交互叙事的早期形式，观众与画作"紧密联系"以创作故事。像画廊一样，全景图允许观众随着时间的推移前后移动，在叙事元素之间建立时间联系。这些作品旨在引人入胜，是现代交互系统的先驱。这种叙事系统需要积极的读者。观众必须通过与文本形成隐含关系来更好地理解作品。交互文本的难点在于它们需要观众和作者之间的双向交流。作者可以创建包含各种叙事路径的作品，然后将控制权交给观众。观众在叙事中开辟一条路径，创建一个可以向其他观众成员讲述的个人视角。以这种方式重述故事可以让观众了解故事的多个视角。信息"三角化"产生了一种新的元透视（meta-perspective），许多人分享了从多种角度展开同一叙事的方法与知识。

二、打破边界：视角边界的解体

乔伊斯采用了"打破边界"（*Entgrenzung*）或模糊边界的策略，将分散的经验融合在一起。意识流（stream of consciousness）技术允许读者观察内部和外部，而现实依赖于观察者的观点。观众被鼓励去创造新的现实。在《尤利西斯》中，叙事者的身份并不总是清晰的。当摩莉·布卢姆（Molly Bloom）在最后一章进行叙述时，她可能是在直接对读者说话，她的声音也可能是她丈夫奥波德·布卢姆（Leopold Bloom）的内心想法，内容是关于她以及她那天所做的事情。但叙事在两个层面都起作用，因为这影响到吸引读者投入的激情程度。在《尤利西斯》，乔伊斯并没有代表现实；他创造了一种能够在个人眼中产生现实的作品，这种现实对每个读者来说都是不同的。同样，玛雅·黛伦（Maya Deren）在《午后的迷惘》（*Meshes in the Afternoon*，1943）中"创造了新的时空关系，从而创建了世界而不是描绘它们"（Rieser & Zapp，2002，p.28）。根据安东尼·伯吉斯（Anthony Burgess）的说法，乔伊斯肯定是一名"二流"作家：

> 重要的是要充分利用语言的模糊性，这样才能享受到而不是错过其中的歧义、双关语和内涵（connotation）。书中大量的细节和冲突在视觉媒介的转换过程中丢失了。
>
> （Burgess，1975，p.15）

乔伊斯的艺术创作是为了阅读，它不是电影。什克洛夫斯基支持这个观点，他说："除了故事情节，小说中几乎没有其他东西可以搬到屏幕上"（Shklovsky，2008，p.24）。1952年，巴赞写道，美国的犯罪小说正在被越来越多地按照好莱坞（Hollywood）电影剧本的模式进行改编。他建议，以后小说可以被写成电影。当剧院精彩的表演把小说改编为电影时，巴赞指出，"小说在从文学作品到电影画面的过渡中需要一定程度的创造力"（Bazin，2005，p.54）。

三、语言的灵活性：将词汇融进和弦

乔伊斯确实认识到"音乐与诗歌之间的紧密关系"（Anthony Burgess，1975 p.90）。伯吉斯指出，他能够"大胆地将文字融入真正的和弦中"。《芬尼根守灵夜》（*Finnegans Wake*）里的语言几乎都是和弦，不仅仅是将"thorns"和"thoughts"放在一起……乔伊斯如果愿意的话，能够将它们结合成"thornghts"（Anthony Burgess，

1975,p.92)。乔伊斯的文本是一种参与式体验,必须考虑其对乔伊斯生活经历以及语义的引用。

另一方面,《芬尼根守灵夜》的语言证明了其主题方面的困难和前所未有的复杂性。乔伊斯已经厌倦了在《尤利西斯》中唤醒英语的潜在可能性,他在下一本书中迫使自己"让语言入睡"。摆脱了解释时空的白日梦刻板模式的限制,语言变得流畅起来。

(Burgess, 1975, p.138)

乔伊斯巧妙地利用了跨语言语音的灵活性,定位了单词,这些单词在使用时可以用不同的语言传达多种含义。这种外延和内涵的分层需要与文本高水平地接触,以解锁其含义和作者的意图。然而乔伊斯的目的并不简单,他在《芬尼根守灵夜》中对进食的描述,反映了"咀嚼食物"的表演会破坏字面语言的含义,"咀嚼"动作中的语言很容易被读者重新解读(Gilbert, 1934, p.191)。

四、叙事解构

迈克尔·巴克利(Michael Buckley)的交互故事《好厨师》(*The Good Cook*, 1998)邀请观众多次观看,以"了解"主角。巴克利录制了"厨师"的录音,并添加了视觉效果、图形和动画。随着时间的推移,他向我们展示了"厨师"。但是导演并没有给我们呈现预先录制好、基于时间的媒介,观众有机会通过探索构成《好厨师》的叙事元素来发现角色。

解构主义理论(deconstruction theory)认为,作者的生命包含明确的历史和明确的偏见;读者的生活与作者的生活不同,其观点的框架也不同。作者构建的文本将由读者进行重建。事实上,文本也会因为作者对于观众行动预期的不同而变得不同。

(Rieser & Zapp, 2002)

五、循环:如果–那么–转到

马诺维奇(Manovich)认为"循环"(loop)是一种适合计算机时代的新叙事

形式。计算机基础编程语言使用循环来执行数据阵列上的重复流程。"如果—那么"（IF/ THEN）和"转到"（GO TO）语句操纵程序代码的控制流程，将运行指令作为非线性序列执行。该循环也广泛用于小格动画。通过一系列重复单格实现角色的行走。电影制作人兹比格涅夫·布热津斯基（Zbigniew Rybczyński）在他的电影《探戈》（*Tango*，1982）中也使用了这种技术。布热津斯基循环播放实时动作镜头，以便通过固定的空间位置移动重复的角色。角色被巧妙安置于不同时空。虽然我们可以将循环视为重复信息，但它们与其他叙事元素的并置使观众能够在每次迭代中创造出一个新的现实版本。屏幕现阶段的画面有限，电影制作人似乎无法使用固定的焦点区域——一个他希望观众聚焦于此的区域。换句话说，作者创作了作品，然后把作者的控制权交给观众，让他们建立自己对故事的看法。

六、因果关系

如果作品的菜单导航让观众觉得舒服，那么作为公共或私人消费而创建的交互作品将是成功的。肯·法因戈尔德（Ken Feingold）开发了交互作品《惊奇螺旋》（*The Surprising Spiral*，1991）。这部作品围绕一个因果关系结构，在一台计算机控制的界面上运行，声音和图像是对用户交互的常规反应。法因戈尔德对观众如何使用该系统的研究使他相信：观众不习惯成为目标不明确的公共交互作品的参与者。观众发现，虽然他们可以从系统中发起一定的响应，但他们无法真正控制它，也无法导航到他们想要抵达的地方。观众经历的挫败感会导致交互时间缩短、重复播放次数减少。法因戈尔德也质疑交互过程。一个简单的因果关系系统缺乏神秘感和复杂性，会导致叙事平淡。法因戈尔德强烈抵制交互叙事作品中的"用户友好型"方法，因为它们不会对用户提出问题，也不会促进思维创新。这种产品的"简化"是大众媒体的征兆显现。使用最低程度的共同要素，创建一个更广泛受众能够访问的有趣简单的产品。然而，产品的简单性意味着它们之间几乎没有差别，引起观众注意的能力也因此受到严重损害。

七、放弃权威控制

约翰·杜威（Jon Dovey）表示，成功的交互叙事在空间轴和时间轴上都有效（Dovey quoted in Rieser & Zapp，2002，p.138）。无论用户交互情况如何，时间都必须推进，要允许观众放松，不会产生为了使故事继续而被迫进行互动的感受。在采用分支叙事结构的游戏设计中，当系统等待用户做出决定时，故事可能完全停止。杜威认为，如果推动叙事进展的责任不只与用户有关，那么他们会更满意。一个不断推进的叙事，提供给用户互动，同时也反映用户互动，这将使观众成为观察者，而不是作者。这不是因为观众只想要娱乐；而是因为他们不想太努力工作。艾库·韦德（Eku Wand）认为，通过采用传统的叙事技巧，特别是修辞艺术，可以解决强调观众推动叙事的问题（Wand quoted in Rieser & Zapp，2002，p.164）。他们"通过插入戏剧性的停顿、询问观众问题、偏离主要情节等方式来打断叙事，这些方式是建立紧张气氛、吸引听众的手段"（Rieser & Zapp，2002）。围绕修辞和叙事中的自然停顿可以建立因果"停顿"。韦德观察到，流行肥皂剧的故事背景，可以用于指导编剧建立个人角色历史，也可用于交互叙事。虽然这个故事背景在每一集都没有明确提及，但会影响角色行为。交互叙事将产生一定比例的不被所有观众看到的内容。根据用户的"视角"来观看叙事序列。韦德还指出，推动情节向前发展始终是最重要的。与亚里士多德的观点一样，角色的存在只是为了进一步推动情节。

八、注意瞬脱

广告业研究旨在分析和评估观众对电视广告的反应。研究员简·雷蒙德（Jane Raymond）对人们为何容易分散注意力进行了研究。她将其描述为"大脑注意力系统中的怪癖"（New Scientist，24/31 December 2005）。雷蒙德进行了一项试验，向人们展示了一串字母数字字符，要求被试验者寻找白色字母或"X"。当白色字母和"X"被近距离呈现时，人们往往看不到第二个字符。雷蒙德把这种现象称为"注意瞬脱"（attentional blink）。在处理先前接收到的重要信息数据时，大脑会对新信息视而不见。这对于使用快速编辑来吸引注意力的内容创建者非常重要。快速编辑可以快速推动叙事，短时间内讲述更多故事，但也会让观众错过一些情节。为了避免注意瞬脱现象，交互故事中才会使用长时间拍摄。快速编辑会影响到脚本中的交互点，信息过载也会带来交互减少的倾向。雷蒙德还研究了注意力的状态是否会影响对品牌的反应。她发现，如果一个人在执行智力要求的任务时"被形象或品牌分心"，他往往会对其产生不利的反应，无论其对他的情感价值如何（Fisher，2005）。分散注意力的目的是引起人们对品牌的关注。它可能是插页式广告、自动播放的社交媒体广告，也可能是电影中品牌产品公然和不合理的展示位置。这些都会破坏叙事参与并将人带出故事。这种不受欢迎的注意力分散和智力吸引可能会导致观众认为正是这些品牌破坏了他们的良好体验。

九、虚构：没有情景的情感体验

吉姆·科恩（Jim Coan）创作了"眼与我"（*Eye & I*, 2005），这是一种艺术设置，旨在衡量人们对面部表情的反应。其特点：

> 在一个黑暗的房间，墙上随意排列着大小相当于信箱的插槽。在插槽后面是演员表达愤怒、悲伤、幸福等情绪的面部表情。进入房间的人只能看到演员的眼睛。
>
> （*New Scientist*, 24/31 December 2005）

这是一种研究面部表情与情绪之间关系的方式，它要求演员在观众观看时，长时间保持特定的表达方式。演员报告说，保持这些面部表情使他们情绪激动，他们经历的情感符合他们的表达。科恩指出，面部表情创造了一种"无情景情绪刺激"，它不属于我们大脑处理情绪的常用方式。因为我们通常对情境有了情感体验后才有情绪。为了弥补这一点，演员们为自己发明了一种虚构语境，使其成为他们创造情感体验的理由。通过这项研究，科恩还探讨了人们与他人在一起时是如何体验图像的，以及与这个人握手是否会改变他们的体验。

十、不断发展的语言

亨利·希金斯（Henry Hitchings）注意到约翰逊博士（Dr Johnson's）童年时代的一则轶事。故事讲述了约翰逊小时候是如何阅读戏剧《哈姆雷特》（*Hamlet*）的，并且在幽灵场景中跑到了其他人附近。

> 他与文本的交流是如此完整，以至于把它当作现实，并且用那些文字"在他父亲的厨房里玩得很开心……"，这很好地说明了他的阅读是偶然的、没有目的的。
>
> （Henry Hitchings, 2005, p.15）

在18世纪早期，印刷材料显著增加。约翰逊嘲笑说，现在每个人都认为自己是作家。他认为没有必要规定英语的规范版本。而在当时，切斯特菲尔德（Chesterfield）

赞成文明社会英语的"使用规范",即这个语言版本应该永远被固定为黄金标准。

像切斯特菲尔德这样的语言保守主义者担心,如果语言的普遍用法不加限制地改变,就会导致18世纪的英语对其继承者造成困惑,就像乔叟(Chaucer)的语言对他们造成的困惑一样。

(Henry Hitchings,2005,p.68)

在定义某些单词时,约翰逊引用了实际经验,例如"盐"的意思就是盐的味道一样。最终,约翰逊认为语言必须是一个成长的活体才能保持活力。语言的增加被用于表达每一代人的文化特征,用于培养和表达他们的身份。如果没有这些额外的附加功能,语言就会变得古板且毫无表现力。

十一、伊塔罗·卡尔维诺:读者与叙事者之间易被影响的关系

交互叙事无疑为叙事者与读者之间的关系创造了新的可能性。如果交互是文本作者的一部分,那么读者就会成为叙事者。在伊塔罗·卡尔维诺(Italo Calvino)的《寒冬夜行人》(*If on a Winter's Night a Traveller*,1982)中,探讨了读者和叙事者之间的模糊关系,并允许他们的身份交叉融合。故事线允许读者对叙事有一个单一的视角;它在文本中探索出一条单一路径。然而,任何文本的元叙事都比提供给我们的内容广泛,并包含其他不直接相关的文本和场景的部分内容:

我同时写了太多故事,因为我想要的是让你们去感受故事以外的东西,其他我能讲,也许以后会讲的故事,或者谁知道呢,以前在其他地方讲过的故事,充满故事的空间,也许就是我的一生,在这个空间里你可以朝任何方向前进。

(Italo Calvino,1982,p.109)

因此,卡尔维诺已经抹去了传统文本的故事线,这条曲线遵循传统读者认可的路径。曲线可能有曲折,令读者感到惊讶和喜悦,但它仍然是线性的,仍然是通用的。卡尔维诺在文本创作过程中将读者视为同时代人。读者可以是前一章中的第三人称角色。卡尔维诺建议作者不要直接写给读者,而是通过中间者进行交流,这是作者发明的另一位作者,是思想的沟通者。这在作者和读者之间创造了新的分离,使法布拉的

潜力最大化。

卡尔维诺考虑研究《古兰经》(*The Koran*,)的写作过程，因为它是我们最了解其构思过程的圣书。在公元7世纪，穆罕默德（Muhammad）接受了安拉（Allah）口头上的话，他依次将这段文字口述给了几位抄写员，让他们写下来。有一次，当穆罕默德还没有完成一个句子时，一位名叫阿卜杜拉（Abdullah）的抄写员本能地得出结论。穆罕默德"心不在焉"地接受了这个不是安拉原始词的文本。这名抄写员感到非常震惊，后来他"抛弃了先知，失去了信仰"。

> 他错了。构思这句话是他的责任，他是那个必须处理书面语言内部连贯性的人，用文法和句法将一种流动的思想引入其中，这种思想在变成文字之前就要扩展为语言，就像"先知"一样。
>
> （Italo Calvino，1982，p.182）

所有文本都应该包含创建多种媒介和解释的过程。作者和读者之间形成了一种关系，这种关系是可塑的。它随着时间的推移而变化，特别是在连续访问文本时。在之前的阅读中感受到的情感成为记忆，为未来的解释增色。

十二、对颜色和形式的主观反应

《基亚拉蒙特和塔科夫斯基》(*Chiaramonte & Tarkovsky*)是塔科夫斯基用宝丽来（Polaroids）于1979年至1984年在苏联和意大利拍摄的作品。这些影像具有与他的电影相同的诗意，"瞬间的记忆镜，每张照片都留下了静止的痕迹"(*Chiaramonte & Tarkovsky*，2006，p.123)。图像是舒适的，观众可以仔细品读作品的形式和颜色。这些图像在风格和内容方面都非常"塔科夫斯基"，能够使观众对文本进行主观释义，与作者一起理解信息。它们与观众交谈，以便传达比视觉文本更多的东西。"随着时间的推移，图像在一个空间和时间里创造、包含和汇集了其创造者、所代表的对象和观察者"(*Chiaramonte & Tarkovsky*，2006，p.125)。

爱森斯坦察觉到，虽然观众对颜色的反应可能大致相似，但颜色的使用越巧妙、反差越大，产生的主观反应就越是无法进入有意义的流程当中。

> 我们不能否认这种组合会唤起令人不安的感觉，但仅限于此。到目前为止，人们仍在继续努力将这些个人的主观感受安排到有意义的关系中，坦率

地说，这种关系同样模糊和遥远。

（Eisenstein，1986，p.95）

爱森斯坦坚持特定的颜色以其特殊且可编码的方式影响观众的理论。与视觉和音乐之间的关系一样，有一些必须被接受的基本事实。此外，某些颜色还会引起模糊的情绪和身体反应，例如红色和热量之间的关系。

十三、积极色彩与消极色彩

爱森斯坦指出，作家歌德（Goethe）将色彩分为"积极"和"消极"。积极颜色看起来更接近观察者，消极颜色则显得更远。这种划分就像摄影中的暖调和冷调一样。红色表示画面中的热量和温暖；蓝色表示冷，主要用作夜间颜色。蓝色可以使色彩图像更饱和，使其看起来"褪色"。爱森斯坦拒绝了颜色和声音之间无处不在的绝对意义和相关性的概念，以及这些与特定情感之间的绝对关系（Eisenstein，1986，p.122）。当它们合适时，颜色和声音将被用来为故事的情感服务。语境至关重要，故事的时空元素明显影响着对它们的解释。

十四、颜色与情感反应

帕蒂·贝兰托尼（Patti Bellantoni）研究了电影中色彩运用带来的情绪反应。颜色在我们的潜意识中起作用，通过利用本能和常识的联想来表示情感。一些颜色带来基本的情感反应，如爱情和仇恨，与其他颜色（包括几何形状和形式）并置可以给出更复杂的意义解释：

> 红光就像是视觉上的咖啡因……红色可以激活你任何潜在的激情……因为我们倾向于先看到它，所以红色给人一种扑面而来的幻觉。因此，它可以操纵我们的时间感和空间感。

（Patti Bellantoni，2005，p.2）

其他颜色会带来更微妙的反应。苍白的颜色不是那么强大，没有任何视觉冲击力，可以用来暗示弱点和局限。黄色则不同，带有视觉上的侵略性，似乎在向你移动。它具有"强大的生命能量",因此引起人们的注意,可以"成为场景窃取者"(Patti Bellantoni,2005,p.42)。贝兰托尼也声称黄色是产生焦虑和压力的颜色,可能意味着痴迷。橙色在视觉调色板中接近黄色,但它更开朗、更简单。颜色的效果可以通过它的色调和饱和来缓和,例如贝兰托尼在电影《唐人街》(Chinatown, 1974)和《罗斯玛丽的婴儿》(Rosemary's Baby, 1968)中看到黄色的使用:

> 采取光谱中最亮的颜色,并将其饱和度降低是轻描淡写的象征。颜色变得更加精致,完美地反映了玛丽夫人(Mrs Mulwray)的本质:时髦、神秘和脆弱。她是一个纤巧美丽的女人,有着黑色的秘密,令人着迷。
>
> (Patti Bellantoni,2005,p.64)

黄色在我们对人物和情节的主观释义中起到一定作用,它与相一致和相反颜色的并列成为叙事的一部分。在《天才瑞普利先生》(The Talented Mr. Ripley, 1999)中,"他穿着的亮黄色泳衣揭示了汤姆的性格……亮黄色唤起了对颜色本身的关注。对于想要融入其中的人来说,这是一个奇怪的选择"(Patti Bellantoni,2005,p.77)。贝兰托尼进行了大量试验来衡量颜色对学生的影响,包括从粉刷房间到使用彩色道具和服装。"蓝色可以是一个宁静的池塘或悲伤的柔软毯子……颜色调查显示,在蓝色环境中,人们变得被动和内省"(Patti Bellantoni,2005,p.82)。

在《航运新闻》(The Shipping News, 2001)中,蓝色被有效地用于减慢我们的反应,与所处的位置保持一致。这增加了纽芬兰地理上的忧郁感。这种蓝色唤起我们对经历过的寒冷、潮湿的日子的情感回忆。贝兰托尼将橙色描述为会对我们的情绪产生积极影响、缺乏戏剧性的乐观色彩。贝兰托尼用颜色进行了试验,重点是几种颜色的并列。在《教父》(The Godfather, 1972)中,麦可·柯里昂(Michael Corleone)的未婚妻凯特(Kate)首次穿着橙红色,这种颜色给人强烈的反应。根据贝兰托尼的说法,橙色简单、温馨、热情。

电影摄影师使用颜色来绘制我们以前的经验,并提出了颜色之间的新关系。剧本和表演中的细微差别可以通过颜色排序和并列的细微差别来体现。电影摄影师爱德华·拉赫曼(Edward Lachman)为电影《远离天堂》(Far From Heaven, 2002)使用了色彩对比,故意将暖色调和冷色调进行对比。如果场景"主要是冷酷的",那么他使用暖色的亮点;如果它是温暖的,则相反。拉赫曼利用复杂光线的相互作用来传达人物情感的复杂性(Patti Bellantoni,2005,p.136)。

基本色可以带来快速明确的反应。红色和黑色被认为是"邪恶"。这些基本的反应还体现在绿色的使用上,这是一种模棱两可的颜色,可以分别代表新鲜感和腐烂感。绿色液体就经常被当作毒药。

贝兰托尼认为紫色在电影叙事中具有最重要的意义。"紫色是一种能激发与非物理现象联系的颜色。它发出一个信号，表明某人或某事物将被改造"（Patti Bellantoni，2005，p.191）。在人物死亡或故事方向发生重大变化之前，经常会看到紫色光。它的使用反映了它与其他事物和精神的联系。贝兰托尼将电影中的颜色与形式联系起来。颜色可用于传达情感和内心感受，空间运动则可以表明时间的流逝，比如：向左移动和向左看就表示"过去"。

十五、数字和模拟彩色调色板

曼诺维奇（Manovich）考虑创造无缝和隐形效果的现代电影制作技术；"电影很难抹去自己制作过程中的任何痕迹，我们看到的图像可能是构造出来的，而不是记录下来的"（Manovich quoted in Lunenfeld，2000，p. 178）。具有讽刺意味的是，纪录片和在线培训材料在向公众宣传电影制作过程与技术的时候，往往是现代电影制作的最新技术。使用数字特效制作的场景调色板被合成为实景镜头（在电影中拍摄），却一度暴露了它们的人工性质。它们无法与摄影图像无缝融合。现在，典型的电影调色板正在进入数字空间，许多大预算的电影图像（真人动作和CGI）看起来都是"数字化"的。

十六、几何图像的实际反应

摄影师威廉·莫滕森（William Mortensen）表示，一幅图像会影响我们的意识，产生一种"深层的本能反应"，"其效果纯粹是生物反应"（Mortensen，1948，p.25）。在他的著作《命令式观看》（*Command to Look*）中，他确定了四种基本的几何图形模式，它们能激发我们本能的恐惧反应，并能让照片受到"需要"的关注。重点在于形式而非内容；"观看照片的人参与其中，并使照片成为自己经历的一部分"（Mortensen，1948，p.51）。图像中如果存在有节奏的轮廓，视线会沿着这些轮廓移动。视线的运动被连续促进和阻碍，以此达到吸引观众的效果。这四种模式是：

1.对角线——表现物体穿过视野的运动；

2.S曲线——隐蔽的运动，暗示着危险；

3.三角形（组合）——锐利，一种潜在的威胁；

4.块状——运动的障碍。

工作时，莫滕森仔细检查了他的所有图像，以确保满足这些几何标准。他毁掉了所有不符合他的图像构造规则的图像。他还拒绝拍摄带有被他称为"日期线"的照片。因为这会将照片定位于特定的地点和时间，即此时此地。他认为应该避免现实主义，因为它会阻碍图像产生深刻的、不会随着时间推移而褪色的视觉体验。

十七、艺术的意志

在《怪物与圣母》（*Masters and Madonnas*）中，莫滕森引用了阿洛伊斯·李格尔（Alois Riegl）的"艺术的意志"（*Kunstwollen*）（the will-to-art）：一种文化或一个时期产生一种特定风格的艺术作品（不管技术或流派），这是一种"本能的几何装饰"的结晶（Mortensen，1936 p.12）。莫滕森认为，想象力需要从"指手画脚"中解脱出来。他说，细致、有组织的影像创作方法会产生"严密、生硬、自鸣得意"的影像，而"在完善的基础上即兴创作"则为自发的创造力开辟了道路，让影像与众不同。我们通过技术在工作流程中充分探索情感。创造性思维可以自由地表达自己，在不受意识形态、义务以及质疑等因素影响的情况下，创作出具有明显风格的艺术作品。

十八、了解你的观众

叙事世界依赖于那些用来描述它们的词语。例如，"得克萨斯州"这个词将我们带到了这个地方。然而，一些文本（如诗歌）并不能自然地创造出虚拟世界。唤起性语言可以帮助作者构建出可替代现实的内容。特定词语引发特定反应，但其他词语相比之下更为通用。这让我们想起爱森斯坦对蒙太奇和色彩反应的编纂整理尝试，最终证明这些反应过于主观，过于依赖个人经验。"得克萨斯州"这个词像是"创造了一个现成的图片库，地名提供了压缩图像和快捷描述的方式，模仿沉浸在视觉媒体空间中的瞬间特征"（Ryan，2001，p.128）。读者可能会普遍认为"得克萨斯州"是一个拥有大量沙漠的大地方，但它是好的还是坏的，善良的还是诱人的，这取决于读者的知识和经验。在观看电影之前，大多数观众可能已经对影片内容有了充分的了解，这样可以获得更令人满意的体验，因为他们知道电影中的"旅程"（过程）会如何发展，并且满足于这个旅程带来的结果（但结果不应该被预测出来，这样会导致观看体验本身变得多余）。有些电影情节复杂，观众很难跟上故事发展，例如布莱恩·德帕尔玛

（Brian DePalma）的《碟中谍》（*Mission Impossible*，1996），就会让观众觉得"观影旅程"过于艰难，很难产生成就感。随着更多关于子情节、角色发展、人物关系等信息的积累，层次丰富的电影可以被反复观看，并被重新解读与诠释。

线性电影在表现时间时，故事时间线中的观众"位置"应稍微落后于当前屏幕时间上的"位置"。如果观众仍在考虑前一段时间发生的故事元素，那就意味着他们感到困惑，试图追赶故事线索，沉浸感就会消失。如果他们领先于屏幕上的叙事位置，那么这个故事就变得可以预测，不再引起他们的注意，沉浸感也将消失。我发现脱口秀喜剧演员提供了很好的令观众沉浸的例子，同时保持了稳定的叙事进展速度。罗尼·考拜特（Ronnie Corbett）总是在《两个罗尼》（*The Two Ronnies*）的每一集结尾讲述一个冗长的笑话。笑话里有很多旁注和离题的引用，但叙事进程始终保持不变，故事以足以引起观众兴趣的速度向前推进。换句话说，他可以根据需要去阅读观众的注意力，从而移动、增加或减少叙事进展，以建立和传递妙语。

克莱夫·詹姆斯（Clive James）作为电视评论家，会在评论中使用一些较为隐晦或模糊的电视参考信息，他确信观众会清楚地理解这些参考信息，因为他相信他们与他本人一样了解文本内容。他注意到爱德华·克兰克肖（Edward Crankshaw）对一本关于斯大林（Stalin）的书的评论。为了给读者提供足够的背景资料，克兰克肖在文本中占用了很大篇幅去介绍苏联的历史。詹姆斯在电视节目中的评论针对的是那些"已经知道我在说什么"的读者。这给了他很大的自由，让他"随心所欲地暗示"（James，2007，p.112）。他可以使用带有文学性的或晦涩的方式去评论，甚至还可以利用观众的专业知识去插科打诨。这种情况也可以在有情景的电视内容中看到。尽管许多观众不再记得什么是正确的，什么是错误的，但在元叙事的背景下，对人物历史的引用必须始终是准确的。对于那些能够欣赏到对人物和故事的微妙暗示（无论这些暗示多么微不足道）的人来说，观影体验要丰富得多，也更加有价值。他们被提醒故事的真实程度，即使故事只传达了整部作品的一小部分内容。

十九、控制叙事/编辑文本

G.H.哈代（G.H. Hardy）研究了创作艺术家的作品，并宣称"好的作品不是由'谦卑'的人完成的"。他说，夸大你的主题和自己与之相关的地位是很重要的。"一个人如果总是在问'我做得有价值吗？'和'我做得对吗？'，那么他对自己是无能为力的，也会令别人感到沮丧"（Hardy，1992，p.66）。观众会更容易接受用自信的口吻去讲故事。实际上，一个故事应该是自信的。哈代的方法强化了作者应当保持对叙事的控制的论点，并且永远不会给读者提供方向自由，从而避免由读者来决定结尾，而不是由作者。另一种方法是创造一种游戏，它具有多个结尾叙事弧线，其中一种由读者选择以满足其对文本的需求。作者必须创建一个读者可以决定发展方向的故事世界，但这个发展方向将在作者设定的参数范围内。作品为读者提供了基本信息，通过方向导航解码文本并引导读者阅读信息。因此，作品传达的信息应该具有内在的价值和意义，这需要作者具备一定的野心。

> 野心是一种高尚的激情，可以合理地呈现出多种形式；在阿提拉或拿破仑（Attila or Napoleon）的野心中有一些高尚的东西：但最高尚的野心就是留下具有永久价值的东西。
>
> （Hardy，1992，p.77）

叙事可以被公开引导发展方向，但仍然需要包含固定的信息，保持与读者的沟通。虽然对叙事的看法与角度会引导解释，但读者可以在作者提供的广阔空间里"创造"他们自己的叙事：

> 另一方面，数学家正在研究他自己的数学现实。无论是一把椅子或一颗星星，都不像它看起来那样；我们越想它，它的轮廓就越模糊，它周围就像有一层迷雾；但是"2"或"317"与这种感觉无关，我们越接近它，它的属性就越明显。
>
> （Hardy，1992，p.129）

哈代比较过真实的宇宙和虚构的宇宙，后者比前者更美丽。在应用数学家的思想中，大部分想象的宇宙都不适合现实世界，必须抛弃。与数学一样，主观释义仅在叙事语境的一定范围内起作用。

二十、瓦西里·康定斯基：相关感情链

瓦西里·康定斯基（Wassily Kandinsky）指出，阿希尔-克洛德·德彪西（Achille-Claude Debussy）经常与印象派画家一起被归为一类，因为他在作品中使用了自然现象。康定斯基认为，无论身处哪种媒介，艺术家都会受到同时代人的影响。绘画对音乐的影响就表明了一种跨媒介的精神联想。康定斯基发展了关于色彩心理学的理

论。对他而言，观察颜色会产生双重结果。首先是短暂的物理印象，对暖色或冷色的初步反应；接下来会产生他称之为的"相关感情链"（Chain of related sensations）（Kandinsky，1977，p.23）。最初的表面反应成为催化剂，唤起看到颜色后产生的相关回忆。红色可能会带给人危险、热情、疼痛或血液的感觉。康定斯基指出，色光疗法（chromotherapy）试验表明，暴露于红光中会刺激心脏，而蓝光则会产生镇静作用。然而，这种理论并不适用于动物和植物。这可能说明这种关联必须通过唤起一定的经验和参考来学习。康定斯基是一个感知连接者，已经为音乐音阶中的每个音符应用了颜色。西奥多·格拉西克（Theodore Gracyk）指出，俄国作曲家亚历山大·史克里亚宾（Alexander N. Scriabin）制作了一个将音乐音调与颜色相匹配的图表。康定斯基把精神价值归结为形式和色彩的组合（Kandinsky，1977，p.25）。他认为，当形式和色彩组合不和谐时，它们会"妨碍"和"抵消"彼此；某些组合则吸收了彼此的力量来唤起情感反应。康定斯基提升了艺术"意义"和艺术"观念"的首要地位，而不是它对观众生理和心理的影响。他鼓励艺术家努力实现一种直接与观众交流的纯艺术语言，而不需要正式的艺术培训和技术知识。

  本章探讨了受众对故事叙事元素的解读。交互作品通常不止一次被观看。导航路径需要和大量的播放一起来测试哪一种叙事可以作为替代性的进展。在交互叙事的发展中，观众对故事的看法至关重要。叙事序列的重复创造了新的主观释义。每次观看都会增加用户对文本的了解，并影响他们对作品意义的理解。正如我们所见，作品解释的主观性可以用很多学术观点来预测，但是不能准确预见观众的反应。增加交互可以极大程度地加强观众对故事的理解与解释。由于他或她的经验具有独特性，交互还会改变每个观众的主观反应。雷蒙德认为"注意瞬脱"现象可能会影响空间屏幕在交互文本中呈现的速度，但不会影响其内容或故事情节。贝兰托尼对颜色反应的研究表明，颜色的使用方式是复杂且高度主观的，尽管颜色确实对观众产生了强烈的影响，尤其是当它与故事情节、节奏和表演等其他元素结合在一起的时候。哈代注意到作者权威的重要性，并没有放弃对完整叙事的控制，只是为读者提供了更多的选择，因此，即使是交互作品，叙事者和观众之间仍然存在距离。

第四章　声音设计

我们的视觉感知只能看到前面的事物，而听觉则是"全方位"的，因此听觉是实现存在感的基础（Collins，2014，p.215）。许多年前，我在英国中部一个被水淹没的采石场参加了潜水课程。这是一次不幸的经历，因为我无法平衡压力，导致头痛欲裂、耳朵感染，最终失去了右耳的全部听力。这直接导致我无法定位声音的来源，我感觉一切都是发生在我的左侧。大脑通过计算声音分别到达两只耳朵的微小时间差来判断声音的方向。在我自己的案例中，我的左耳接收到的声音越来越大、越来越清晰，让我对所有声音的本能反应都是向左看。在日常生活中，由于我无法分辨多个人声，难以应付人多拥挤的场合，所以有时不得不用读唇语的方式进行交流。

一、对声音的原始反应

特定的声音会引发听众的原始反应。音效师们会改变声音的音高和节奏，对其进行混合和匹配，用听觉反应去增强视觉效果。引擎的声音里可能混合了狮子的吼叫声和猴子的尖叫声。《愤怒的公牛》（*Raging Bull*，1980）中的拳击场景混合了动物、喷气式飞机、箭矢和撕裂戳刺牛肉的声音（Sonnenschein，2001，p.191）。对话和其他声音的混合也能引起听众的特定反应。

音乐在叙事中起到表达人物内在思想、表现人物情感的作用。在电影中，它与对话和音效同时出现。观众将这些声音元素进行综合分析来理解故事。电影叙事中的音乐从简单的外延音（denotoctive）演变而来，提供附加的内涵。它可以代表潜意识的复杂性。音乐家、作曲家迈卡·利瓦伊（Mica Levi）为影片《第一夫人》（*Jackie*，

2016）所作的配乐利用了她之前在《皮囊之下》(Under the Skin, 2014)中使用过的滑奏效应（glissando effect），表现了"悲痛欲绝"的深情（Lobenfeld, 2016）。"声音的环路增益、失真和变形"有助于创造"电影中从幸福到冷酷"的过渡。音乐和电影的无缝结合产生了一种听觉体验，准确地传达了主角受伤的情感状态。在《敦刻尔克》(Dunkirk, 2017)中，汉斯·齐默（Hans Zimmer）利用一种叫谢泼德音调（Shepard tone）的声音错觉创作了一段滴答作响的乐谱，"一个持续上升的音调……一种螺旋效应"，它既增加了紧张感，又完善了三重交织叙事的复杂性（Guerrasio, 2017）。剧本不同寻常的结构被音乐放大了。一个单一的、有节奏的打击乐在整部电影中反复出现，在绝望的年轻人心中祈求神的怜悯。

《女巫》(The Witch, 2015)讲述了17世纪30年代一个被驱逐的清教徒家庭在新英格兰闹鬼的森林边缘生活的故事。作曲家马克·科尔文（Mark Korven）仅使用"古老而过时"的乐器创作了一首独特的曲谱，其中包括瑞典的尼古赫帕（Swedish nyckelharpa），一种可以追溯到1350年的乐器（Squrrell, 2016）。演奏出来的是一个让人既陌生又不安的全景声。它强调了这个家庭的孤立状态，又推进了某种不祥的预感。这个家庭远离社区，完全是单独的。我发现，这种状态的改变是深刻的，它使我想起童年的一个清晨，我独自走在乡间小路上，听不到任何人、任何地方发出的声音。在令人焦虑的几分钟里，我感受到了全然的孤单。

二、根据情感反应分类和声

在18世纪，弗里德里希·马普格（Friedrich Marpurg）试图"根据音乐节奏、音色处理与和声来分类可界定的情绪状态和情感"（Sonnenschein, 2001, p.107）。音乐家已经将我们对各种和声的意识和身体反应分成不同种类。纯四度表达宁静，大二度表达欢乐，大五度表达邪恶（Sonnenschein, 2001, p.121）。所有的地方都有独特的全景声。火车、汽车和街道的声音是每个地方所独有的。与原始声音相似但不准确的泛音可能会跟视觉相矛盾。汽车引擎声和警笛声就常常出现问题。2011年，我在纽约做了一次专题摄影。几个月后，我观看斯科塞斯的《纽约黑帮》(Gangs of New York, 2002)。在片尾字幕部分，主题曲（leitmotif）停止之后，电影的音轨中只播放了纽约街道上的特殊声音。我立刻穿越回到了当时的拍摄地点。这个全景声非常恰如其分，它能够唤起人们对该地点的回忆。

三、叙事全景声

空间化的声音和听觉线索给叙事的存在感和沉浸感带来了积极影响（Collins et al，2014，p.223）。人类体验的多模态特性要求在视觉、听觉和触觉刺激之间有明显的关联性。音频质量的降低会导致视觉质量的降低。在故事的世界里，视觉可以静止不变，而声音总是"持续而活跃"的。在交互叙事中，需要靠输入信息来引导情节发展，叙事进程有时会暂停。富有质感和细节的全景声可以确保观众的沉浸感，并影响他们对叙事选择的反应。音效师戴维·索南夏因（David Sonnenschein）指出，音乐降低了我们的判断力，制造出"判断力的暂停和理性抗拒的减弱"，是让观众沉浸于"幻想现实"的一个关键性因素（Sonnenschein，2001，p.105）。

在为电影制作全景声时，索南夏因以不同的速度观看电影片段，甚至倒放观看，以考虑其"纯粹的结构"（Sonnenschein，2001，p.182）。在现场录制的声音文本或音频通常不符合故事情节的情感主题和意图。屏幕上的大多数元素都有某种形式的声音特征，即使尸体也不例外。声音的制作必须从零开始。如果一个角色离屏幕很近，他的声音也必须录得很近。从近距离的声音中我们可以"听到呼吸声，听到嘴唇和舌头运动的声音，提高声音的频率可以给予更强的存在感"（Sonnenschein，2001，p.26）。音效师可以通过选择观众听到的声音来控制他们的注意力。

四、情感音频

在交互叙事中，音乐"创造并支持情绪、气氛、紧张感、节奏"以及体验感（Collins et al，2014，p.419）。交互性必须影响到音乐，否则体验感就会减弱。到底是作品具有引起特定情感反应的内在特征，还是故事情节更能影响观众的反应呢？情感音频系统修改音乐伴奏以反映当前角色或情节内容的状态。节奏加快意味着兴奋或危险，而不祥的音色则意味着即将到来的毁灭。音乐算法进化引擎（Algorithmic Music Evolution Engine）监测用户的体验和情绪，以便从其声音元素库中创作出合适的音乐伴奏。基于故事综合体和模型化技术的动态构成将创造一种混合的声音创作模型，并通过"利用模拟的内在活力加强交互体验"（Collins et al，2014，p.505）。爵士乐手们会"在结构形式、和弦、节奏和基本旋律（melody）上达成一些共识"，然后跟随首席乐师的和声和节奏进行演奏（Collins et al. 2014，p.566）。这种方法也适用于交互叙事。在交互叙事中，生成式的音乐可以随着故事动因和叙事人称的变化而变化。马尔可夫链（Markov chains）可以用来创作生成式音乐；概率指数（probability index）可以在作品中选择音乐进程的方向。

英国广播公司研发中心（BBC Research and Devdopment）发布了《美人鱼的眼泪》（*The Mermaid's Tears*，2017）——一部基于对象的交互广播剧。这是他们参与俄耳普斯项目（ORPHEUS）的一个部分。俄耳普斯是一个欧盟项目，旨在出品"一个端对端的基于对象的音频广播链"（Baume，2017）。3D沉浸式音频可以让每个听众从特定角色的角度来欣赏戏剧。描述每个角色的混音元数据与个人的音频对象同时播送，这些声音在听众的设备上混音。在跟随不同的角色时，观众对故事中实际发生的事情的看法将受到他们独特视角的影响。

五、情感暗示

在创作电影配乐时，作曲家兼音效师夏兰·霍普（Ciarán Hope）会研究每一场戏，考虑每个角色头脑中正发生的事情（Hope，interview 2017）。他将关键声音元素的精确位置作为一个叙事装置来暗示情感，在观众意识到之前就从听觉上暗示了它们的存在。远处的汽车警报或狗吠声会刺激耳朵，并预示屏幕上的争吵。一条声轨应该准确地代表区位特征又保持特色。一扇敞开的窗户暗示着外面的世界，也许要用远处传来的汽车声和孩子玩耍的声音来表现。在《螺旋丘比特》（*Screw Cupid*，2008）中，霍普构建了一个高度精确的洛杉矶屋顶的四声道录音，以建立一个真实的全景声。这种声音对让观众沉浸在故事情节中是至关重要的。霍普说，在进行声音和音效设计时，他试图将故事还原到剧本中，以构建一种全景声，既跟原文情感有关联又能重新唤起这种情感。

六、将对话与背景噪音分离

电影配乐作曲家尼尔·欧·康纳（Neil O'Connor）利用声音剪辑中的视频分析技术（spectral analysis technique）将电影对白与音效和背景音（room tone）分离开来（O'Connor，interview 2017）。录音遇到的一个常见问题是如果两个声音的频率相同，那么在回放时二者都听不清楚。当一个演员的声音与音效的音频频率相同时，人声就会变得模糊，对话就很难听清。欧·康纳选定并降低音效中特定音频的音量，然后在对话中增大这些相同的频率。结果是两种声音元素都能被清楚地听到，因为它们有不同的频率范围，并在扬声器的不同部分播放。

七、韵律和语法

英国心理医生安东尼·斯托尔（Anthony Storr）将音乐作为一种语言，对其交流功能的发展进行了探索。他指出，语音的韵律元素（prosodic elements of speech）与语法（syutactic）是有区别的。韵律特征包括"重音、音高、音量、强调和其他任何传达情感意义的特征"，而语法特征指的是"语法结构和字面意义"。斯托尔指出，韵律的交流与音乐相似（Storr, 1993, P.9）。

韵律特征强化了语言，使其比单独使用语法元素更具复杂性，正如单个的音符与和弦之间的差别。在叙事时，这种层次的细节可以把人物的潜意识极大程度地告知观众，传达出无法演出来或说出来的信息。语音的韵律元素也可以利用我们对特定泛音的反应。

斯托尔把语言的起源看作是一种交流工具，并参考了赫伯特·斯潘塞（Herbert Spencer）1857年在《弗雷泽》杂志（*Fraser's Magazine*）上的文章（Spencer quoted in Storr, 1993, p. 10）。斯潘塞指出，充满激情的演说音调范围很广，其声音更接近音乐。考虑到情绪对语言的影响，斯潘塞观察到，最终"激动的语言声音逐渐与伴随它们的单词脱离，而作为独立的声音实体存在，形成了它们自己的语言"（Spencer quoted in Storr, 1993, p.10）。这可以在电影《火种》（*Quest for Fire*, 1981）中看到。在这部电影中，人们通过原始语言交流——这种语言是作家伯吉斯为这部电影特别设计的。史前人物语言的音乐性增强了对其基本情感的描绘。虽然他们的语言没有可识别的结构，但我们可以通过他们语音的韵律元素来理解他们的感情。斯托尔指出，18世纪意大利哲学家詹巴蒂斯塔·维柯（Giambattista Vico）认为"人类自然地以符号的形式体现他们的情感、态度和思想"，以及"语言的隐喻性使用在文字之前……"（Storr, 1993, p 12）。在希腊，音乐被认为是"诗歌主观语言"的自然伴奏，而不是理智的辩论（Storr, 1993, p 14）。

八、音乐主题

音乐主题使观众对即将发生的事情有了充分的了解。群体中的人们对音乐的反应是相似的，这就解释了它为什么有能力把观众吸引到一起。音乐主题是用来"锚定"观众到故事的某一部分。它将观众的注意力引向导演希望他们在任何特定时间集中注意力的地方。在某些电影中，角色会被分配某个特定的音乐主题，或者某种特定的情感会有属于自己的副歌。

如果音乐被允许有自己的声音，它就可以简化诠释。如果音乐与大量的背景音、对话和音效同时呈现，它可能就会跟其他声音混淆。音乐的效果在那些积极聆听并集中注意力的人身上更为明显。这种唤醒会导致手指和脚轻打拍子，使听者的沉浸感更强，并最终对外部世界造成"敲击屏障"。这种在电影"现实"中的沉浸感对观众充分欣赏作者/导演创造的视听美学很重要。"威廉·沃林格（Wilhelm Worringer）声称现代美学是基于沉思主体的行为。如果要欣赏一件艺术品，必须全身心投入其中，使自己与之融为一体"（Storr，1993，p.39）。

作为一名电影制作者，我经常意识到声音比画面更重要。声音会触发观众一系列的记忆，这些记忆使电影场景能被更复杂地诠释。声音对感情的影响大于画面。因此，那些不能通过表演或文字表现的东西，可以通过音乐来表现。观众所理解的音乐风格的调色板让他们能将音乐提供给他们的信息拼凑在一起，并将其与画面并置。

电影以这种方式使用音乐与我们在日常生活中看待声音的方式是相似的。环境音频（ambient audio）提醒我们周围的世界和其中存在的一切。环境音乐可以巧妙地结合节奏和情绪上的变化，把我们从一个场景带到另一个场景。这对那种我们不知道场景变化，只看到一个序列的无缝剪辑创作来说是有帮助的。音乐可以增强电影序列的节奏使其更加流畅。音乐甚至可以通过节奏分明的组织（rhythmic organisation in music）来提高工作效率。然而，音乐可能与需要集中注意力的高要求任务相冲突，它会分散注意力并打断思路。

将电影中的音乐和对话分离是人类生理学的典型体现。斯托尔指出，大脑划分语言和音乐的处理过程"与其说是语言和音乐之间的冲突，不如说是逻辑和情感之间的冲突"（Storr，1993，p. 35）。情感内容由大脑的右半球处理，而概念思维由左半球处理。当电影制作者把音乐和对话结合到一个场景中时，它们对大脑的左右半球都很有吸引力。

九、情绪的表现

对音乐的过分强调会导致生硬、不成熟的反应。音乐录影带更强调声音而不是视觉内容，而动作戏总是伴随着高亢的音乐。音乐可以用来增强观众的情绪，并且"可以极大地导致批判性判断力的丧失"（Storr，1993，p. 46）。在电影院里，提高低音线的共振效果会震动观众的座椅。观众对这种感官上的直接刺激有一种单一普遍的反应。很多不同的音响装置和音乐技巧都曾被用于政治宣传，例如希特勒在纽伦堡党代会（Nuremberg rallies）上使用的咒语/音乐式的演讲风格（incantation style speech）。

然而，不同文化对音乐的反应是不同的。在西方上映的拉美电影可能会故意使用比拉丁更偏西式的电影配乐。这会增加观众对音乐的认同感，同时也增加他们对电影本身的认同感。有特定文化背景的配乐会让那些不熟悉这种音乐的人感觉疏远，他们需要时间来感受它的精妙之处。

> 音乐的普遍性取决于人类思想的基本特征；特别取决于我们把秩序强加于经验的需求。不同的文化产生不同的音乐系统，正如它们产生不同的语言和政治体系一样。
>
> （Storr，1993，p.64）

外国电影及其配乐可能需要反复欣赏："不熟悉的音乐在第一次听到时和听过几次之后可能会引起不同的理智和情感反应"（Storr，1993，p.68）。随着独立的非美国电影越来越受欢迎，观众越来越注意到他们的音乐及其形式。在几次观看之后，他们对这部电影的解读将更接近作者/导演想要呈现的原貌。斯托尔甚至认为，音乐是一种比口语更清晰的交流方式："有些作家认为，音乐比口语更准确地向不同的听众传达相同的含义；音乐比口语更不容易被误解"（Storr，1993，p.70）。但这种解释的清晰度仅限于此。由于对故事解读的主观性，人们的具体反应会有很大差别。关于悲剧/喜剧内容的一般反应是相同的，但细微之处的反应是不同的。

十、声音通用的"调色板"

在音乐的诠释上已经有了一些编纂（codification）。关于记谱法的类别与特定的反应，德里克·库克（Deryck Cooke）指出，越来越多的西方作曲家在他们用来"表达特定情感"的音乐手段上达成了共识（Cooke quoted in Storr，1993，p.73）。他举了一个例子："大三度的音程通常表示喜悦，而小三度通常与悲伤有关"（Cooke quoted in Storr，1993，p 73）。加四度有缺陷的声音常被用于描绘黑暗、地狱般的内容，被中世纪的音乐理论家称为"魔鬼的颤音"（diabolus in musica）（Cooke quoted in Storr，1993，p 73）。有一些音乐设置可以激发忧郁或轻松的心情。作家伯吉斯提出这样一种观点，即在书面文字和音符之间建立一种正式关系，从而创造出一种新的语言，通过一种更为复杂的交流媒介来表达情感、想法和感受。在这种媒介中，音乐和单词的自然互补性可以被编码并"按字母顺序排列"（Burgess，1987，p.429）。虽然没有模式可用于这种关系，但某些音符结构确实会在某种程度上引起特定反应。

也许这些普遍的反应应归于一个普遍的声音"调色板",一种在西方社会的共同解读。这种对"音乐装置"的共识创造了对声音序列的标准响应。虽然这种编纂使音乐家能够构建复杂的音乐形式,产生复杂的情感反应,但这也阻碍了现有"调色板"之外的试验。如果观众听不到音乐中7种熟悉的元素,他们可能会觉得反感。

十一、感受记忆:音乐形式编纂的局限性

斯托尔注意到辛德米特的观点,认为对音乐的反应不是感受本身,而是对感受的记忆(Hindemith quoted in Storr,1993,p.76)。这在电影叙事创作中非常有用;摄影机拍下的影像在屏幕上显示,而被音乐启发的影像在观众的记忆中回放。音乐所能激发的感受仅限于听众已经体验过的那些感受。这突出了音乐形式编纂的局限性及其激发特定情感反应的能力。如果观众以前没有经历过某种特殊的情感,他们的情感范围就不够广泛,无法充分发掘音乐手段的潜力。在他们的记忆中,所听到的和以前的经历之间没有参照点。观众的多样性(audience diversity)将导致对电影音乐的不同反应,不同的音乐记忆创造出了不同的视角以及对场景的不同解释。

音乐是交互叙事的一个重要特征,因为它在持续发展:"音乐更恰当地代表了人类的情感进程,因为音乐和生活一样,似乎在不断地运动"(Storr,1993,p. 79)。交互标题很容易在故事的某个决策点上陷入"循环",无法前进。如果必须做出方向性的决策才能让故事发展下去,那么叙事很可能就简单粗暴地停止了。在此情况下,作者/导演是将控制权授予给了观众。欧·康纳指出,音乐的节奏会推动叙事的进程,古典音乐在这方面的作用显著,因为它本身就有隐含的进程(O'connor,interview,2017)。因此,音乐可以激发前进的动力,鼓励用户输入以推进交互叙事。

十二、预期与实现

斯托尔认为,典型的故事和音乐模型在我们大脑里是固定的。

> 文学和音乐的传统形式都是建立在一种简单的原型模式基础上的,而这种原型模式很可能是在大脑中完成编码。对称性(symmetry)就是这样一种模式;故事则是另一种。

(Storr,1993,p. 83)

因此，遵循基本对称规则的音乐形式会让我们所有人都产生基于编纂的标准反应。斯托尔注意到伦纳德·迈耶（Leonard Meyer）的说法，即音乐既能激发也能抑制情绪，伟大的作曲家是控制预期与实现（anticipation and resolution）的专家。在电影中，作曲家把我们对音乐和故事的反应并列起来。音乐的对称性可能会比银幕上的故事来得稍微提前或滞后一点，作为对未来的提示，或对刚刚发生过的事情的回忆/提醒。就像剪辑师可以把观众从一个镜头带到另一个镜头，控制你所看到的内容和顺序一样，作曲家可以通过按特定的顺序安排故事和音乐的对称性来控制观众对电影元素的关注度。汉斯·凯利特（Hans Keller）"将作曲技巧与听众的期望联系起来……一个有经验的听众能够在特定的上下文语境中做出判断和比较"（Keller quoted in Storr，1993，p. 85）。与电影类型一样，观众对内容的熟悉使电影制作者能够灵活地呈现故事。事实上，观众期望被带到陌生的领域，远离他们所知道的，让他们无法再以任何程度的确定性预测到将要发生什么。这种不可预测性把观众留在他们的座位上。当故事按照可预测的路线进行时，观众会"领先于故事"，于是他们就根本不需要看到最后。

关于在对话和不同类型的场景中使用音乐的程度，不同的电影制作者中有各自不同的方法。有些人喜欢只以环境声音作为背景，让对话存在于自己的听觉空间中。另一些人把音乐和对话混合在一起，使它们像竞争对手一样不断地争夺观众的注意力，通过角色发展和情感回忆来驱动故事的发展。然而，观众在哪种方法最有效的问题上存在分歧："有些人无法忍受带着背景音乐进行对话；而另一些人显然没有注意到它，甚至可以把它从感知领域中删除"（Storr，1993，p. 102）。采用哪种方法很大程度上取决于场景的内容。像费尔南多·梅里尔斯（Fernando Meirelles）和卡迪亚·兰德（Kátia Lund）的《上帝之城》（*City of God*，2002），采用了快节奏的叙事方式，将音乐和对话快速融合在一起。而克日什托夫·基耶斯洛夫斯基（Krzysztof Kieslowski）的《爱的短片》（*A Short Film About Love*，1988）则只采用了其中一种方式。

声音编辑器的工作就是替观众"过滤"声音。在现实生活中，立体声的音频模式使人脑有可能过滤掉那些对我们不重要的波长。通过这样的操作，声音编辑器复制了人们听音频时的典型反应。在《时间码》（*Timecode*，2000）中，屏幕被分为四个部分，每个部分展示一个单独的、未经剪辑的90分钟镜头。导演迈克·菲吉斯（Mike Figgis）只对音效进行了剪辑，以便将观众的注意力从一个屏幕转移到另一个屏幕。弗朗西斯·科波拉（Francis Coppola）利用媒体演示软件伊莎多拉（Isadora）为他的试验恐怖电影《两者之间》（*Twixt*，2011）进行"现场混音表演"。这个软件让他能够根据每个场地的观众反应来改变他们的体验。

十三、节奏组织与"敲击屏障"

音乐可以保护观众免受不必要的干扰。它创造了一个类似于文本故事或电影的叙事现实。当我们"参与"这个现实时,它成为我们的第一世界,也就是我们暂时在这个现实中生活;当我们参与音乐,或听一段引人入胜的演奏时,我们暂时不受其他外部刺激的影响。我们进入了一个特殊的与世隔绝的世界。在这个世界中,秩序占主导地位,不和谐的事物被排除在外(Storr,1993,p. 105)。这也可以解释为什么有些人在集中注意力时会用手指轻轻敲击。他们创造的音乐淹没了其他刺激,帮助他们创造一个节拍和节奏的内在世界。根据亚瑟·叔本华(Arthur Schopenhauer)的说法,音乐是可以立即被理解的,不需要考虑,也不需要从任何抽象概念来理解。音乐表达的是内在的精神(Storr,1993,p. 140)。音乐可以完美地捕捉和传达电影中某个场景的情绪,推动故事的发展和进程。它可以用来表达人物说话时的内心想法,从而增强演员的表现力。它还能像口语一样表达情感意义。

十四、心理时间和本体论时间

和叙事一样,在音乐中,时间可以分为故事角色对时间的感知和真实时间。对时间的感知与故事的讲述方式和作者对叙事中关键点的关注程度有关。斯特拉温斯基(Stravinsky)把他所说的心理时间(psychological time)和本体论时间(ontological time)区分开来(Stravinsky quoted in Storr,1993,p. 85)。心理时间指的是对象的心境和情绪,他们如何根据自己的情绪状态去感知时间的流逝。兴奋的时候时间会过得很快,无聊的时候时间会过得更慢。本体论时间就是时间本身,是一种度量(Storr,1993 p.185)。对时间感知的差异也被电影剪辑师利用,他们可以根据讲故事的需要加快或减慢时间。通过有效的复述来保持听众的兴趣,比在固定的时间基础上盲目坚持更为重要。

十五、音乐记谱法

作曲家霍华德·古多尔(Howard Goodall)考察了音乐的起源和五线谱(Musical notation)的发展。纽姆记谱法(Neumatic notation)是唱诗班领唱早期使用的一种系统。当唱诗班跟随领唱时，领唱通过他的手来"口述"音符。他会用手势表示曲调的运动，把他的手指向不同的位置（Goodall，2001，p.17）。然而这个系统是有缺陷的，因为它"依然会依赖于一位会唱圣歌的歌者，这位歌者将其精确地传递给他的同事。这位歌者要记住所有的曲目，而且在培训好助手之前要保证不会猝死"（Goodall，2001，p.17）。古多尔解释了在创造一个可行的能把情绪转录到纸上的符号系统时遇到的困难。希腊音乐家率先在听众中使用音符序列表达感情。最终，一个让音乐能以其原始形式在世界各地传播的系统被开发出来。古多尔设计了一个"可操作的音乐符号系统……他为现代音阶提供了一个模型，或者说是音乐阶梯，使音阶容易被识别和遵循"（Goodall，2001，p.31）。以前，音乐必须由耳朵来记忆，因此"无休止地循环和重新包装"才能共享。书面的五线谱创造了一个永久的、具有历史意义的声音记录，从而使创作出独特的艺术作品成为可能。

十六、偶然对位

古多尔认为，偶然或即兴对位（Accidental or improvised Counterpoint）是指同时演奏两首或两首以上的音乐。它存在于印度音乐中，"仅限于当时当地的想象和演奏：人的手在不受大脑太多干扰时随时能够做的事情"（Goodall，2001，p.34）。现场表演只能创造出音乐家当晚有能力做出的东西。虽然古多尔用钢琴即兴创作，但他最近演奏的作品中的和弦和即兴段落常常"潜入"他的演奏中，使这部作品比用视觉符号创作的作品更缺乏原创性（Goodall，2001，p.35）。他将这种作曲方法与早期建筑师的工作进行了比较：如果只是反复试验而非事先计划，想要做出复杂的结构是不可能的。在圭多时代，早期和弦结构是非常简单的，两个音符大概只有五种组合；音乐家们花了一些时间才开始同时演奏三个音符。

音乐词汇（music vocabulary）是在公元1000年到1400年间产生的。因此我们不知道罗马音乐听起来是什么样；我们只能猜测他们创造的音乐类型。圭多发明的记谱法体系是开放的，可以有不同的解释。音乐的读写是一个主观过程。当音乐被阅读和演奏时，我们听到的是表演者的作曲版本。他们诠释被记录下来的东西。随着为我们更好读懂音乐的新技术的发展，某些音乐家在这方面发展技能的需求越来越少。我们似乎又回到了只有少数人有能力和学会解码音乐的时代。新技术也许能使更多人接触到音乐，但它们也可能减少在音乐制作中创作复杂作品所需要的技能。

1640年，格里戈里奥·阿勒格里（Gregorio Allegri）以文艺复兴时期的装饰音为特色写了一部重要的作品《求主怜悯歌》（*Miserere Mei，Deus*）。教皇（The Pop）认为这部作品是如此神圣有力，以至于他只允许西斯廷教堂（Sistine Chapel）的唱诗班每年只在圣周（Holy Week）期间表演一次。然而，古多尔表示，听音乐的体验在很大程度上受到时间和地点的影响，大多数动人的音乐体验都是在听"现场"音乐时感受到的（Goodall，2001，p. 48）。

十七、通过音乐传达情感

古多尔把莎士比亚的作品和歌剧的功能性要素做了有趣的比较，他把莎士比亚的独白比作咏叹调，这是一种高度程式化的唱腔，为观众唱出角色的内心思想（Goodall，2001，p. 55）。在《诗学》中，亚里士多德对复述故事的"真实"元素和复述故事本身两者之间的差异做了区分。他认为，为了更好地叙事，操纵真相是更好的选择（Aristotle，1996，p.1）。音乐有表达愤怒和嫉妒这一类高强度情绪状态的能力，被莎士比亚广泛用来表现人的内心世界，并被称为"效果"。古多尔研究了其他团体，包括由艺术家和科学家组建的音乐社团（Camerata）。这些团体的目标是发起一个融合所有艺术的有远见的运动。他们通过将多个媒体流融合成一个实体，以有效地在多媒体时代抢占先机。

古多尔支持"唱词"主导"说词"理论，他认为歌唱是一种"过滤媒介"，能让更强大的想法和感情被表达出来（Goodall，2001，p. 68）。相比之下，语言就太过生涩和受限了。歌剧使用歌曲来获得比戏剧的口语更多的表达自由。口语富有感情的传达表现了戏剧性的情节；而歌唱则增加了角色语言的色彩、清晰度和听觉上的强调。换句话说，通过音乐自然表达出来的高度情绪化的字句比勉强的戏剧话语更可信。

古多尔的谱曲过程包括一次又一次地反复修改。每次修改都增加了另一种有意识的经验和感觉，以改进作品。正是这种对文本的修补创造出了一部层次分明、细致入微的作品。它变得更加精炼、直接、集中。这种改编受到工作地点的影响，因为场地影响着作曲家的情绪，最终会影响作品的风格。因此，人们几乎可以"听到"作品的创作地点；这是作品的特征之一。古多尔认为"时间和地点"影响着创作和聆听音乐的体验。对作品进行文本分析时，要充分了解作者的意图，从历史知识中去了解作曲的时期和地点。

古多尔研究了西方音乐的技术结构。"平均律（equal temperament）是一种调音系统，我们西方音乐中几乎所有的音符都是通过它来组织和结构的"（Goodall，2001，p. 101）。本质上"自由"的弦乐器也是有严格的记谱规则的。

音乐史同时也反映了其他艺术形式的历史和发展：文艺复兴时期画家对透视法的

试验，反映在音乐中是通过将音符组合在一起形成和弦来实现的。每一种艺术形式都会影响其他的艺术形式，也会受到其他艺术形式的影响。

十八、切分音

爵士乐的引入带来了技术上的重大飞跃。切分音的钢琴演奏是早期爵士乐的基础，由拉格泰姆演奏家斯科特·乔普林（Scott Joplin）发展而来。切分音指的是将节拍推迟或提前，"右手忙着用几种旋律破坏节奏，将其切分"（Goodall，2001，p.164）。包括编曲革命在内的技术发展导致了"对特定作品进行确定表现的想法"，精确重现音乐厅现场声音的尝试被抛诸脑后。录音提供了无穷无尽的重复体验，"某夜在某个地方的一场即兴演出可以被即时保存，它可以并且的确成了一件艺术品"（Goodall，2001，p.206）。这扩展到独特的"编曲"和各种衍生品。录音让作曲家听到偏远民族的音乐，将其拆分研究，并将这些新知识融入他们自己的作品中。

西奥多·W·阿多诺（Theodor Wiesengrund Adorn）和汉斯·艾斯勒（Hanns Eisler）为早期好莱坞电影中音乐毫无创意的使用感到惋惜。强加的旋律阻碍了配乐在宏大和复杂性方面的发展。他们认为，在使用伴奏音乐的过程中，失去了使音乐创造性发展的机会；"当音乐被用来为自然现象伴奏时，如飘浮的云、日出、风和雨，对称和不对称之间的差异就变得尤为突出"（Adorno & Eisler，2005，p. 13）。

阿多诺和艾斯勒认为音乐应该在视听框架内作为一种明确的元素使用，如果只作为一种简单的伴奏那就太浪费了。他们认为，音乐在电影中没有得到其应有的地位："音乐示例本身应该要么清晰明确——富于启发性并且可解读，要么就应该被忽略"（Adorno & Eisler，2005，p. 46）。他们认为音乐的影响是如此重要，如果不能充分发挥其创造潜力，那么，就根本不应该使用它。他们指出，电影和音乐联合的潜力尚未得到充分发掘；电影还停留在"低俗小说"的范围。将两者融合在一起可以创造出其他艺术形式尚未完成的东西。

在他们的职业生涯中，他们致力于让人们认识到音乐在电影中的重要性和潜力。"然而，电影音乐有一个特殊的缺陷：从一开始它就被认为是一种并不重要的辅助艺术"（Adorno &Eisler，2005，p. 71）。他们与没有受过正规训练的人一起工作，对那些降低媒介艺术潜力的色彩/声音组合感到失望。他们对在两种不同的媒介上复制同一想法的原因表示质疑，即通过将声音和视觉中的不同表述并列起来，可以获得更强大和更复杂的效果。他们借鉴了爱森斯坦的蒙太奇理论，提出了电影和音乐之间的一种新关系："蒙太奇通过将一种完全无关的关系转化为一种虚拟的表达元素，充分利用了声音画面在审美上的偶然性"（Adorno Sc Eisler，2005，p. 71）。

由于电影系统的限制，最终他们被期望创作与情节和角色直接相关的音乐。这种音乐创作形式本质上否定了音乐本身具有某种意义的可能性；它只与视觉相关。

十九、配乐

波林·雷伊（Pauline Reay）为爱森斯坦的《战舰波将金号》（*Battleship Potemkin*，1925）评分。她指出，埃德蒙德·梅塞尔（Edmund Meisel）在这部作品中与爱森斯坦密切合作，他们试图证明"电影蒙太奇与音乐的形式关联"（Reay，2004，p. 11）。她重申阿多诺和艾斯勒对电影和音乐标准化的观察，这种标准化对观众的影响，以及他们认为这些偏见阻碍了电影音乐发展的看法。整个行业采用的标准做法让观众"期待"公式化的电影配乐，"主题式、低调、以视觉为中心、说明性、过时、陈词滥调和标准化的音乐"（Reay，2004，p. 15）。电影作曲家艾伦·科普兰（Aaron Copland）也批评电影的主旋律（leitmotif）过于程式化和可预测（Copland quoted in Reay，2004，p. 16）。1949年，他提出了音乐服务于电影的五大领域。音乐应该令人信服地添加影片的"地点和时间"信息，并反映"角色无法言传的情感或心理状态"；它可以作为背景补充，增加剪辑的连贯性，强调"场景的戏剧性构建，并增加一种终结感"（Copland quoted in Reay，2004，p. 32）。

音乐作为视听体验的一个功能部分，有其自身的重要性。早期的电影被那些对观众理解或解读故事毫无帮助的音乐伴奏所折磨。视觉方面的体验占主导地位。克劳迪娅·戈尔布曼（Claudia Gorbman）还确定了作曲的几条原则：画外音应该是暗藏的；音乐首先表达情感；音乐暗示新叙事的设定和角色的线索；音乐解释和说明事件；音乐创造节奏上的连贯性，有助于构建叙事的一致性（Gorbman quoted in Reay，2004，p. 33）。戈尔布曼的原则使人想起默奇的"六条准则"。她还注意到，这些原则只是一个指南，如果是为电影服务，原则就可以被打破。

对位（counterpoint）是独立音符之间的旋律互动。爱森斯坦在他的电影中把对位作为一个核心美学元素，在蒙太奇镜头里制造冲突。这个复杂的过程在好莱坞并不受欢迎。因为在好莱坞，音乐的预算是受到严格控制的。

二十、电影的隐喻

雷伊注意到管弦乐谱（orchestral scores）的"高雅文化"和流行乐谱（pop score）的"低俗文化"之间的差别。管弦乐谱随着故事进展而不断变化；流行音乐则通常独立于画面，二者之间往往并不合适。当角色在屏幕上唱歌时，这一点尤其突出，对于画外音也是如此。凯瑟琳·卡利纳克（Kathryn Kalinak）指出流行音乐由于其结构的统一性和完整性而格外难用（Reay，2004，p. 38）。它们不能像主题和主旋律一样被分割开来，摇滚音乐无法支持电影中的故事和情绪，因为这种类型的音乐本身就是故事和情绪，就是一个独立的实体。此外，歌曲被选择常常是因为它们与电影相关，而不是因为它们是专门为电影而创作的。斯科塞斯、昆汀·塔伦蒂诺（Quentin Tarantino）和保罗·托马斯·安德森（Paul Thomas Anderson）将歌曲直接写进了剧本。斯科塞斯使用电影的隐喻（cinematic allusionism）（隐喻电影史）作为叙事的手段。他参考了观众对电影历史和情节结构的了解。以暗指这些结构的方式，他通过偏离可预测的故事线和人物发展来突然改变故事情节。斯科塞斯有时会把歌词放在对话的字里行间，这样歌词就像是在评论。雷伊指出，"自20世纪70年代以来，就有一些用音乐做声效和用声效做主旋律的例子"（Reay，2004，p. 32）。一个很好的例子是默奇在1979年的《现代启示录》（*Apocalypse Now*，1979）中使用直升机引擎噪音（声效）来复制管弦乐队的弦乐部分（音乐）。在《毕业生》（*The Graduate*，1967）中，西蒙和加芬克尔（Simon and Garfunkel）的音乐主要是以画外音的形式孤立呈现。《斯卡波罗集市》（*Scartorough Fair*）这首歌是主角本杰明内心的独白。在1999年上映的《木兰花》（*Magnolia*，1999）中，艾米·曼恩（Aimee Mann）指出，导演保罗·托马斯·安德森"明白歌词可以替代叙事或对话"（Mann quoted in Reay，2004，p. 68）。这部电影是以曼恩的音乐为灵感而拍摄的。

二十一、电影的声音元素

声音编辑器将场景分解为"四个声音元素：对话、声效、音乐和动效拟音（Foley）"（Kisner，2015）。声音编辑和设计师斯基普·利夫赛（Skip Lievsay）为斯科塞斯和科恩兄弟制作电影声音。他对"大脑如何将声音转换成信息"有着特殊的兴趣：必须考虑每一个声音细节对观众的影响和观众对它的解读；这是"电影人最本能、最微妙的工具之一"（Kisner，2015）。声音设计团队在表达自己的想法时经常遇到问题：要清楚地传达一个复杂的、主观的听觉体验，或者要向他人（用语言）描述所需要的声音是很困难的。动效拟音的工作包括手动添加像脚步声这样的日常声音，以创造一个故事发生的听觉空间；"一个微小的听觉暗示对大脑理解叙事的影响是惊人的"（Kisner，2015）。利夫赛使用名为采样混响效果器（Altiverb）的软件来计算各种房间的混响模式。这种模式（被称为"增量"）确保了场景中听到的声音自然存在于该位置。增量（delta）是一种加在声音元素上的微调效果，会产生特定的情感反应；它是"声音加感受"。

现在音乐在电影中的程式化运用已经延伸到了市场部门：制作电影、选择高知名度的乐队/歌曲、发行电影配乐专辑。并不是电影中的所有配乐都会被包含在配乐专辑中，也不是配乐专辑中的所有音乐都曾在电影里出现。有时候，配乐专辑中的音乐只是在类型和风格上跟电影有所关联，但实际上并没有被用在电影中。拉塞尔·莱克（Russell Lack）认为，电影音乐之所以能在最早的起步阶段存活下来，是因为它作为市场营销工具所发挥的作用非常有效（Reay，2004，p. 89）。《女巫布莱尔》（*The Blair Witch Project*，1999）有一张配乐专辑，但电影中并没有音乐。《从山上下来》（*Down From the Mountain*）是《逃狱三王》（*Oh Brother Where Art Thou*？2000）的表演者录制的一系列曲目。

亨利·曼奇尼（Henry Mancini）在20世纪60年代早期开始将电影音乐录制为配乐专辑。他批评了配乐的打包，认为跟他同时代的许多人只是做好了主题曲，其余的配乐都是些碎片：

> 到20世纪80年代末，通过音乐营销电影的趋势在主流和地下都已制度化。在整个20世纪90年代，随着市场的日益分散和小众受众的日益发展，这种情况继续持续下去。
>
> （Reay，2004，p. 101）

> 事实上，20世纪90年代也呈现出三个主要的发展；首先是电影配乐作为一种文化产品的独立出现；其次是电影配乐类型的多样化；第三，市场日益细分为小众受众。
>
> （Reay，2004，p. 102）

《猜火车》（*Trainspotting*，1996）的市场营销几乎像是一个带有系列海报的乐队的专辑。海报上是主演们在摄影棚拍摄的乐队式照片，而不是电影剧照。未来的试验电影可能会允许用户选择或制作他们自己的电影配乐。

雷伊指出，后现代文化：

曾被描述为一种文化的"互文性"（intertextuality）——不是原始的文化生产，而是从其他文化生产中产生的文化生产。这一点在电影音乐中得到了体现，它的部分配乐来自其他电影的配乐。

（Reay，2004，p. 115）

当电影观众和电影作曲家一样了解同一部电影时，音乐就可以被无限地引用和尝试。他们知道作曲家要用这段乐谱做什么；他们知道音乐的类型和风格。罗兰·巴特（Roland Barthes）拓展了这一观点，他"提出了'作者之死'的概念，使读者成为文本最重要的阐释者"（Reay，2004，p. 117）。

戈尔布曼表示，电影中的音乐在镜头的明确内容和音乐代码之间产生了争斗。这是电影话语（不规则节奏）[filmic discourse (irregular rhythm)]和音乐话语（规则节奏）之间的争斗。事实上，音乐一直在与叙事表现作存在主义和美学上的争斗（Gorbman，1987，p.13）。

形式的标准化使音乐屈从于电影叙事。它被有意地用简短、灵活的短语组成，使用诸如"转调、绵延（让一个音符超过它的时值）和模进"等作曲方式。通过使用这些手段，作曲家迫使音乐以"最低限度地遵循音乐语法"来适应叙事（Gorbman，1987，p. 14）。

二十一、模仿-外延的乐器法

在叙事的背景下，电影作曲家的作品主题增强了视觉效果。模仿-外延的乐器法"米老鼠化"（imitative-denotative instrumentation -'mickey-mousing'）指的是音乐单纯与视觉类似或作为视觉的镜像。它能产生一种喜剧效果，经常被用于动画。操纵音乐的节奏和衔接会影响我们对画面信息的解读。音乐在电影中的作用各不相同，从创造一种平行的解释，到建立对视听文本阅读的主导，就像一支希腊戏剧合唱团（Greek chorus）在评论故事一样。

二十二、视觉和对话的局限性

电影中的视觉和对话受到节奏和同步性（synchronicity）的制约；它们的解释在概念上是受限的，呈现出对现实的固定解释。音乐在电影叙事方面具有更大的灵活性，可以在多个层面发挥作用，包括"时间、空间、戏剧、结构、外延和内涵——在电影的历时（diachronic）流中，在不同的诠释层面同时发挥作用"（Gorbman，1987 p. 22）。

二十三、主旋律

音乐主题在电影中被用来规避定场镜头和外景布置；它们在电影中被多次使用，这种重复带来了一种在故事早期发展起来的情绪或概念。有些主题以多种类型为特征，以表明一种特定的内涵："以四个为一组的节奏重复以及首拍重音，再加上纯四度和纯五度的开放音程——在美国音乐产业的语言中已经成为'印第安人'音乐形象的代表。"（Gorbman，1987，p. 28）瓦格纳采用的主旋律的作用是唤起一种记忆，一种角色的记忆。音乐的"非言语和非指称状态"使其能够灵活地跨越叙事层次（剧情声/画外音），在叙事主体（客观/主观叙事者）之间、在观看时间和心理时间之间、在剧情空间和时间点之间流动（Gorbman，1987，p. 30）。

无声电影利用长时间的特写镜头来操纵时间。这个特写镜头长得不切实际，剧情被推迟，观众的注意力集中在一个角色上。无声电影中的时间是灵活的；时间可以加快、放慢、向前和向后移动，以支持一场戏的节奏，而不干扰叙事习惯。音乐伴奏对于叙事的连续性是至关重要的，它将观众从一个场景带到另一个场景，并把注意力集中在时间的操纵上。"音乐消除了信仰的障碍；它把观众与精彩的表演联系在一起……就像催眠一样，让观众的审查意识变得沉默……让我们变得不那么挑剔，更容易做梦"（Gorbman，1987，p. 55）。

在电影中，音乐利用了我们基本的情感体验——其中一些与我们早期的发展有关。简单的音乐代码以各种类型被运用，这里指的是观众对电影文本和音乐传统的了解。电影音乐受其他传统音乐形式的影响。"音乐的'意义'早在声音出现之前就被编纂和制度化了。事实上，这些意义又继承了欧洲悠久的传统，（包括）19世纪晚期的戏剧、歌剧和流行音乐"（Gorbman，1987，p. 85）。

二十四、移情/非移情配乐

作为简单的伴奏，音乐在文本表示（textual representation）方面进展不多。好莱坞作曲家马克斯·斯坦纳（Max Steiner）参与了包括《金刚》（*King Kong*，1933）在内的多部电影的创作。斯坦纳的乐谱非常直白,用音乐捕捉到了屏幕上所有的动作和情感。从那以后,电影中的音乐就变得更复杂起来。

米歇尔·琼(Michel Chion)界定了三种类型的配乐,第三种是管风琴式的通用型音乐:(1)"移情"(empathetic)配乐,在电影配乐中最常听到的音乐类型,参与角色的情感,与人物的行为同步;(2)说教对位(counterpoint)音乐——画外音表示相应的思想,引导观众解读和阐释;(3)"非移情"配乐,应用在画面出现激烈情绪的状态(如死亡、危机、疯狂)(Gorbman,1987,p. 159)。

音乐阐释的主体性迫使受众将其意义锚定在文本之中。这一描述提供了一个视角,也提供了叙事事实;"音乐的功能可能是矛盾的,因为它可以很容易地在电影的叙事边界上来回移动"(Gorbman,1987,p. 161)。

本章讨论了声音设计和音乐在叙事中的表现力。音乐有助于消除交互造成的叙事中断。不受用户交互影响的音乐将确保叙事顺利进行。音乐提醒我们,无论用户是否进行交互,时间都在流逝。这对保持用户在文本中的沉浸感很重要。古多尔追溯了音乐的发展历程,并确定了几个对交互电影很重要的概念。在创作和改写音乐时,不同层次意识体验的加入反映了交互电影观众的多视角体验。在这个世界里,重复可以让观者对文本更熟悉,对文本的微妙之处有更深刻的理解。爵士乐的自由形式与交互文本所创造的自由遥相呼应,这种自由在叙事过程中找到了方向。阿多诺和艾斯勒认识到电影中音乐的明确本质。他们明白音乐有潜力去表达自己的意图,但它仍然被用作伴奏。交互电影运用动态音乐创作;有时根据电影播放时的用户交互实时构建。流行音乐曲目和管弦乐谱仍在交互电影中使用,但它们在时间轴中的位置将由算法(algorithm)控制。智能和动态的非标准化音乐形式的应用增强了观众的体验,根据他们的交互创造音乐,以反馈循环的形式提供真正独一无二的体验。一些交互游戏使用音乐来创造一种轻松的氛围,鼓励用户与交互剪辑互动。音乐总是在进行中,这就促使观众在叙事的分支点上做出决定。音乐通过提供一种无缝的听觉流动,帮助消除交互的破坏性影响。它代表人物的潜意识,并在元叙事中统一多个叙事线索。它反映了沉浸在故事中的交互观众的放松态度,让音乐把他们带向一条非线性的叙事道路。音乐可以组织和控制情绪,让观众从多个角度体验一个故事。

第五章　视觉蒙太奇

以蒙太奇形式呈现的视觉效果可以同时在屏幕上呈现多个影像，这些影像是按照预先指定的顺序排列在时间轴上的。它们的相对位置和并列关系反映了它们的时空关系。受益于数字剪辑软件的使用，现在，空间蒙太奇剪辑变得容易了。传统的物理光学方法跟数字工作流程相比要复杂、昂贵、耗时，并且相对受限。由于交互作品可以包含一系列的故事元素，包括文本、静态图片、视频和图形，因此在叙事时考虑空间安排的影响并观看一些前作是很有帮助的。通过交互叙事，空间布局可以成为引导系统的一个功能。它可以是主动的，也可以是被动的。以空间蒙太奇的形式呈现的多重叙事视角使观众能直观地理解故事。每个子屏幕表示一个叙事选项，每个故事的阅读都是独一无二的。空间蒙太奇的例子包括乔尔·舒马赫（Joel Schumacher）的《狙击电话亭》（*Phone Booth*，2003），拉尔斯·冯·提尔（Lars von Trier）的《欧洲特快车》（*Europa*，1991）和大卫·霍克尼（David Hockney）的摄影作品《拼贴》（*Joiners*）。时间蒙太奇以剪辑过的序列呈现影像。呈现的顺序影响着观众对作者意图的解读。故事元素之间的关系被创建并维持。在电影中，时间蒙太奇以每秒24帧的固定速度让观众在叙事中前行。随着序列不断向前进行，浏览是受限的。观众会认为有一些故事元素比其他的更重要。它们既被用于理解叙事，又被用于拼凑对整个故事的解释。通过这种方式，观众有选择地在个体的基础上浏览故事，时间序列的某些暂存部分被记住，其他部分则被忘记。当复述一个故事时，观众通常会讲述他们自己的叙事版本，只突出与他们的解释相关的部分。

本章探讨不同电影、摄影和文学作品中叙事元素的视觉组织，还将探讨蒙太奇对文本阅读的影响。

一、蒙太奇：并列视觉元素

爱森斯坦指出，连续的并置镜头"与其说是一个镜头与另一个镜头的简单相加，不如说是一种创造……每一个并置的结果是区别于每个组成部分的质的飞跃"（Eisenstein，1986，p. 17）。虽然每个镜头都有自己的内容和意义，但只有"蒙太奇"或镜头的顺序和放置才能给观众带来意义。电影中的镜头被看作一个组合序列，而不是一系列单独的元素。电影制作人的目的是唤起观众的情感反应，复制他们在构思故事时感受到的原始情感。他们试图在电影中制造出部分表现形式，"通过组合和并置唤起一个一般形象，这个形象跟最初盘旋在有创造力的艺术家意识里的形象是一样的"（Eisenstein，1986，p. 33）。特殊手段可以用来重建这种情感，这些手段包括视觉元素的选择和呈现的顺序以及与其他"造型"元素的并置。每个蒙太奇序列的意义都是主观的。爱森斯坦说，他们的解释使观众尽可能地接近电影制作者的原始思维过程。换句话说，观众不仅达到了相似的情感水平，而且是通过相似的途径到达的。他们成为"创造的旁观者"——参与艺术家作品创作的作者。

二、书面陈述–阐述

对爱森斯坦而言，跟抒情蒙太奇相对的就是"书面陈述—阐述"（affidavit-exposition），即一个未剪辑镜头，只是展示了当时的情况，而没有试图操纵观看者的体验及其随后的反应（Eisenstein，1986，p. 36）。史蒂夫·麦奎因（Steve McQueen）的《饥饿游戏》（Hunger，2008）以一个17分半钟的镜头为特色，讲述的是：1981年北爱尔兰迷宫监狱的一名天主教牧师［利亚姆·坎宁安（Liam Cunningham）饰］，试图说服爱尔兰共和党囚犯鲍比·桑兹［（Bobby Sands）（迈克尔·法斯宾德（Michael Fassbender）饰］不要进行致命的绝食抗议。麦奎因希望这种未经剪辑的场景的紧张度能让人们"身体前倾，耳朵变得更敏锐，眼睛变得更能适应正在发生的事情"（Olsen，2009）。这个实时场景在桑兹、牧师和观众之间创造了一种三角关系。麦奎因表示，参与的结果迫使观众"自然地成为其中的一部分"（McQueen quoted in Olsen，2009）。法斯宾德指出，这一场景的节奏是由角色的"舞蹈"创造的；对它进行剪辑会强加导演的解释，并减少其活力（Fassbender quoted in Olsen，2009）。相比之下，导演迈克尔·贝（Michal Bay）则倾向于将电影中的所有场景都剪辑成3秒或更短的镜头。事实上，我发现，在观看贝的电影时，无论一个场景是多么戏剧化或深刻，都没有办法在剪辑的间隙数3秒。其结果就是几乎没有时间去考虑每个场景的内容或意义。故事似乎在高速向前发展，但叙事却是相对静止的。

古典艺术家利用空间和时间视角来增强他们的绘画在叙事上的复杂性。静止的照片可以看作是他们作品的书面陈述-阐释。照片是在不到1秒钟的时间内、从单一角度拍摄的。这限制了艺术家操纵视觉内容及其后续解释的能力。构图和时机当然是摄影师要考虑的因素，但空间元素是从某个单一的角度在某个单一的时刻看到的，固定不变。近年来，艺术家们经常利用摄影照片作为他们绘画的原始图像。通过重新创作这张用35mm单反相机、50mm镜头拍摄的静止照片，他们成功地将细节和生命从绘画作品中抽离出来。比起探索多种阐释和视角，静止的摄影图片的所有缺点都被转移到画布上，没有空间去承载暂时多余的影像。

爱森斯坦建议在研究视听蒙太奇时去阅读弥尔顿（Milton）的诗歌《失乐园》（*Paradise Lost*，1667）；"我们最早的、最自然的感知往往是我们最有价值的感知，因为这些敏锐、新鲜、生动的印象总是来自最广泛多元的领域"（Eisenstein，1986，p. 62）。因此，在研究经典作品时，不仅要研究已完成的作品，而且要研究画家力图记下他那些最初的生动直接印象的素描和笔记。在电影制作中，幕后制作纪录片和拍摄花絮随处可见。起初，这些素材作为"赠品"被加入销售产品，使电影产品更具吸引力并因此增加销量。将这些额外的素材捆绑到再发行产品中，刺激已经在电影院看过影片的大众以在线下载或流媒体文件的形式再次付费。随着观众接触到越来越多的幕后镜头，他们对制作过程的了解也越来越多。对于像《银翼杀手》（*Blade Runner*，1982）和《黑客帝国三部曲》（*The Matrix Trilogy*，1999-2003）这样经常被重新剪辑和发行的电影来说，了解这部电影的幕后故事和了解电影本身同样重要。在电影网站上可以查看电影在不同发行平台上的发行及后续版本。放映限制促使电影制作人在每次放映时对产品进行优化。例如，那些在智能手机或平板电脑等小屏幕上播放的电影，往往包含更多的特写镜头。

三、垂直蒙太奇

爱森斯坦将"垂直蒙太奇"（vertical montage）比作书面形式的音乐；只是这里的蒙太奇包括视觉效果。编写乐谱是为了使各种乐器演奏的多个音符保持同步。"双重曝光影像"（double-exposed images）也是蒙太奇的一种形式，在电影中作淡入淡出用。爱森斯坦指出，"我们只要对一组立体派绘画瞥一眼就会确信，这些绘画中发生的事情已经在爵士乐中被听到了"（Eisenstein，1986，p. 82）。他发现并探索了发展中的复杂的音乐形式。音乐学已经超越了传统，创造了一种新的"无形"风格，引起了巨大的情感反应。爱森斯坦尝试对这些反应进行整理编纂，就用他试图去整理观众对色彩和蒙太奇的反应一样的方式，但没有成功。

> 这些特质每次在历史上重现，你都会发现它们渴望走向一个统一的整体，一个更高级的统一。只有在艺术颓败的时期，这种向心运动才会变成离心运动，摒弃一切统一的倾向——这些倾向与过分强调个人主义的时代是不相容的。
>
> （Eisenstein, 1986, p. 84）

这种对个人主义的强调在许多早期的网络节目中都很明显。企业家们为了寻求与现有的国家和国际广播公司竞争，宣布网络节目即将推出更加广泛和多样化的视听内容。由于缺乏经验，这些项目很多都失败了，因为它们常常忽略了去研究和考虑传统内容发行商的目标。广播和电视上的公共服务最初主要关注新闻和娱乐节目。随着时间的推移，他们的内容范围不断扩大，但品牌忠诚度已经建立，核心受众也有了保障。许多网络公司制作的视听产品却没有目标受众。其结果是，他们未能获得市场份额，因为公众对他们提供的内容既没有充分的了解，也没有表现出任何兴趣。

爱森斯坦认为，没有运动的图像只存在于空间中，没有任何时间顺序。镜头里没有标识来确定时间距离。乐谱在特定的时间结构中对图像进行排序。正如特伦斯·戴维斯（Terence Davies）在他的电影《声渺物静》（*Distant Voices, Still Lives*, 1988）中表现的那样，"左"代表"以前"，"右"代表"未来"。因此，当镜头从右向左移动时，观众认为这是回到过去，或者是回顾过去。《声渺物静》是戴维斯关于战后英国成长三部曲的一部分。

四、照片蒙太奇：霍克尼拼贴

霍克尼创作了照片"拼贴"（joiners）蒙太奇，将生命注入摄影媒介。在此之前，他觉得摄影图片无法与绘画典型的潜力相抗衡。照片只能记录几分之一秒，而绘画却可以表达一段时间。人们可能会在一个空间（绘画）内从多个角度观察事件的时间序列。为了给一个展览记录自己的作品，霍克尼用宝丽来相机在家里拍照。他用多个图像组成了每个房间的"拼贴"。他发现，当这些图像被放置在一个刚性网格中时，它们就构成了一个更大、更复杂的图像，代表单一物理空间的一段时间。简而言之，他的"拼贴"已经开始缩小瞬间摄影与更慢节奏、更深思熟虑的绘画媒介之间的差距。从多个视角拍摄的一系列图像，是基于时间叙事（time-based narrative）的空间体现。他的作品后来被出版为《摄影作品》（Cameraworks，1984），这一照片蒙太奇（photo-montage）技术被各种艺术家成功使用。包括凯特琳娜·杰布（Katerina Jebb），她制作了真人大小的身体扫描。1991年杰布发生车祸，右臂瘫痪。她不能再很好地使用相机了，转而使用和改造扫描技术来创建大规模的摄影蒙太奇。她的作品模仿了当代商业广告理念，她本人也被委托为许多国际品牌制作广告（Hodgkin，2015）。

霍克尼将巴勃罗·毕加索（Pablo Picasso）的作品描述为比自然主义更真实的作品。毕加索深刻运用了时间和透视法，在一幅绘画中从不同角度展示了人物的正面和背面（Hockney，2002，p. 102）。霍克尼相信照片的边缘创造了构图，让你可以"看到"中间。他用这一技术制作了自己的拼贴影像，"在其中你可以改变很多边缘"（Hockney，2002，p. 103）。他不再觉得表象和抽象（representation and abstraction）之间有任何区别："你做得越多，就越意识到实际上只有抽象。照片就是一个精致的抽象"（Hockney，2002 p. 126）。构图可以从无序中创造秩序。当霍克尼创作拼贴时，他寻找一个场景或一组物体的透视图，然后选择与合成图像相邻的边缘，将选定的场景元素框成一个连贯的叙事。这段叙事传达了他对自己所见的、所经历的回应。

五、巴勒斯的文学碎片

作家威廉·巴勒斯（William Burroughs）利用现有的视觉效果创建了自己的拼贴画；"这是精确的意图：通过重新排列不同的图像，巴勒斯试图创造新的视觉联系，建立新的意义"（Malkani，2014）。他利用图像的并列产生出一种语言形式。巴勒斯还利用文学"碎片"（literary 'cut-ups'）进行创作，重新排列书页上的印刷文字、发掘新的含义，让他能够仔细考虑作者的原始意图。巴勒斯认为，他可以通过拆解莎士比亚的句子，把它们重新组合成新的排列方式，从而发现莎士比亚的"声音"。他将不同的文化元素结合在一起，并"融合流行文化、广告和名人，这些也体现了他对奥尔默所谓'无限复制'的欣赏"（Malkani，2014）。同样，交互故事的非线性结构和当代"混搭式应用"需要一种阅读形式，即通过对原始和适度重组艺术元素的解释，主观地建构意义。

六、字母派

多学科的先锋派运动"字母派"(the Lettrists)始于1946年。其成员宣布,"字母主义"将成为具象和抽象艺术的继承者。字母主义的目标是把每个人都变成创造者。他们没有把字母和书写作为交流的手段,而是把它们视为审美的艺术对象。后来,他们用真实的、来自世界各地的科学符号和记号创造了超图形(hypergraphics),这些超图形往往是由已曝光的胶片和材料组成的无法辨认的作品,它们被划伤、扭曲,直到无法辨认。字母主义诗歌是一种表现艺术,它用枯燥无趣的发音字母,没有音高或语义,故意无视语言习俗来"创新"。他们从事所有艺术领域的工作,旨在将个人从既定传统和影响的暴政中解放出来。为了实现这一目标,字母艺术家莫里斯·勒马特(Maurica Lemaltre)表示,他更喜欢阅读"手册和压缩作品",因为"它们坚定的简洁让读者免于……'文体论'的修饰。还有那些动人的感叹词……它们只是玷污了作品,并消减了那些没有耐心追求真理者的热情"(Lemaitre,1954,p. 2)。

七、布鲁盖尔的微叙事

马诺维奇认为在彼得·布鲁盖尔(Peter Brueghel)和希罗尼穆斯·博世(Hieronymus Bosch)的绘画中使用了空间蒙太奇。这些"微叙事"(micronarratives)使绘画能够表现"形成一种叙事、但又被时间所分隔的事件"(Manovich,2002,p. 322)。这种空间叙事以漫画的形式进一步发展。页面上的画作不遵循任何预设尺寸。页面上的视觉效果随叙事的流动而变化。在动作场景中,观看者必须快速浏览图像,获得某种视觉连续性和节奏感。马诺维奇指出:

> 空间蒙太奇在叙事过程中不断积累事件和图像。与电影屏幕的主要功能是感知记录相反,计算机在这里的功能是记忆记录。
>
> (Manovich,2002,p. 325)

空间蒙太奇包含了同时出现在屏幕上的许多不同大小的图像。这些图像可以在不同的时间间隔里淡入淡出,也可以在整个叙事过程中都留在屏幕上。每个图像在屏幕上都拥有自己的位置和嵌入的音响。一定数量的图像可能连续出现,也可能是屏幕剪辑的融合。剪辑呈现的顺序以及它们在屏幕上的停留时间和位置都会引发独特的观众反应和叙事解读。

马诺维奇使用"微叙事"一词来表示同时在屏幕上播放的视频，这些视频以"分屏"的形式呈现在整个动态视频中，而不是全屏显示。这种显示方法的优点是，事件序列的播放速度比场景和剪辑的传统线性呈现快得多，而且不会对观众造成任何视听信息的损失。观众可以像在画廊一样"阅读"视觉效果，这些视觉效果通过连续的画内音和画外音相互关联。观众的自然倾向是观看最新"到达"屏幕的片段。然而，随着时间的推移，他们的眼睛将回到已经存在了一段时间的剪辑上，从而重新访问视觉信息以确认其主题或试图交叉引用视听内容。其结果是产生了一个连续的序列，在这个序列中一个场景的多个元素可以同时播放。从这个意义上说，通常用于"设定场景"的镜头可以与实际对话序列或呈现特定动作的序列重叠。

八、马克的《堤》

克里斯·马克（Chris Marker）的电影《堤》（*La jetee*，1962）使用了视觉蒙太奇手法，讲述了一名男子小时候在巴黎奥利机场目睹一名女子对暴力事件的反应的故事。这一惊人的画面永远萦绕在他的脑海中，直到他在一系列由后启示录时代的科学家进行的时光穿越试验中遇到了她，并希望拯救他们即将灭亡的世界。他后来才意识到，这名女子是在看着成年后的他自己被杀，在奥利机场发生的事件就是他自己的死亡。《堤》是一个黑白静态图像序列。每个图像在屏幕上显示2到3秒钟。马克把相机放在观众想放的地方，用静止重新创造运动。在一个序列中，当一对年轻夫妇坐在公园长椅上聊天时，他"跟踪"他们。该序列符合电影制作惯例，如"越轴"（crossing-the-line），这样观众会忘记他们正在观看一个使用淡入淡出和硬切而剪辑到一起的静态图像序列。它给我们留下了观看一个很短的真人实况场景的印象。这种视听骗术的进一步发展是通过使用一个3秒钟的电影剪辑，来表现一个躺在床上、盯着相机的女人。在一系列静态图像中，我们看到她在帧与帧之间轻微地移动，因为她在专心地听。突然，她使劲眨了眨眼睛。其结果在视觉上是如此流畅以至于观众往往注意不到。然而，即使他们还没有意识到静像序列在电影中的使用，微妙地回到持续的时间流动中还是有些令人毛骨悚然。

九、时间序列的空间呈现

拉尔斯·冯·提尔（Lars Von Trier）的电影《欧洲特快车》（*Europa*，1991）采用了复杂的空间蒙太奇手法，让观众从不同的角度观看几个场景。在其中一场戏中，一名男子在火车的夜间车厢中被枪杀。观众在屏幕上同时看到了枪、受害者和凶手。这些镜头在空间和时间上都有重叠。镜头之间有一个微小的延迟，让观众有时间"返回"并从不同的角度重新观看事件。导致紧张感加剧的部分原因是冯·提尔向我们展示了，假如我们真在现场，我们会从（或想从）那里看到的所有角度。虽然这是传统线性剪辑的目标，如果不重叠并置剪辑的时间和空间，这通常是不可能的。《欧洲特快车》非常有趣的另外一点是，它的视觉效果是用一个经典的背投系统制造的，因为这部电影早于任何广泛使用的数字效果技术。演员与他们身后屏幕上几个投影图像角色进行交互。在李安（Lee, Ang）的《绿巨人》（*Hulk*，2003）中，空间蒙太奇贯穿整部电影，反映了漫画故事的起源。分屏效果得到了广泛的应用。随着故事情节的发展，"子屏幕"按重要程度在视野中穿梭，以漫画的风格创造出一种全新的时间序列。李安为绿巨人创造了一个复杂的故事背景。空间蒙太奇传达了大量的背景资料——包括创造绿巨人的技术的发展，以及他的科学家父亲智力和情绪恶化的状况。

十、屏幕上的多重叙事视角

在布热津斯基的《新书》（*The New Book*，1975）中，屏幕在空间上被划分成9个相等的部分，每个部分从一个特定的角度同时显示故事发生的拍摄地。随着故事的展开，主角（穿着一件特别的红色长外套）在分割开的9个部分中穿梭。剪辑时，布热津斯基不得不改变某些屏幕视图的时间，以避免角色同时出现在多个视角中。慢动作效果延迟了他向几个片段的片尾移动。这种使用空间蒙太奇视角的电影叙事方式，有可能让观众逐渐将子屏幕理解为独立的故事。为了解决这个问题，布热津斯基在电影中加入了几个镜头，9个屏幕上的所有角色同时对一个事件做出反应。一架飞机从头顶飞过，每个人都抬起头来；穿红衣服的人把一本书扔在地上，发出一声巨响，所有的角色都停下手中的工作，显然是对他的过失的一致回应。同样，在菲吉斯的《时间码》（*Timecode*，2000）中，使用分屏同时显示了4个不同视角，以这样的叙事方式呈现了一个以好莱坞为基础的紧张实况故事。菲吉斯使用了一种叙事装置来提醒观众，多个屏幕是一个故事的多个视角。在叙事中，几次地震随机发生。每个分屏都在剧烈晃动，所有的角色都在寻找掩护。同样，让每个人和所有事物在多个视角中对同一事件做出反应，会提醒观众多个屏幕都是同一叙事的一部分。然而，它确实表明，如果在交互叙事中使用空间蒙太奇，那么每个屏幕呈现出的让人意想不到的独立程度问题需要考虑并小心避免。

十一、维尔托夫的"电影之眼"

苏联电影制作人吉加·维尔托夫（Dziga Vertov）对蒙太奇在电影中的运用有另一种看法："蒙太奇是指将电影片段（镜头）组织成电影客体。但这并不意味着要为'场景'（戏剧基础）或标题（文学基础）选择片段"（Vertov quoted in Michelson, 1985 p.88）。安妮特·米切尔森（Annette Michelson）指出，电影《带摄影机的人》（The Man with a Movie Camera, 1929）是马克思主义项目的视觉表现。在维尔托夫的文章中，他说"'电影之眼'（Kino-eye）在时间和空间中存在和移动；它以一种与人眼完全不同的方式收集和记录印象"（Vertov quoted in Michelson, 1985, p. 15）。他描述了自己是如何通过蒙太奇的手法，来实现视觉考察式的理想视觉美学。维尔托夫希望创造一种不依赖字幕（intertitles）的电影语言，让没有受过教育的观众也能了解电影的含义。然而，缺乏解释性的字幕给电影制作者带来了更大的压力，他们必须制作出既连贯又能真实表达自己想象的有意义的视觉效果。维尔托夫试图通过创造一种全球通用的电影语言来发展一种独特的美学，这种电影语言将全世界人民团结在共产主义理想下：

> 我们带给工人的不是生活的替代品（戏剧演出、剧情电影等），而是从工人自己的生活和阶级敌人的生活中，把觉察到的事实（大的和小的），经过精心挑选、记录和组织起来。
>
> （Vertov quoted in Michelson, 1985, p. 50）

维尔托夫希望避免以技术为中心的电影制作方法。他相信，和他同时代的许多人都在使用不必要的复杂技术，这些技术与现实脱节，不具备人类观察能力的特质。维尔托夫认为，"'电影之眼'在蒙太奇中使用了所有可能的手段，以任何时间顺序比较和连接宇宙的所有点，在必要时打破了电影构造的所有规则和惯例"（Vertov quoted in Michelson, 1985 p. 88）。维尔托夫对建立这种新的视听交流方法遭遇的困难感到沮丧，他抱怨管理和资金问题使他无法完成项目。他这样总结他的困难：

> 问题不在于将形式与内容分离。问题是形式与内容的统一。不允许自己向观众展示一个并非由内容而发的、采用不必要的花招或技巧来迷惑观众的作品。
>
> （Vertov quoted in Michelson，1985，p. 187）

维尔托夫被与"电影之眼"相关的规则束缚住。他的电影语言变得更加抽象。他忽视了同时代的人探索和试验的新技术，没能挖掘出其他人努力发展的电影语言的潜力。

交互电影文本为采用空间蒙太奇安排了一个灵活的临时导航结构。视觉效果的空间布局可能取决于用户交互的级别或时间。交互电影的导演不创作固定的作品。在传统电影体系中，在发行前几周"锁定"剪辑是发行（distribution）一个统一产品的必要条件。如果一部电影没有被正确锁定，就可能会同时发布多个最终版本，每个版本在颜色分级、剪辑调整等方面都有一些细微的变化。锁定一个交互作品将固定镜头和场景，但不会固定剪辑过程。用户将在观看时创建一些剪辑。

交互作品需要用户在观看之前具备一些知识。为了让用户做出明智的交互决策，他们必须对文本有所了解。这在今天的电影发行周期（cycles）中是很常见的，因为电影在发行前会被无休止地审查、批评和评判。影片的续集与观众对故事背景的深入了解密切相关，要注意的是不能简单重复原著或与原著发生矛盾。

交互电影可以分小组观看并允许所有观众进行互动，也可以以个人形式观看。体验的分享部分将在间隔期间或电影结束后进行，在这段时间内，用户将互相分享和讨论。故事空间上的发展将确保用户获得叙事的多个视角；对于某个人来说，一次看到的视角有限，但一组人在观看后的讨论中会涉及各种排列，那提供的视角就足够了。爱森斯坦指出，观众对色彩和形式的主观反应使得编纂成为不可能。维尔托夫试图建立一种没有插入字幕的通用视觉语言。这本身就限制了电影的诠释潜力。它的意义对观众来说是固定的，这使其成为一种不太令人满意的观看体验。电影观众的共同体验是通过解码文本意义的过程来实现的。事后的讨论和辩论使个体逐渐确定叙事的意义和影响。固定的视觉提供了一种静态的、无法提供成就感的观看体验。交互电影在空间蒙太奇中呈现出的动态场景，可能比传统电影更令人满意。空间布局和引导系统向观众保证，作品是为他们的"体验"而创作的；是为他们的理性合成和后续反应而创作的。观众作为文本的合著者，与被动的、惰性的和无力的读者角色发生了根本性的转变。读者现在可以做的不仅仅是简单的解释；还可以在文本周围"看到"作者创造的世界，做出现实风格的决定，如遵循特定的叙事途径，而忽略其他。

第六章　编纂故事元素

视听故事元素的编纂（codification）允许作者/导演通过对故事元素的量化和分类来表示叙事中的意义。叙事可以根据预先确定的弧线结构，使用编码进行剪辑，通过多个导航路径进行查看。通过对故事元素的编码，作者可以创建一个叙事，并作为片段数据库（database）存档。这些片段可以通过交互式用户界面依次进行访问，它们的叙事顺序受观众交互的影响。编纂标准取决于故事。交互的恐怖故事可能会根据其血腥、暴力和恐惧的程度量化故事元素。浪漫故事将强调一些经过深思熟虑确定的标准，如情感、牺牲的程度和对话。本章着眼于传统叙事元素的分类和归档，并考虑了它们与交互故事的相关性。我们将继续探索数据库如何作为故事文本的存储库，以及算法在叙事结构中的使用。

一、普罗普的民间故事形态

弗拉基米尔·普罗普（Vladimir Propp）指出，"功能指的是从表演过程重要性的角度来定义的角色行为"（Propp，1968，p. 21）。普罗普试图将俄罗斯民间故事的元素编纂起来，并对其叙事成分进行科学分解。他认为，民间故事是本国文化历史的文本档案，是对过去时代的记录。他指出，通过解构民间故事，可以揭示出人们写作时的生活模式。在社会群体演变的某个阶段，基于人们日常生活的宗教信仰体系被构建起来。这种信仰体系反映了人们的日常生活，就像民间故事一样。然而，普罗普观察到，"当它们的内容变成了故事，那么，一种生活方式和宗教也就随之消亡了"（Propp，1968，p. 106）。

普罗普说，民间故事的创作者是把他们看到的写下来，而不是虚构故事。他们观察周围的世界，并把他们看到的改编成民间故事。通过解构这个故事，我们可以发现作家生活中的社会模式。普罗普认为民间故事的数量是固定的，所有的故事都只是单一主题的变体。结构和附带事件可以改变，但故事仍然是一样的：

> 所有的童话故事都应该作为一系列的变体来研究。如果我们能够呈现蜕变的画面，那么所有的故事都有可能是从龙绑架公主的形式——我们倾向于认为是基本形式——演绎而来。
>
> （Propp, 2001, p.114）

普罗普还指出，那些被记录下来供我们研究的故事都是相对近期的现象，而这些作品的收集是在这些故事被分解和碎片化之后才开始的。他发现，有伟大的创造和发展时期，也有停滞时期。虽然普罗普相信它们的存在，但创造时期的文本并没有被记录下来，我们只能推测它们的起源和内容。

二、叙事学：叙事结构如何影响我们的感知

米柯·鲍尔（Mieke Bal）指出，对文本的解读是开放的，其意义完全取决于作者与作品之间的关系。意义源于写作和阅读的过程："一旦我们认识到解释限制的必要性和战略性，我们就从作者的问题回到解释的问题"（Bal, 1985, p, 17）。这挑战了作者/导演作为解释者和无可争议的控制者的理念。文本的意义源自观众的解释。然而，鲍尔进一步指出，这个过程应该成为一种排除方法，在这种方法中，解释行为变成了一种只有少数人才可使用的特权。

鲍尔使用公式化元素来编纂内容，她指称 EN（外部叙事者）、CN（角色-绑定叙事者）、CF（角色-绑定聚焦者（focalizor））。这些元素用于创建允许对文本进行分析的公式，例如，在一段文字中，如果一个令人恼火的角色在说话，说话的人就会使这个场景聚焦。对话就可以表示为：EN [CF（愤怒的角色）– 其他角色]。叙事者、聚焦者和演员都有不同的身份。叙事者是 EN，聚焦者是"愤怒的角色"，演员是"其他角色"。

三、叙事学术语：提喻、毗连、转喻

在叙事学理论中，提喻法（synecdochical）是一种修辞方法，用其中一个部分的名称指代整体，或者用整体来表示一部分；用一般来表示特殊，用特殊来表示一般；或者将事物称为构成它的材料的名称（当谈论"剑"的时候用"钢"这个词）。毗连（contiguous）指的是接触、相邻、邻近。转喻（metonym）是一种修辞方法，一个词被另一个与之密切相关的词替代（在谈论"美国"时使用"华盛顿"一词）。

《天方夜谭》（Arabian Nights）中使用了嵌入叙事（embedded narrative）文本，故事讲的是谢赫拉莎德（Scheherazade）为了不让自己的丈夫被杀而给国王讲故事。嵌入叙事与主叙事（primary narrative）是连续的。在叙事学理论中，法布拉被定义为故事的内容是由行动者引起或经历的一系列逻辑和时间上相关的事件。一个故事可以由一个主法布拉和几个嵌入法布拉组成。休热特（syuzhet）是通过镜头角度、叙事等形式来讲述这些事件的呈现。

四、嵌入叙事：法布拉和休热特

嵌入叙事通常是非叙事性嵌入文本。他们大多是对话，但也可以采取任何形式，包括讨论、描述和吐露心声。在这段对话中，是演员而不是原始的叙事者在说话。在"戏剧文本"中，整个文本都是由演员表达的，他们通过彼此间的互动产生意义。元叙事是一个不可言传的故事，它把世界统一起来，使其成为一个整体，并为一种文化的权力斗争（即到底发生了什么）辩护。在文本中，它也被称为框架故事。

在我自己的交互电影《一点外快》（The Little Extras）（见附录1）中，观众在叙事的不同阶段都有机会改变他们对故事的看法。这让他们可以选择更多关注特定角色的体验。故事本身是无法改变的，只是观众的视角改变了。这导致了对文本的不同解释。元叙事是主叙事与嵌入叙事的结合，由受众通过交互界面进行浏览。交互和改变视角的浏览方式区分了不同的观看体验。鲍尔写道，文学中的叙事视角变得越来越重要。两个多世纪以来，它一直是"操纵的主要手段"，"从这个角度来看，新法布拉的元素被呈现出来，这对于读者赋予法布拉意义往往具有决定性的重要作用"（Bal, 1985 p. 79）。

五、叙事的透视法

叙事视角将观众定位在与文本相对的位置上。它在人物、情节和故事方面创造了一种独特的观察视角。用这种方式讲故事，就有可能把时间顺序打乱，增强其影响力，但仍保持叙事的连贯性。虽然书面语言文本是线性的，但在叙事性文本中，我们可以称之为"双线性"（double linearity），即文本的句子系列和法布拉的事件系列。改变顺序可以把读者的注意力集中在特定的故事元素上，"用以强调，带来审美或心理上的影响，呈现对事件的各种解释，表明期望和实现之间的微妙差异"（Bal，1985，p. 82）。

法布拉的时间顺序和故事安排之间的差异被称为时间偏差（chronological deviations）或错时（anachronies）。《伊利亚特》（*The Iliad*）的开头由五个单元组成，单元编号从1到5。按时间顺序是4、5、3、2和1。错时序可以表示为——A4、B5、C3、D2、E1。错时与读者的时间线是分开的，"错时中呈现的事件与'现在'之间有一个或大或小的间隔"。如果我们将法布拉的时间与故事的时间进行比较，他们之间的差异就会变得很明显，"法布拉的持续时间与故事中的陈述时间完全一致，这样真正同步（synchronic）的场景，将是难以理解的"（Bal，1985，p. 106）。

六、主观追溯

文本中的追溯是时间的倒退。鲍尔举了一个例子，"去年我去印度尼西亚待了一个月"，在这里，时间跨度是一个月，而时间距离是一年。随着"主观追溯"（subjective retroversion），时间变慢，每一个细微差别都被描述出来。在冯·提尔的《欧洲特快车》中，紧张时刻同时以不同视角呈现在屏幕上。镜头在空间上重复、不同步，允许观众多次观看一个事件。这增强了场景的情感强度，让观众从注意瞬脱的影响中恢复过来。

重复、积累、与其他角色的关系和转换是构建角色形象的四个原则；"当角色第一次出现时，我们还不太了解他。在第一次展示中隐含的品质并没有为读者全部掌握"（Bal，1985，p.125）。当一个角色通过他的行为被展现出来时，我们从这些行为中推断出某种"隐含的条件"（implicit qualifications）；读者将通过他们所看到的行为来感知这个角色。然而，他们所看到的可能是矛盾的，一个品德高尚的人可能做出一个看似不道德的行为。这些隐含的条件对读者来说是开放的，并且可以在文本中用来揭示秘密；读者必须寻找真相。明确的限定条件（explicit qualification）则更绝对，更缺乏解读空间；犯下谋杀罪的角色会被明确认定为杀人犯。

文本中定义和创建的空间通过引用远处的客体来扩展，以表示一个超出人物当前位置的世界。"观点"（Point-of-view）和"叙事视角"并不能区分呈现要素的人物视野和描述该视野的声音的身份。看的人和说话的人没有区别。原则上，所有的行为体（一个恶棍既是一个角色又是一个完整的结构元素）都表现在每个法布拉中：没有行为体就没有关系，没有关系就没有过程，没有过程就没有法布拉。偶发事件可能发生在多个故事序列的叙事中；"一个法布拉的一连串精心设计使人们难以识别法布拉中的时间序列。几个事件是同时发生的"（Bal，1985，p. 273）。

七、照片：无编码信息

照片随笔是讲故事的好工具。就像转述一样，摄影师必须从一段时间内选择最相关的静止图像来传达故事的本质，并推动叙事的发展。巴特研究了"摄影图像的特殊状态：它是一种无编码信息；从这个命题中，我们必须立即得出一个重要的推论：摄影信息是一个连续的信息"（Barthes，1978，p. 17）。巴特解释，描述一张照片是一项不可能完成的任务，因为描述的过程改变了照片的意义，并为照片增加了意义。从取景器内的构图创建图像，用卤化银晶体记录潜影，显影／增加颗粒大小使之可见，定影以及使用局部遮光法和局部额外曝光法等多种技术放大照片，这些都增加了图像的信息。图像在不同的制作阶段有着不同的含义。对图像的描述会根据描述图像的人、他们观看图像的环境以及他们的视角不同而有所不同。每一种都有许多不同的解读；"所有的图像都是多义（polysemous）的；这意味着在它们的能指之下，有一串能指的'浮动链条'（floating chain），读者可以选择一些而忽略其他"（Barthes，1978，p.39）。与图片一起使用的文字"锚定"了照片的含义，并"引导"观众走向特定的解读。文本在其潜在的解释中被认为更具体、更不具可塑性，完全将图像定位在一个透视方向上。摄影图像被立即视为由主导文本所定义的意义的支持者。非摄影视觉效果与文本有一种不同的关系，称为中继。在漫画中，图像和文本是互补的。在电影文本中，对话赋予了图像额外的意义，这是图像本身无法传达的意义。对话增强了对文本中人物与其动机之间复杂关系的感知。

八、《战争入门读本》：布莱希特的"照片警句"

在1955年出版的《战争入门读本》（*War Primer*，1955）一书中，布莱希特将剪报照片（多年来收集的照片）与自己的文字并列，创造了"照片警句"（photo-epigrams）。每一段文字都是一首四行诗，加上它的影像，为传统的西方观点（point-of-view）提供了另一种看待战争的视角。布莱希特对摄影在第二次世界大战期间被用作宣传工具感到不满。摄影师亚当·布鲁姆伯格（Adam Broomberg）和奥利弗·查纳林（Oliver Chanarin）创作了限量版《战争入门读本II》（*War Primer II*，2013），由互联网上获得的图片组成，其中的"照片警句"描绘了所谓的"反恐战争"。

九、"会说话的照片"：摄影图片和音频片段

摄影师梅多斯于20世纪70年代在英格兰北部开始创作他的短篇叙事系列，名为"会说话的照片"。梅多斯拍摄了公众的照片，并将每个人的声音录在录音带上，让他们讲述自己的故事。40年后，他重新翻阅档案，把这些音频和静态图像拼接在一起，作为他的研究对象生活的视听片段。这些令人叹为观止的作品以乔治·佩里克（Georges Perec）的"超日常（infra-ordinary）"风格成了对人和地点的一种深刻提示。

十、佩里克的"超日常"

1969年，在巴黎，小说家兼散文家佩里克决定每月去两个地方，在那里写下对它们的描述，然后当他在别的地方时再写一篇对以上地点的描述，"唤起我对它的所有记忆"（Perec，2008，p. 55）。佩里克让摄影师捕捉这些地方的影像，然后把它们用蜡封存在信封里，永远不看。他收集的东西还包括参观期间的其他随身物品，包括地铁票、酒吧单子和电影票。第二年，在不同的月份，他会重新参观每一个地方，并重新描述它；"实际上，我希望从中得到的，只是对衰老的三重体验记录：地点本身，我的记忆和我的写作"（Perec，2008 p. 55）。佩里克将他的工作描述为"试图小心翼翼地保留某些东西，使某些东西存活；在空虚生长的过程中获取一些精确的碎片，在某处留下一道皱纹、一条痕迹、一个标记或一些迹象"（Perec，2008，p.92）。史蒂芬·肖尔（Stephen Shore）的摄影集《不寻常的地方》（*Uncommon Places*，1982）以他对称组织的"每日"照片为特色。1973年，他穿越美国，用一个10"x 8"的干板相机拍摄，把所有的时间记录在日记里："他吃了什么，开了多长时间，在电视和电影里看到了什么，拍了多少照片"（Shore，2007，p. 10）。摄影师亨利·卡地亚·布列

松（Henri Cartier-Bresson）拿着他的徕卡（Leica）相机走在马赛的大街上，"在单张照片的限制下，捕捉一些场景的全部本质"（Cartier-Bresson，2004，p. 22）。在这样做的过程中，他捕捉到了"决定性瞬间"，一个特定时间段内的瞬间，它代表了一个时间事件紧接着的过去和未来，这是在"寻找客观机会"中观察到的（Cartier-Bresson，2004，p. 67）。

摄影师保罗·格雷厄姆（Paul Graham）在他2012年出版的《当下》（*The Present*，2012）一书中，寻求"决定性瞬间的分解，不让生活成为凝固的碎片，而是试图反映作品中时间的流动"（Graham quoted in Jobey，2012）。格雷厄姆对每一个场景拍摄两次，间隔很短，并将这些图像配对进行展示。他的意图是捕捉"生活向我们袭来的方式，不由自主地，没有完美的小故事"（Graham quoted in Jobey，2012）。

十一、德·昆西的《一个英国鸦片吸食者的自白》

1821年，作家托马斯·德·昆西（Thomas De Quincey）设想"自己的写作时间比现在提前20——30——50年"，以创作《一个英国鸦片吸食者的自白》（*Confessions of an English Opium- Eater*）（De Quincey，1994，p，168）。他相信，将来会有人对他作品的某个方面感兴趣，但首先必须把它写下来。德·昆西对他在伦敦的生活有着深刻的回忆。有一次，他几乎一贫如洗；无法负担在希腊街索霍区一所空房子里的住宿费，和一个"可怜的，没有朋友的，显然只有十岁的笨蛋"住在一起；晚上，这个孩子"爬到我身边，寻求温暖和安全，保护她免受幽灵般敌人的伤害"（De Quincey，1994，p.120）。这种对不为人知的善意行为的微妙描述，邀请读者进行辩论式的解构，然后重建一种经历，如果没有他的档案记录，这种经历就会随着时间的流逝而消失。

十二、照片：平淡无奇的人类学事实

照片展示的是真实存在的东西而非幻想（如绘画），这降低了可能的解释水平。实时特征，例如帧速率和被称为视觉暂留的视觉感知现象，（一张接一张的摄影图片被视为平稳运动），不会阻碍对照片的解释。照片可以在静止或线性时间的背景下阅读，总在运动、总在变化；"照片必须与纯粹的观影意识相联系，而不是与电影所依赖的更具投射性、更具传奇色彩的虚构意识相联系"（Barthes，1978，p. 45）。创造运动影像所必需的操作水平为影像增添了含义并调整了视角。从某一角度拍摄的照片作为时间的片段，可以看作有更为绝对的意义。巴特将照片描述为"人类学的客观事实……没有密码的信息"（Barthes，1978，p.45），其中含有"模糊的含义"，"似乎延伸到了文化、知识和信息之外"（Barthes，1978，p.55）。巴特认为，在这种模糊的含义之中蕴含着情感。

巴特研究了电影的意义。他认为电影中的电影元素是无法描述的，电影开始于"语言和元语言（metalanguage）终结的地方"（Barthes，1978，p.64）。这使得电影超出了传统文本的描述能力，增强了无法描述的第三种意义。这表明，电影比印刷文本或照片更具情感体验。它的活跃和沉浸式的天性创造了一种共生关系，在这种共生关系中，专注地观看电影可以获得情感上的满足；而观看的活动在叙事中隐含着额外意义。静态图像将"技术限制"从"无法描述"的意义中分离出来，建立了一种即时的、垂直的、忽视逻辑时间的阅读（Barthes，1978，p.68）。

十三、布莱希特的距离论

演员也必须作为叙事的一个元素发挥主要作用，不能被"现实"所束缚，而是要成为文本中一种至高无上的力量，自由地移动，传达文本的意思，就像在布莱希特的"距离论"（distanciation）里所说的一样。"距离"是一个术语，用来描述通过使用非传统形式/技术或文本内容与观众保持距离的效果。巴特将叙事进程描述为一个三维结构，需要从水平和垂直两个维度"阅读"：

> 理解一个叙事，不仅要跟随故事的展开，还要认识到它在"层"中的构造，把叙事线的水平连接（concatenation）"投射"到一个隐含的垂直轴上；阅读（听）一个故事不仅仅是从一个词到下一个词，也是从一个层次到下一个层次。

（Barthes，1978，p.87）

文本的理解不仅通过阅读文字，而且通过比较和连接叙事中的元素。人物关系和情节发展需要时间来建立。读者获得由复杂的叙事元素创造的智力财富的路径，与叙事之间并不是线性关系。相反，叙事的进展导致"突发性"的叙事结构，当描述完成时，对读者而言，这些结构就会变得清晰起来。

这些结构的描述被分解为叙事指数和信息提供者。指数包括性格认同、情感、氛围；信息提供者定位了故事发生的地点和时间。信息提供者是"具有直接意义的纯数据。指数涉及一种破译活动，读者要学会了解一个人物或一种气氛；信息提供者带来现成的知识"（Barthes，1978，p. 96）。信息提供者参考读者先前的知识。这些知识带来了一系列相关的文本，拓宽了阅读文本的性质。随着故事的展开，每个角色都对自己参与的一系列动作有自己的看法。江湖骗子可能会使年轻女子着迷。从他的角度看，她相信他是天真和愚蠢的；但从她的角度看，她是轻信和善良无辜的。

十四、词汇优先于情节

巴特认为叙事者可以被描述为写故事的人；一个无所不在的具有优越视角位置的人；或者一个只使用角色所知道的东西来传达故事的人。他认为，现代文本不再关注传达内心的思想和进入角色的心灵，而是创造一个专注于自身表达的当下。这表明，交互文本中虚拟世界的创造是世界（词汇）（lexis）优先于情节（标识）趋势的一部分。交互叙事以其在创造现实之外的世界时对细节的关注而闻名，并非以其表达复杂推理和情感体验的能力而闻名。

在叙事方面，经验使观众具备了必要的阅读文本的能力。观众从文本作者那里寻求解释和启示，作者被视为对文本意义和解释的最终权威。然而，文本的意义来源于作者的工作和读者的工作（解释）两个方面。少了其中任一方面，文本的意义也就不存在。因此，传统文本已经提供了一个交互的环境，通过解释来吸引读者创造意义。巴特指出，"传统的批评从来没有关注过读者；因此，作者是文学中唯一的人"（Barthes，1978，p. 148）。

现代叙事正在为死气沉沉的文本消费方式注入新的生命，这种文本消费方式导致读者越来越厌烦、无法或不愿展现文本的意义。重振观众对叙事的看法将产生新的观众，创造新的、共享的体验。

当代叙事中仍然存在某些制约因素。在寻求新的叙事形式和方法的过程中，不能让文本变得如此迟钝，以至于对其解释造成障碍。在虚拟世界中，技术的复杂性、交互的概念性会造成这种障碍。然而，无论使用哪种方法，言语都是不能收回的，除非收回就是所说的内容。一旦这个词出现在文本中，它就成为故事词汇的一部分（构成元素或文本中独特的意义单位）。人们为规范关系而建立的默契往往不受尊重。这也适用于作者和读者之间的契约。如果作者身份（modes of authorship）、文本表示和分析模式被建立起来之后又被违反，那么这种关系本身就会破裂，文本就无法被访问。

十五、大型数据集的可视化

列夫·马诺维奇（Manovich Lev）的软件研究计划（Software Studies Initiative）和文化分析实验室（Cultural Analytics Lab）团队将量化数据可视化，以便研究和展示视觉文化；"媒体可视化方法为我们了解摄影历史、比较数百万张照片的内容和美学提供了新的途径"（Sutton，2011，p.19）。马诺维奇考虑了数字图像创建和存储的过程，以及处理数字数据所需的技能和知识：

> 如果今天我们要考虑摄影，就应该把它的新情况看作是在数据结构和数据库中组织的数据，以及用于访问、编辑和分发这些数据的流行软件的接口和逻辑。
>
> （Sutton，2011，p.19）

他的团队使用一个被称为媒介视觉识别系统（mediavis）的"大众数据挖掘"程序来创建这些可视化的艺术品。在这个过程中，不需要专业的统计知识来直观地表示大型数据集中发现的模式。通过对媒体数据的计算分析，我们可以想到文化记忆。本地和全球消费产生的海量信息，被社会和经济背景所框定，被对历史记录的操纵所重构。

十六、元数据：标记存档内容

软件接口使用公共架构，这确保用户能够快速适应嵌入在可识别显示器中的新功能。数字图像被用来描述和分类的元数据进行标记；"所有媒体现在都共享'可搜索性'的条件。可搜索性的程度取决于与对象一起存储的元数据的类型和数量"（Sutton，2011，p.19）。标记数据的人根据他们选择的相关性做出明智的选择，对过程进行个性化，并为未来的研究人员留下档案标记。数字图像具有高度的"可混合性"，其元素可以与其他媒体分离和结合。即使是拍摄在胶片上的传统照片也会被数码化，以供策展和展览之用，从而最终成为数码艺术品，纳入媒介视觉识别系统。马诺维奇质疑摄影的定义，包括传统媒体和新媒体：

> 我很难接受银版摄影（daguerreotype）和当代摄影属于同一种媒介。也

许从来就没有摄影这种东西。它只是一系列不同的媒体聚集在一起。

(Sutton, 2011, p. 20)

传统摄影图像的元标记不同于数字图像的拍摄，后者在创作的瞬间就附加了元数据。

十七、照片档案

玛格南图片社（Magnum photo agency）成立于1947年，至今已为当代文化、重要事件、新闻故事和名人名流创建了一系列重要的影像档案。影像和新照片的档案数据都使用描述性数据进行元标记，以便未来的研究人员能够发现和数字化挖掘它们的内容。然而，元标记的创造者将对这项研究产生巨大的影响，因为标记"描述"的是他们对影像对象的视角，"由此产生的叙事是一个由叙事者创建的结构，以满足当代政治和商业的需求"（McErlean，2014）。

1859年，奥利弗·温德尔·霍姆斯（Oliver Wendell Holmes）提出"想象中的影像库——所有事物的影像，记录每一个细节。在这里不再需要原始物体"（McErlean，2014）。他建议，可以在世界各地的多个中心提供重要对象的详细知识。这些作品的照片、图纸、描述和尺寸将提供一种与原作不同的体验，一种并非独一无二、但肯定更容易接近的体验。最近，图坦卡蒙（Tutankhamun）的石棺复制品和从他坟墓中取出的珍宝复制品在欧洲巡展，为观众提供了近距离观察这一考古发现的"体验"。纽约大都会博物馆（Metropolitan Museum）展出了一间16世纪晚期的橡木雕花房间，它来自英国诺福克郡（Norfolk）的大雅茅斯（Great Yarmouth），在20世纪初被拆解并运往美国。展览允许人们四处走动，触摸原始的木墙，但由于房间不在原位，"现场"的感觉因此而减少。参观这个房间的体验创造了一种类似于沃尔特·本杰明（Walter Benjamin）的"感觉"，它将艺术描述为"在恰好存在的地方的独特存在"（Benjamin，1999，p. 214）。1998年，我站在柏林的波茨坦广场（Potsdame Platz）上，聆听一个音响设施播放可以追溯到20世纪30年代的录音——政治演讲、公众集会以及在那个地点或附近发生的事件的现场录音。正是这种现场感使这些录音如此深刻。我在历史事件当初发生的空间位置听到了它的声音。

十八、摄影测量技术：网络考古学

数据库中的信息可以用来创建任何对象的新数字版本。在穆尔西亚大学（Universidad de Murcia）（西班牙穆尔西亚）（Murcia，Spain），摩苏尔项目（Project Mosul）正在向公众收集因暴力和自然灾害而丢失的珍贵文物的图像。这些"网络考古学家"（cyber-archaeologists）使用一种摄影测量技术（photogrammetry），"将单个物体的多个2D照片转换成3D图像"（Webb，2015），以创建一个数字复制品。研究人员要求公众提供他们旅游度假照片的具体地点（最近被摧毁）。这些图像经过整理，被用来构建一个逼真的数码版本的人工制品，一个甚至可以在未来用来构建实物的复制品。

十九、趋势识别算法

叙事应用程序瓦特帕德（Wattpad）允许作者在全球在线社区上传和分享故事（Laporte，2016）。该应用程序使用户能够从读者那里得到高度响应和详细反馈。它被作为一种营销工具。20世纪福克斯（Fox）和环球影城（Universal Studios）已在瓦特帕德上推广电影，要求投稿人创作与其最新上映影片相关的故事。拥有庞大读者群的瓦特帕德作者已经让电影公司选择故事进行全面制作。该网站使用"趋势识别算法来尝试发掘新的作家和创意"，然后与工作室和发行网络（networks）合作。数据分析提供了一种"细致入微的数据供应"，可以显示哪些场景、章节和段落最能引起观众的共鸣，哪些没有。数据还包括读者的人口统计数据、地理位置、花在特定领域的时间，还可以用来发现上升的职业趋势。网站的全球影响力意味着他们可以让"本地作家为本地读者写作"。随着瓦特帕德社区进行文本的连载并参与社交，编剧与粉丝们建立了直接的联系，定期与他们沟通，获得反馈和评论。

二十、网飞量子理论

"网飞量子理论"（Netflix Quantum Theory）使用带标签的电影元素来挖掘观看数据。算法处理数据与受众统计数据交叉引证，为单个客户提供个性化的推荐。"网飞创建了一个包含76,897种微类型的数据库，可以借此窥见美国人的内心"（Angelica，

2014）。这些信息还可用于确定观众对视听内容的特定需求，委托当地和国际公司制作或购买。背景系统（contextual operating system）将挖掘关于你的上网习惯和偏好的大量数据信息，预估用户的选择，甚至在你做出决定之前就代表你做出决定去搜索、启动应用程序。换句话说，你的操作系统将非常了解你。

二十一、创作多重叙事轨迹

视听片段数据库可以按任意顺序显示，使用线性或非线性方式访问。用户可以通过屏幕、触觉或手势控制界面（gesture-controlled interfaces）来"导航"这些片段。导航叙事使不同的观众可以从不同的视角观看同一个故事。这些视角使交互电影与线性电影有着本质的区别。"交互"一词在新媒体话语中有许多不同的含义。通常，交互的内容很少是用户选择以外的内容，即用户可以选择标记为"A""B"或"C"的导航路线。虽然这种选择影响了故事的最终走向，但很难说观众实际上已经与故事发生了交互。作者的叙事已经存在了。叙事的选择可能是多种多样的，用户的交互并不是"创造"叙事路径。相反，交互是允许用户浏览各种已经预先存在的选项。

马诺维奇将这些路径称为"多重轨迹"（multiple trajectories）。他指出，允许用户选择其中一个多重轨迹并不构成交互叙事的发展："作者还必须控制元素的语义和它们之间的联系，使最终的对象符合叙事的标准"（Manovich，2002，p. 228）。

二十二、数据库

数据库保存着读者浏览文章时将观察到的"内容"。吉尔·德勒兹（Gilles Deleuze）和费利克斯·瓜塔里（Felix Guattari）称，数据库既可以是一个受束缚的旅行之地，也可以是供人们探索和发现的平坦之地（Ryan，2001，p. 47）。马诺维奇称数据库为"结构化数据集合"。IT部门开发了不同类型的数据库，包括层次数据库、网络数据库、关系数据库和面向对象的数据库。这些是根据正在开发的系统选择的，例如图书馆借阅系统、交通流量、航空和指挥控制系统。复杂数据库模型可以交叉引用信息，以显示动态开发的新数据。大多数新媒体项目中的数据库都是简单的数据库，根据用户的选择调用单个数据库元素。因特网是一个简单的数据库模型，它根据超文本标记语言（HTML）文档显示图像、文本和可下载文件。这些文档提供了显示每个元素相对大小和位置的布局信息："一个全球广域网页面是一系列独立元素的序列列表"（Manovich，2002，p. 220）。超文本标记语言是所有全球广域网浏览器都可以使用的通用协议。这确保了用超文本标记语言编写的全球广域网页面将按预期的方式显示，无论它们在世界的哪个地方被浏览。

许多新媒体对象都是以数据库的形式工作的；"它们显示为用户可以执行各种操作的项目集合"（Manovich，2002，p. 219）。网页要持续更新，这样一来，在叙事项目中就会有新的问题出现。如果一个网站要被视为一个故事，就不应仅仅是数据元素的集合，而必须采用一种新的叙事结构方法。这突出了"网络的反叙事逻辑"，"结果是一个集合，而不是一个故事"（Manovich，2002，p. 221）。马诺维奇列举了几个数据库叙事的例子，包括马克的《非记忆》（*IMMEMORY*，1997）与乔治·拉格迪（George Legrady）的《痕迹》（*Tracing*，1997）和《滑落的痕迹》（*Slippery Traces*，1996）。"作为一种文化形式，数据库将世界展现为一个项目列表，它拒绝对这个列表进行排序。相反，叙事创造了看似无序的事物（事件）的因果轨迹"（Manovich，2002，p. 225）。

二十三、超叙事

马诺维奇将超叙事（hypernarrative）（交互叙事）定义为"通过数据库的多重轨迹之和"（Manovich，2002，p. 227）。他举了一个网络叙事的例子——《我男友从战场归来》（*My Boyfriend Came Back from the War*，1996），作者是奥利亚·利亚利纳（Olia Lialina）。这个故事通过男女朋友在分开一段时间后见面时的对话，提供了多重非线性的叙事线索。在这里，全球广域网技术的基本用途是提供交互叙事。

马诺维奇指出，作者必须从语义和逻辑的角度控制轨迹。随机选择的元素可能不会形成叙事。作者必须明确叙事路径，并围绕它们进行写作。通过这种方式，作者就会走过潜在观众可能走的每一条路线。一些叙事路径可能是多余的，因为它们没有推进故事。作者可能会删除这些路径，因为它们会导致读者失去兴趣。叙事节点的数据库，或者观众可以在其中浏览的章节的预制脚本已经提前写好了。每个读者的导航路径是不断变化的，但是数据库元素是静态的；"叙事是虚拟的，而数据库实质上是存在的"（Manovich，2002，p. 231）。

空间叙事曾经是欧洲视觉文化的主导形式，它最终只出现在了漫画和工艺图案中。新媒体同时在屏幕上显示信息。当物理交互被构建到一个界面时，它以牺牲心理交互的方式在用户和计算机之间进行互动。图标显示在屏幕上，表示可以通过单击链接完整地检索数据元素。数据以其原始形式进行检索，用户不会对其结构进行任何更改。更复杂的交互将允许用户的选择改变所呈现数据的物理结构。如此一来，数据的组成（电影剪辑、照片、声音剪辑）将取决于用户的输入。

电影和书籍通常被看作是预制文本的线性呈现。由于导航结构采用数据元素的超链接，新媒体内容被认为是非线性的。然而，传统的书籍也可以用非线性的方式阅读，而且仍然具有连贯性。读者在继续故事的重点之前，通常会重温一些章节和段落，以理清思路或获得享受。数字格式的电影允许非顺序访问其内容，使观众能够在"章节"之间来回切换。使用"基于分支的导航结构"的网站页面通常必须按顺序阅读，然后用户才能确定具体内容的实际位置。在阅读了网站提供的所有内容后，用户返回主页开始"非线性浏览"。

二十四、提取式超文本和沉浸式3D

界面导航是与文本的交互；这不可能是被动的，因为它需要观众以决策的形式来进行。彼得·卢内菲尔德（Peter Lunenfeld）对沉浸式导航进行了研究，指出了数据库技术在应用中的两种交互模式："提取式"超文本（extractive hypertext）和"沉浸式"3D世界（Lister et al, 2003, p. 21）。该数据库由作者创建，有效地包含了许多叙事视角和结果。体验是通过交互来控制的，交互可以是主动的，也可以是被动的。交互文本通过叙事提供了许多导航路径，这使得对文本的比较变得困难。不同的读者会根据他们的导航选择而对故事有不同的看法，这样一来，对交互文本的概念性和批判性比较就变得困难。对许多人来说，讨论这样一个文本的唯一方法就是讨论元叙事或包含一般故事的世界文本。对人物关系和情节交互的具体分析是困难的，因为读者可能经历过，也可能没有经历过，尽管他们已与文本进行了充分互动。一个成功的交互文本会让读者感到满意，尽管他们只是通过一个视角路径浏览了该文本。如果读者觉得需要继续阅读，直到所有数据库元素都被阅读完毕，那么交互文本就是一种美化的线性叙事。传统的比较文本注释的方法将被"共享"文本元素的经验所取代，这些文本元素可能在导航决策中被探索或被遗漏。文本已被"读取"，但并没有访问所有数据库元素。因此，当读者和其他有着不同视角的读者交谈时，他们将根据阅读体验继续了解更多故事内容。这与对线性文本的主观分析并没有太大的不同。读者通常会分享他们对重要文本元素的想法，而这些元素可能并没有被其他读者注意到。

二十五、关联链接

访问数据库元素的方法可以遵循关联链接（associative linkage）结构。就像超文本一样，关联链接跟人类思维的工作方式相同。记忆是由相关的元素联系起来的；交互叙事中的故事元素是由内容联系起来的。原始超文本（protohypertexts）是挑战文本线性的文本——例如《易经》（*I Ching*），斯特恩的《仙蒂》（*Tristram Shandy*, 1759），乔伊斯的《尤利西斯》，博尔赫斯、卡尔维诺和罗伯特·库弗（Robert Coover）的各种故事；还有维尔托夫、爱森斯坦和黑泽明（Kurosawa）的电影。在寻找一种新的叙事模式的过程中，传统模式正在被取代。这种新的模式可以增加读者的体验，让故事变得生动，更令人难忘；或许还能挑战现代观众的被动接受能力。后结构文学批评（post-structural literary criticism）认为，文本具有"互文性"特征（intertextual character），文本与其他文本相互关联，读者与作者一样创造意义。当文本元素之间的关系开始形成时，多次阅读的文本对读者具有扩展意义。这些可能是更深入分析的结果，或者是影响读者解释的外部因素。书籍可以更自由地浏览，而超文本链接必须检查以避免下载相同的信息。在交互文本中，反复访问相同的内容常常被视为一种错误，会降低读者的满意度，因为他们希望新鲜的内容能带来新的体验。

二十六、类型分类

数据可以根据类型进行分类。这种方法已被用于开发虚拟广播电台，传播一系列通过历史、节奏、艺术家、格式等连接起来的音乐作品。一个音乐数据库包含数千首乐曲。每首曲子都放在类别和子类别中。一个算法构建一个由"连接"的音乐混合曲目组成的播放列表。这就像一个物理图书馆，相关的文本放在同一个书架上。通过音乐数据库选择曲目，逐渐改变播放音乐的气氛，以保持观众的兴趣。

二十七、电影隐喻

与内容的交互强调了制作过程。如果没有交互，场景就会逐渐缩小以等待用户输入。如果一个场景到达了时间轴的末端，它就必须重复，或者转入一个"等待点"。

当故事引擎等待输入时，叙事进度会无限期地暂停。传统的交互故事如果没有输入就无法进行，因此用户成为故事的基础（Manovich，2002，p. 298）。

数据库是交互作品的基本组成部分。交互开发人员创建一个故事元素数据库，可以通过导航界面进行非顺序访问。向数据库中添加故事元素增加了叙事的潜在复杂性，并为读者提供了更多选择。然而，复杂性的增加可能会导致叙事的凝聚性直接成比例地崩溃。通过数据库元素建立的导航路径应该对读者有意义，并遵循语义和逻辑规则。

数据库可以保存信息，并能在调用时简单地检索信息；它还可以根据用户交互自动创建数据。网站记录用户的导航选择并根据用户的输入对后续页面进行更改。这种动态构建为用户创建了一种与其他所有构建都不同的独特体验。国家广播公司提供大量的数据，发展新的导航路径，以合乎逻辑和明智的方式使用户访问这些内容。智能界面跟踪用户的导航路径。内容数据库将呈指数级增长，并将减少电视和电影观众的共同体验。该数据库将允许用户自由浏览内容，这是一种不同于传统广播的个人主义方式。目前，提供视频内容下载的网站以评分系统为特色，就像传统广播公司使用的观众监控系统。受欢迎的文件在相对较短的时间内接收到最多的下载请求，这创造了一种与传统广播类似的共享观看体验。即使是最受欢迎的文件最终也会逐渐销声匿迹，因为任何对此有兴趣的人都已经看过了。在此之后，这些视频可能会被偶尔观看，但最初"发布"时带来的高涨兴趣已经过去。《一点外快》的交互电影模型开发了通过图形用户界面访问电影剪辑或场景的数据库的潜力。通过使用数据库组织场景，可以以非线性方式访问视频。最终，这些剪辑将根据其内容进行编码和归档，观众将根据数据库规则和对用户交互的响应看到这些剪辑。

二十八、非传统电影：戈登的时间减速

马克·B.N.汉森（Mark B.N. Hansen）对马诺维奇的电影隐喻理论提出了几点反对意见，并列举了一些对传统电影进行当代改造的例子。汉森反对马诺维奇的许多理论，尤其对新媒体应用的"电影隐喻"提出了尖锐批评（Hansen，2006，p. 1）。汉森反对马诺维奇使用电影术语来预测交互电影的未来。他认为，新媒体及其基于计算机的架构需要一种从根本上不同的理论方法。汉森专注于独立电影制作人的另类和非传统电影作品。《24小时惊魂记》（*24 hr Psycho*，1993）是希区柯克电影的原始版本，速度放慢到每秒两帧，所以需要24小时来播放。导演道格拉斯·戈登（Douglas Gordon）致力于处理"时间减速"（temporal deceleration）的问题，让观众集中在单

个画面的微观细节上。大量的时间允许观众对画面元素进行更多解构。戈登还创建了《搜索者》（*The Searchers*，1956）的47天投影，名为《5年车程》（*5Year Drive By*，1995）（Media Kunst Netz，1999）。

二十九、突现叙事

突现叙事（emergent narratives）允许用户在故事世界中配置自己的体验；"真正的突现特性涉及一系列相互作用、相互关联的系统，由此产生了设计师没有计划到的异常解决方案"（Biswas，2016）。在传统文本中，读者参与逻辑结构的叙事，发现和解释情节元素。在突现叙事中允许出现"充满可能性的世界"。华纳兄弟（Warner Brothers）出品的《中土世界：暗影魔多》（*Middle-Earth：Shadow of Mordor*，2014）的复仇系统（Nemesis system）追踪了角色的等级关系及其"程序选择的性格"；每个角色都记得你和他们的交互，并在随后的遭遇中做出相应的反应。夏朗·比斯瓦斯（Sharang Biswas）认为，与故事结构更为严格的传统故事相比，突现叙事是一个"不同的物种"。他注意到马克·布朗（Mark Brown）的问题，即如何在这种"系统叙事"中复制诸如铺垫和节奏（foreshadowing and pacing）这样的叙事手段。在这两种叙事形式中，读者"解开"故事，把它拼凑在一起，使之有意义，并解释作者的意图。

三十、综合内容

新的发行渠道允许对用户访问进行更大程度的监控。这些发行渠道为受众提供针对特定细分市场的非预定内容。20世纪的大众传媒将"内容、发行和生产"标准化，以控制和规范媒体产出，并"在消费者和生产者之间设置非常明确的区别"（Lister et al，2003，p.31）。新的发行渠道使作者能够发布称心满意的内容，受众可以利用自己的经验和对文本的阅读，访问一系列相关材料，并对自己的观点进行综合分析。虽然这些渠道可以表达许多观点，但可靠和不可靠来源之间的界限并不那么清晰。

本章讨论了各种文本编纂的方法，并将文本作为档案加以探讨，还涉及了叙事者将自己的作品组织成可搜索数据库的工作。交互叙事需要对故事元素（视频、剧照、文本、图形、音频）的内容进行编纂，根据交互界面的参与程度协调演示。编纂方法和编纂标准可能涉及故事内容、框架的颜色分析，以及对氛围、情绪、语气的描述。

"描述"内容允许在定义的数据库结构中组织内容。故事算法（story algorithm）的创建将根据交互性来安排编码的内容，以构建一个独特的定制故事。

内容的编纂提高了作者/导演的作品水平。交互文本的界面被设计成独立于其创建者的独立作品。当故事产品交付给读者时，创作者的影响就结束了。界面上的缺陷将成为叙事的特色；高级玩家可以利用系统中的漏洞，这已经成为在线游戏的一个特征。对交互电影文本的测试是要创建一个同时具有挑战性和感染力的沉浸式世界。当编纂的内容通过界面呈现给观众时，界面就成为故事结构的一部分。界面是传统文本的叙事者角色。因此，界面必须有一种独特的"声音"，才能被观众识别为故事的权威。它不应该太复杂和不易区分，否则会分散观众的注意力，妨碍观众与文本的交互。

第七章 交互叙事

120 　　观众可以通过交互叙事控制故事的走向，制定出不同的故事发展路径，创造出新的体验和对文本的解释。多路径为每个观众创造独特的体验。从制作的角度来讲，叙事中的交互性可能会产生冗余的内容，有些场景可能永远不会被看到，有些章节可能永远不会被读到。这使交互电影的成本高得令人望而却步。然而，交互叙事有可能创造一种新的叙事范式，这既令人振奋，同时也富有挑战。2015年，电影制作人史蒂文·索德伯格（Steven Soderbergh）启动了一部基于应用程序的交互剧《马赛克》（Mosaic，2017），观众可以在一个"设定的时空"中进行探索。这部交互剧包含了许多尝试性的情节，以此来创建"时间跳跃、以谋杀为重点"的多分支叙事，在第一部分后为观众提供"向左走或向右走"的选择，之后也有类似的选择（Canfield，2017）。《马赛克》可以做成一部六集连续剧，但索德伯格坚持认为交互版本才是最理想的模式。本章将探究历史和当代的叙事文本以及戏剧表演，涉及基于选择的叙事、虚拟现实和增强现实（augmented reality）的内容。

一、文本交互

121 　　文本交互包括"阅读"和"观看"的行为：当我们在传统模拟文本的空白处切割、录音或书写时，就会形成"解释性关系"和"主动材料关系"。对于在线内容，我们通过与他人讨论来解释文本的含义。马歇尔·麦克卢汉（Marshall McLuhan）和雷蒙德·威廉姆斯（Raymond Williams）都认为"所有新媒体都是传统媒体的补偿性媒介"（Lister et al，2003，p.77）。威廉姆斯认为，所有的技术都会产生让开发者意想不到的应用和效果（Berger quoted in Lister，2003，p.81）。在视听领域，后期制作

工作流程被简化以提高效率并降低成本。同时,新的发行平台消除了市场壁垒,为更广泛的受众提供更多内容。技术执行、试验和简化系统的复杂性,加上观众的文化需求和愿望,使技术发展趋势的精准预测和技术的准确应用都变得十分困难。未来主义者(futurists)的困扰是,今天的工作面对的是受众当下的需要和诉求,与未来受众的情况可能相去甚远。威廉姆斯认为技术必定既是一种社会功能,也是一个技术系统,但事实上社会并不一定会追随技术的步伐(Lister et al,2003,p.83)。文本必须有人阅读才能成为一种交流技术。麦克卢汉认为技术是人类的延伸——媒介即信息。约翰·伯格(John Berger)认为人们的"观看方式"会受不同时期思想、制度和技术手段的影响(Berger quoted in Lister et al,2003,p.81)。新技术及其用途和应用都是在需要时才会出现,而非技术先于需求存在。此外,新技术和旧技术并存,并非都被取代或淘汰。电视的出现并不意味着影院的终结;电影观众的减少只是因为电视把影院的某些功能带入了家庭,而实际上观众也希望家中的电视拥有某些电影的特质。

二、查尔·戴维斯:渗透

要想了解和利用新技术,受众就必须掌握新技能。当虚拟现实和增强现实成为主流且不断普及时,新的视觉文化将包括虚拟图像,它们不以实物作为参考而是由算法创建。对自然现实的精湛复制,正在让位于"仿真"(simulation)。虚拟现实系统并不是一种"完整的感官体验",它有时粗糙且烦琐。一些虚拟现实平台致力于生产超级写实主义的图像,以制造一种逼真的感觉。还有一些平台强调他们的职责是在现实世界之外创造一个充满感官体验的幻想世界。查尔·戴维斯(char Davies)在《渗透》(Osmose,1995)中创造了一个高度沉浸式的世界,观众头戴虚拟现实设备穿越一个充满色彩和几何图形的虚拟世界(Davies,2008)。这一系统没有显示真实感的图像,但它的沉浸潜力是如此之大,15分钟的体验就能让人有势不可挡的感受,用户称在沉浸式的体验之后有时很难"重新适应"现实世界。

许多人对电子媒介产品特点的描述是"无深度",缺乏传统形式的魅力。大众电影被认为正在"低能化",并且制造了一些更为简化的产品在多个国际市场上发行。数字特效奇观已经成为电影的主要特色。观众会像评价故事一样去评价特效。科幻电影塑造了一种特殊的现实主义(realism),在这一类影片中,观众经常能看到尖端科技的展现。电影叙事所运用的数字技术在不断地演化着,观众也期待在电影制作发展的过程中不断看到技术的革新。一部电影要在概念上实现飞跃,就必须参考此前的电影制作经验,在此基础上超越观众的预期,才能获得成功。在电影《深渊》(*The*

Abyss，1989）中，导演詹姆斯·卡梅隆（James Cameron）聘用了数字特效公司"数字领域"（Digital Domain）来制作因海水涌动而形成的包括人脸在内的多种物体的效果。在《终结者2》（*Terminator 2*，1991）中，卡梅隆运用了增强版的变体技术创造了一个十分逼真的液态金属机器人，它能够变换成各种复杂的形态。重要的是，数字特效技术的进步一定要超出观众的预期。然而，过分强调技术的"新"，在文化和媒体研究中会带来一时的繁荣，却阻碍了对新技术的批判性评价。

三、本体感觉

本体感觉（proprioception）是一种能告诉我们身体边界在何处的感觉。通过生理反馈回路和生理功能的结合，我们会意识到这些身体的边界。对物体的本体感觉具有一致性，例如健身器材会让我们感觉到器材也是我们身体的一部分。当我们阅读时，运动知觉反馈回路的作用就会削减，尽管我们可以沉浸于故事中，但不会感觉依附在书页上。我们越是沉浸其中，就越会忽略书本的存在。这就是本体感觉的一致性在超文本的空间布局中如此重要的原因。

四、艺术家与观众：阿瑟顿的交互论述

在凯文·阿瑟顿（Kevin Atherton）的作品《两个地方／两个演出》（*Two Places/Two Performances*，1976）中，艺术家重复展出了先前在另一个画廊展出过的行为艺术作品，这一次他在现场用视频设备播放了上一次的演出。阿瑟顿想要探究的问题是"正在发生的事情哪些是真实的，哪些是在观众所处的时空内真正发生的"（Atherton，2012，p.34）。演出结束，阿瑟顿就表演的意义与观众展开了讨论。他对自己的定位是"整个作品的生产者和消费者"。阿瑟顿探究了"方言在口语和书面语"中的作用；他把文学中"作者-读者"的范式套用于"艺术家-观众"的关系模型，作为一种"走出作品……反思作品"的机制（Atherton，2012，p.49）。在爱尔兰作家塞缪尔·贝克特（Samuel Beckett）创作的长篇小说《马龙之死》（*Malone Dies*）中，作者直接与读者对话讨论文本内容。这种艺术家与观众之间的对话形成的交互关系，模糊了虚构与现实世界之间的界限。阿瑟顿将这一思考延续到了《犹豫不决》（*In Two Minds*）中，回顾了1978年他在视频中提出的一系列问题，并在28年后的舞台上回答了这些问题，形成了关于这部作品的对话。

2015年，由莫伊拉·巴菲尼（Moira Buffini）导演的《仙境》（*Wonderland*）在曼彻斯特（Manchester）的皇宫剧院（Palace Theatre）上演，该剧改编自路易斯·卡罗（Lewis Carroll）的作品《爱丽丝梦游仙境》（*Alices Adventures in Wonderland*）。这部戏上演时，舞台上同时呈现了多个场景和事件。巴菲尼表示，"戏剧比电影更具有流动性，你既可以在某个人的脑海里，同时又置身事外；你可以同时存在于多个不同的现实空间"（Hemming，2015）。

五、非线性文本

一个线性叙事文本只要不自相矛盾，就很容易理解，因为自相矛盾会影响读者沉浸其中。而非线性叙事文本需要细致的阅读才能理出一个有逻辑的故事线，读者在阅读中踏上一段旅程，但并非是走入一条"死胡同"。在非线性的交互叙事中，引导系统是故事设计上的一个重要特征。如果这种引导系统的设计过于烦琐复杂，观众就需要很长的时间去研究这个系统，从而失去了对剧本的新鲜感。如果这一系统过于简单直接，那就无法提供一个丰富且令人满意的用户交互体验。创造一种能够体验而无须学习的情境，可以确保观众沉浸于故事当中。电影《罪恶之城》（*Sin City*，2005）和《绿巨人》（*Hulk*，2003）都采用了漫画书的呈现方式，图像以空间蒙太奇的形式呈现。观众能够同时看到同一场景中不同视角下的多个画面，或者是在同一时间内的多个平行场景的画面。在电影《美国荣耀》（*American Splendor*，2003）中，片头字幕就采用了漫画式的空间呈现。观众在观看正片之前就已经知晓这部电影的表现方式了。片头字幕结束之后，观众很快适应了这种漫画风格，进而可以在观看整部影片的过程中轻而易举地识别和理解它的用法和意义。现代主义作品的这种自反性让人们注意到了创作过程中所应用的素材（Hayward，2006，p.256）。但交互电影追求在艺术表现上的天然性，要求自然地呈现交互元素，无须铺垫或告知观众。观众不需要解释性的引导界面；交互应该是电影结构中有机且自然的一部分。观看前的解释性界面会让观众把注意力过度地集中在其功能上，这与电影沉浸式体验的本质是背道而驰的。沉浸式体验让观众能够全神贯注于电影叙事所创造的现实空间，又不被真正的"现实"世界所干扰。因此交互电影中的交互界面应力求简洁。我们在其他艺术形式中，同样可以看到非线性叙事（non-linear storytelling）的影子：

法国花园就像是一幅装裱画；为徘徊的眼睛和漫步的身体准备好的新兴风景（emergent landscape）。英国花园则是对我们在虚拟现实中看到的空间规划和呈现的一种隐喻。

（Ryan，2001，p.79）

六、融合式的通感语言

瑞恩（Ryan）指出，现代交互技术并不是首个融合所有媒介的技术。"在《芬尼根守灵夜》中，正如唐纳德·瑟尔（Donald Theall）所说，乔伊斯试图创造一种融合式的通感语言（syncretic and synaesthet language），这种语言将动用所有的感官，模拟所有媒介的效果"（Ryan，2001，p.55）。技术不断朝着小型化和普及化的方向发展，从某种意义上说计算机已经消隐于无形。观众看到的是媒介，而非技术。以技术为中心的观念正在逐渐被以用户体验为中心的观念所代替。技术知识已经不再是使用数字设备的必备条件了。数码相机的目标人群是那些对传统摄影技术流程一无所知的人们。这些技术与生俱来会被淘汰，因此并不需要"修补"。这些设备在设计之初就是要更新换代的，并不需要升级或修复。

七、模拟故事中延迟现象的干扰效应

模拟系统创作出来的故事能够前瞻性地"展现"给读者，而不像传统叙事那样，会回顾性地给读者提供所有故事元素和材料。模拟故事的生成是为了反映读者在叙事的每一个节点上选择的视角。在模拟故事中，独一无二的故事都是在"进行中"形成的（Ryan，2001，p.64）。纵观当代交互技术，头戴式设备在响应肢体动作时产生滞后和延迟从而对用户形成干扰等问题仍然存在。低延迟才能够创造出完全的沉浸世界。不超过20毫秒的延迟我们认为是可以接受的。高度延迟甚至可能引发晕动症。

电子照相机的快门时间是一直以来困扰专业摄影师的一个难题。短暂的延迟减少了纯手动操作系统中感官的联系。相机在摄影师的手指松开快门后一段时间才捕捉到画面，这就让画面和摄影师的意图之间产生了差异。有些摄影师尝试提前拍摄，先于理想画面的瞬间按动快门，但如此很难达到理想的效果。同样，在虚拟世界中，计算机需要足够强大才能生成与用户头部运动即时对应的图像。缺乏这一能力会导致视觉效果响应的延迟，这种延迟就会让用户感觉这个世界是计算机生成的，而非现实世界。只有以一种可预见的可靠方式正确解读用户动作并即时作出反应，才能创造出一个完全沉浸式的世界。这个世界是另一种现实，它所创造的"现实"为沉浸其中的用户提供了所有必要的感觉信息。同精彩的电影情节一样，优质的虚拟现实体系也应该制造一些惊喜。

类型电影吸引观众的原因之一，就是观众知道他们花钱买票将会看到什么。为了娱乐观众（给观众惊喜），类型电影所遵循的"规则"或许会有一些小的调整，但依然会有很多相同的元素出现。观众无须对影片叙事进行过多解读或解构，因为新的故事不过是他们早已听过的老故事的另一个版本罢了。正如普罗普对传统民间故事的分析，类型电影由一系列易辨识的情节元素和富有特色的人物构成，因此在短时间之内就可以完成复杂的叙事文本。观众凭借此前的类型电影的知识也可以理解这些叙事元素是如何整合在一起的。

126

八、交互叙事

在虚拟现实中，界面本身往往被包装成娱乐的一部分。这种以技术为中心的处理再次忽略了观众期待好故事的心理。电影制作行业内只有一小部分值得信赖的编剧，这足以说明叙事的复杂性。只有这一小部分编剧能够按时交付结构清晰、情节完整又不失娱乐性的剧本。电影行业的这种人才缺失，在虚拟现实领域更为显著。对虚拟现实来说，叙事"技巧"必须与扎实的技术知识、虚拟现实交互特性的局限相融合。然而，虚拟现实系统又总是以尖端技术为营销噱头。新系统总是以技术上更令人瞩目的方式取代前者。广受欢迎的数字娱乐网站往往具有更庞大的数据库、更智慧的人工智能、更快的运算能力等特点。音乐行业创造了一种非常成功的压缩技术，让音乐重回主体地位，技术退居其次。基于云的存储技术的进步逐渐降低了存储器容量、文件管理和备份等传统问题造成的影响。数码照相机在很大程度上（但不是完全）取代了传统的胶片相机。数字化电影无法复制胶片的美感，但同样具有高清画质和灵活操作的独特特点，只是不同于胶片。光场相机（Lytro camera）能够捕捉像素的深度信息，对场景深度具有极强的控制能力。它可以在后期制作过程中调整焦点，因此无须转描技术（Rotoscoping），因为相机可以基于景深去除某些内容。芯片设计公司（Foundry）的Elara云平台提供无限量存储并且大大拓展了视觉效果的传输途径。最终，计算机的运行速度将能够满足处理需求，因此我们可以重新把关注点放在"故事"上。换句话说，技术将会消退，我们将再次回到概念革新，这是建立在先前概念发展而非定期技术革新基础上的推进。

虚拟现实的成功在于具有为用户提供持久沉浸体验的能力。技术上的小故障会让用户回到现实世界，也就是他们的"第一世界"。这类似于观看电影或电视时，沉浸式的叙事总会被商业广告打断。这种打断很容易让观众出戏。这种暂停／开始的播放模式对那些并不太扣人心弦的电影影响较小，但对其他影片来说则会让人产生不想观看的念头。史蒂文·斯皮尔伯格（Steven Allan Spielberg）执导的电影《辛德勒的名单》（*Schindler's List*，1993）在美国第一次进行电视转播时是没有插播广告的。电影中的故事十分严肃，不容许有商业广告打断电影的叙事／叙述。

九、文本世界中的沉浸

亚里士多德推崇用模仿行为的方式来保证情节的连贯性（Ryan，2001，p.113），这也是读者理解剧本的方法。作者可以通过将故事情节视觉化来判断内容是否合理。在《神操》（*Spiritual Exercises*）一书中，圣依纳爵（St. Ignatius of Loyola）详细描绘了如何通过精神操控使读者沉浸于文本的世界。只有调动所有的感官才能够吸引住读者。地狱也是通过感官来描绘的。空间沉浸（spatial immersion）是通过一些对读者而言有意义的"词汇"连接来实现的。"读者的内心图景将与文本的脉络相融合"（Ryan，2001，p.121）。这很容易让人联想到爱森斯坦关于影像蒙太奇的论述。对于单个图像的主观反应可作为基本构成单元，以组成对影像蒙太奇更为复杂的反应。沉浸感的形成，在于图像引发了读者的某种反应。图像是可辨识且可量化的，也就是说每个图像都有一定的含义，通过排列也会产生意义。一些文本会详细描绘场景布局，以此构建一个"记忆宫殿"（Ryan，2001，p.125）。在整个文本中，这一场景的不同区域会发生不同的事件。这些图像变得如此清晰而又复杂，以至于读者可能忘记了文本中的内容以及他们自己的想法。这就像带字幕的电影，人们对场景的记忆主要来自英文的介绍。叙事的关联融合性使得主叙事和嵌入叙事让人混淆／趋于融合。读者虽然早已忘记了《呼啸山庄》（*Wuthering Heights*）中情节的细节，但书中的某些景象依然会保留在脑海当中（Ryan，2001，p.125）。

十、视觉写作

乔治·兰道（George P. Landow）引用特伦斯·哈波德（Terence Harpold）的话："大多数的作家在处理超文本时都会关注链接内容，但所有的链接在建立联系的同时也造成了分隔。这种链接的双重效应表现在它不可避免地产生并置、连接和组合"（Harpold quoted in Lunenfeld，2000，p.159）。当注意到传统媒体与新媒体创作的区别之后，兰道表示，"或许更准确地说，在超文本中（作者控制布局更多内容），写作需要文字，同时也需要视觉化"（Landow quoted in Lunenfeld，2000，p.163）。

十一、时间沉浸

时间沉浸（Temporal Immersion）可以将观众带入故事；"观众渴望的结局在叙事时间的终点等待着他"（Ryan，2001，p.140）。"人类的时间……类似于音乐体验。在这种体验中，当下并非是一个流动的点，而是一个流动的窗口，它包含着对过去的回忆和对未来的预感"（Ryan，2001，p.141）。足球和橄榄球这一类悬念性运动就具有完全的沉浸感。悬疑电影也让人百看不厌。在文本中，沉浸感的实现需要言语消隐于无形。在电影中也是同样的道理，无形的剪辑才能够让观众沉浸在叙事当中。过于明显或拙劣的剪辑会时刻提醒观众他们是在观看一部电影，而无法沉浸于故事中的现实。

故事的受众只有一个视角，"现实主义创作不在于与现实的相似，而在于无须解码（即可理解），这种便利建立在读者或观众对一整套再现手法了如指掌的基础之上"（Ryan，2001，p.160）。一个非线性的故事需要一个专注的观众去识别、跟踪和解释每一次时空转换。电影《低俗小说》（*Pulp Fiction*，1994）碎片式的叙事方式是通过打乱不同事件的时间顺序完成的。电影《敦刻尔克》（*Dunkirk*，2017）将三条叙事的时间线交叉剪辑在一起，分别代表一个星期、一天和一个小时，三条时间线最终汇聚到同一个时间节点。美剧《西部世界》（*Westworld*，2016）巧妙地编织了跨越数十年的多个叙事线索，当我们看到永恒的机器人主机，年复一年与逐渐年迈的客人们打交道时，难免更加费解。流媒体服务商——以网飞（Netflix）为例——开始越来越多地挖掘长片模式（连续剧和套装精选）来表现复杂的非线性叙事，例如美剧《黑钱胜地》（*Ozark*，2017）。

很多交互游戏都是实时的，但在有些游戏中用户可以选择放慢速度或是让时间倒流，其中现实的时间无缝地融入了叙事，并且为观众所接受，这就是对时间性的利用。这种现象在电影中并不明显，大多数影片都是在"剪辑"中展现法布拉，很难实时地展开叙事。但电影《正午》（*High Noon*，1952）、《千钧一发》（*Nick of Time*，1995）和《俄罗斯方舟》（*Russian Ark*，2002）就展现了真实的时间。

"我们很难察觉自己是如何一步步沉浸其中的，就像我们无法看着自己入睡一样"（Ryan，2001，p.170）。我们随后就会意识到，虚拟的体验已经变成了第一现实。让读者／观众沉浸于文本／影像之中，是叙事的主要目标，这样他们就会相信他们存在于法布拉所创造的现实当中。如果每一个文本都有属于自己的规则，用户在体验过程中就需要不断学习这种编码规则（Ryan，2001，p.182）；这样一来，对文本的解读就是无止境的，在反复的阅读中总可以找到新的内涵和意义。通过反复观看也可以解读一部电影，交互电影在这方面也不例外。一个结构合理的剧本会有多个层次的复杂性。粗略地观看与细致深入地观看会有不同的体验。

十二、故事背景

为了创造沉浸式的环境，故事的开端往往比结尾更难写，因为开篇要恰当地设定一个虚拟的世界。在电影中，"故事背景"也是法布拉的一部分，虽然在叙事中不会展现，但对整个故事都有影响。在故事片中，前十分钟通常会交代故事背景，观众可以据此了解影片的叙事框架。故事背景并不是故事本身，但却提供了大量的信息，它让观众可以更好地沉浸于故事中。没有故事背景，观众就可能误解某些场景和人物的发展，这些都会让观众察觉到自己是在观看一部电影。在电视剧中，故事背景在很大程度上被延伸为"故事圣经"（story bible），是角色和情节完整的叙事历史，它能够涵盖数个年代的故事发展。新剧集的剧本必须与"故事圣经"相一致，避免因事件相隔年代太久远而产生矛盾和不连贯的问题。

十三、遍历文本

根据艾斯本·亚瑟斯（Espen Aarseth）的理论，网络文本（Cybertexts）是"遍历文学（ergodic literatan）的另一个范例……其中一类作品需要花费很多精力，让读者遍历整个文本"（Aarseth quoted in Ryan，2001，p.206）。雷蒙·格诺（Raymond Queneau）的《一百万亿首诗》（Cent Mille Milliards de poèmes）是一本十四行诗的集合，每一页的每一首诗都被裁成了很多条，因此读者通过翻转和重新组合这些纸条就能获得万亿种文本（Ryan，2001，p.185）。马克·萨波塔（Marc Saporta）的《一号作品》（Composition No.1）也是无序呈现的，每张卡片上的文本组合在一起就是一部小说。罗兰·巴特（Rdand Barthe）表示，"阅读是一种立体的训练，含义就是立方体，它们堆叠在一起，相互转化、并列，又互相依傍"（Barthes quoted in Ryan，2001，p.191）。在卡尔维诺的《寒冬夜行人》（If on a Winter's Night a Traveller）中，所有的章节都是一部未完成小说的开篇。法国媒体理论家菲利普·布茨（Phillippe Bootz）对写作文本（texte écrit）、阅读文本（textes-à-voir）和读者心理建构文本（texte lu）

分别给出了定义。交互文本就像一台需要读者参与才能运转的机器。读者之所以愿意参与其中，有多种可能，其中包括：决定情节；在文本世界中转换视角；探索可能的境遇——《交叉小径的花园》（Garden of Forking Paths）；让"文本机器"不停运转；检索文件、游戏、解决问题；或是对文本作出评价。

布伦达·劳雷尔（Brenda Laurel）认为计算心理学和使用界面隐喻可以简化数据访问，但也给利用计算机的全部功能设置了障碍（Laurel，1991，p.129）。古纳尔·利斯托（Gunnar Liestol）强调，"在阅读超文本小说时，读者不仅重新创造了叙事，甚至还会发现原作者并未想到的新故事"（Liestol quoted in Ryan，2001，p.220）。电子文本犹如万花筒（kaleidoscope metaphor），使相同的元素组成多重模式，如电影蒙太奇、报纸和杂志版面（Ryan，2001，p.221）。读者无法随意挑选。为了让每一次阅读都是一次新的体验，读者就必须抹去从前的认知。

> 万花筒模型更适用于诗歌文本，因为诗句之间的含义并非叙事，而是抒情。换言之，虽然不符合逻辑、因果和时间关系，但又相关联，有共同的主题，并且可以容纳不一致的内容并置出现。
>
> （Ryan，2001，p.200）

十四、持续的语境重构

在叙事学理论中，"法布拉"存在于文本世界中。话语或"休热特"是法布拉言语的动态呈现。当时间在叙事中不断转换时（从一章到另一章），随着阅读改变的是休热特，而不是法布拉。因此，阅读超文本对读者体验的影响大于对文本世界的影响。如果超文本表现为一个单一的法布拉，而不是在每一个章节都设立一个新的故事，那么阅读的过程就是累积性的，且该法布拉可以跨越许多章节。利斯托表示，"超文本催生了持续的语境重构（recontextualisation）"（Liestol quoted in Ryan，2001，p.221），再次阅读某个词汇就会将其置于线性叙事的不同语境当中。故事也可以看作是拼图的碎片，只不过故事里的联系是主题性、因果性（causal）的，而非时间性的。读者看的是图像的碎片，"而不是重组片段的集合"（Ryan，2001，p.221）。阅读超文本是一种无法真正与他人共享的孤独体验，因为阅读超文本小说需要在每次阅读中寻找新的探索路径，不同的故事结局通常取决于读者的交互体验。读者群体如何才能确立一种一般的文本阅读方式，来促使人们形成对叙事的统一观点呢？这些阅读超文本的人群与阅读纸质经典文学作品的人会有相似之处吗？不同人群交流观点才能确立一部作品的文化意义。

十五、深度优先的探索

迈克尔·乔伊斯（Michael Joyce）的超文本小说《十二蓝》（*Twelve Blue: Story in Eight Bars*, 1997）是以情节为主或以"深度优先"的探索来阅读的。读者跟随结论的链接从而建立心理地图是"广度优先"的方法。它通常需要尝试每个节点支出的所有路径。作为一个后现代文本，《十二蓝》挑战了古典本体论；"对文本进行探索的目的不再是去复原客观存在的情节，而是在一个交错复杂的主体网络中加入一系列富有想象的活动"（Ryan，2001，p.238）。"亚里士多德式戏剧张力的发展趋势是——缓缓上升，达到高潮，最终舒缓下来，超文本则呈现出另一种形式——遇到问题的快感随着解决问题而出现紧张、松弛的不同状态"（Ryan，2001，p.239）。最初，当读者试图确认文本模式时，信息量可能非常大，但一旦熟悉这个模式，就会产生极大的愉悦感。当读者想要重复这种循环模式时，阅读即终止。

瑞恩提出了两种关于叙事的观点，分别是："叙事是一种表现形式，随时代和文化而变化"；"叙事是一种永恒的、普世的认知模式，通过它我们可以理解时间的存在和人类的行为"（Ryan，2001，p.242）。首先，后现代文学彻底改变了叙事环境。其次，后现代文学打破了情节、人物、叙事连贯的束缚，小说的叙事结构不再是一定之规。瑞恩认为，复杂的叙事只是对简单元素做了精细的建构。因此，后现代小说只是一种不完整的叙事，或是对叙事的一种有意破坏。相对于学者和理论家，以盈利为目的的交互文本开发者对叙事持一种更狭隘、更偏向于亚里士多德的观点。文本的受欢迎程度取决于其创造的沉浸式体验。事实上，经过时间考验的经典叙事结构最能让用户沉浸其中。与文学试验家相比，这些作家和设计师对交互媒体的叙事潜力更加怀疑。交互设计师如果不能给用户设置一些阻碍和困扰，只是沿着一条让故事顺利发展的路线为用户提供指引，那是很有问题的。读者必须感受到他们能够自由地探索，而不是被迫选择设计者指定的路径。

十六、交互性结构

瑞恩提到了交互性的多种结构（Structure of Interactivity），其中有一种叫作"带有旁枝的矢量"。这种文本经常用于儿童电子文学，因为：

> 认知简单……用户可以通过翻书了解一个插图故事，但每一页都会有一个隐藏的惊喜……这类结构最适合需要知识积累的教学材料，因为它可以让学生按照一定的顺序完成不同模块的任务。
>
> （Ryan，2001，p.249）

早期的在线交互小说《现场》（The Spot）每天都会提供一系列日记条目，但需要每天关注才能够阅读到完整的文本。因广告收入不足，《现场》以失败告终。

"辫状情节"（The Braided Plot）是由一个群体客观经历的一系列有序的具体事件组成的经典叙事，每一个出现的角色都从不同的角度看待这些事件，并且能讲出不同的故事。交互媒体可以随意切换窗口。举例来说，观众可以从一个房间到另一个房间，而每个房间里都有不同的事情在发生。虽然观众可以在房间之间走动，但同一时间段只能看到一个事件，而在另一个房间中已经发生的事件是无法重复观看的。

交互情节越复杂，设计者对观众"浏览路径"的控制力就越小："网络每次遍历生成结构合理的故事的能力，与其连接程度成反比"（Ryan，2001，p.257）。如果不加控制，用户可能走出一条设计者未曾预见过、甚至也是设计者未曾设计过的浏览路径。路径可能是随机的，但如果缺乏控制，就可能失去娱乐性。

浮现意义是由读者与文本在交互过程中产生的意义。时间的沉浸需要叙事信息的积累。冲突和不一致性创造了最好的叙事手段。复杂的交互叙事并没有激发读者的兴趣，因为需要花费一定的精力来导航。尽管大脑十分强大，但每一次只能专注于有限的事情。默奇表示我们只能同时专注于两个半声音元素（Koppelman，2004，p.289）。超出的部分和复杂的活动都会使观众难以听到其中的细节。最典型的一个例子是多人走路的脚步声。一旦有两个以上的人在走路，那么脚步声就无须与视觉保持同步。观众无法跟上将视觉与听觉进行比较所需的处理过程，因此会接受一个通用音频阵列作为一群人走路的声音。

十七、空间沉浸与情感沉浸

对于空间沉浸而言，超文本无法令读者有沉浸感，因为超链接跳转会使读者突然离开一个叙事流而转到另一个叙事流。情感沉浸（emotional immersion）则为超文本创造的多个世界提供了一种多维空间。读者只能从叙事之外的视角才能看到这个多维空间。

> 超文本作为超后现代主义小说的这一概念对新兴媒体是不利的,之所以这么说有两个原因。首先,该类型小说的常规长度使超文本作者一开始就做出了庞大的建构,这对读者的注意力提出了超高的要求;其次,该小说的形态创造了一种期望模式,使局部意义服从于全局叙事结构。尽管这种结构从未实现,但对它的追求分散了读者对单个词汇诗性的追求。
>
> (Ryan,2001,p.265)

作者们专注于技术发展的潜力,并期望观众能够"紧跟"发展趋势,尽管这些作品与传统媒体的内容质量相去甚远。

交互电影《我是你的男人》(*I'm Your Man*,1992)的制作方表明,交互电影观众需要按照不同的角色浏览各种路径,以此了解触发某些行动的目标和计划。交互功能构成了叙事的障碍。在用户开始浏览之前,作者必须以分段的形式对故事进行检查。用户将使用已获取的重要情节信息开始"阅读"。使用万花筒交互模型,交互过程会产生独特的情节。任何打断都会让读者无法沉浸其中。沿着"错误"的路径发现的情节会变得不合逻辑,但这个问题可以通过对系统添加记忆功能来解决。

十八、希腊戏剧合唱团

施莱格尔(G.F.Schlegel)认为希腊戏剧合唱团是"理想的观众",而尼采(Nietzsche)并不同意这种说法,因为观众将戏剧视为一种艺术作品(一种虚构),而合唱团是真人与角色进行的互动(Ryan,2001,p.297)。"合唱完成了几个叙事功能:叙述过去……评论过去的行为,考量可能的发展趋势,或是哀叹人物的命运;但合唱人员的所有发声对情节发展没有任何影响"(Ryan,2001,p.297)。《彼得·潘》(*Peter Pan*)用向观众要求提供帮助的方式打破幻觉。圆形剧场建筑(circular theatre architecture)使观众可以看见彼此,这也会破坏叙事的沉浸感。希腊的半圆式剧场提供了折中的方案。观众在演出中也扮演了一定的角色,但这个角色并不能参与到演出中去,这在希腊戏剧这一公共话语平台中显得尤为重要。"希腊戏剧是希腊文化公开思考和感受人性的方式,它包括种族、道德、政府和宗教"(Laurel,1991,p.40)。巴洛克式意大利舞台设计(Baroque Italian stage design)的特点是有一个明亮的舞台和管弦乐队演奏区,并以此来区分演奏者和观众。观众无法到达舞台,但他们是舞台世界虚构出来的一部分，"透明的第四堵墙……使观众能够窥探那些对注视浑然不觉的角色的生活"（Ryan，2001，p.300）。

十九、观众参与：生活剧场

朱利安·贝克（Julian Beck）和朱迪斯·玛丽娜（Judith Malina）的"生活剧场"（Living Theatre），"将戏剧视为一种生活方式，采用共同的生活方式，共同开发舞台奇观，并将其视为认识自我的一种手段"（Ryan，2001，p.305）。他们甚至能在没有观众的时候表演，因为"当表演成为生活的同义词时，戏剧体验继承了沉浸式和交互式的特质，而这些特质决定了我们在世界中的生存体验"（Ryan，2001，p.305）。在法国大木偶剧场（French theatre of Guignol），观众大喊大叫地给舞台上的人物提建议。观众跨越边界进入戏剧的世界，成为剧中的人物，但同时也保持着部分观众的特质。他们的建议并不影响剧本。其他观众参与戏剧的例子包括：

> 《蒂娜和托尼的婚礼》（*Tina and Tony's Wedding*，1985）是一个当代"交互"戏剧，观众受邀跟随演员从一个房间到另一个房间（动觉），触摸道具，坐在家具上（触觉和动觉），并分享婚宴（味觉和嗅觉）。
>
> （Laurel，1991，p.52）

由克里斯·哈德曼（Chris Hardman）创立的天线剧场（Antenna Theatre）利用音频技术创作了试验性的演出作品，"每个观众跟随自己耳机中的录音对话和叙事在一个场景中来回走动"（Laurel，1991，p.52）。艾伦·艾克鹏（Alan Ayckbourn）的作品《诺曼征服》（*The Norman Conquests*，1973）连续演出了三个晚上。每天晚上，表演都在同一时间段的不同房间进行。因此，观众通过多种路径看到了相同的演出。每条路径都在同一个故事中创造了独特的叙事，并且都具有沉浸感和吸引力。当观众将重叠的路径拼凑在一起，并且有机会仔细思考他们之前有幸看到的另一个房间里人们对事件的反应时，沉浸感便会得到提升（Murray，1998，p.158）。拉杜兹·金赛拉（Radúz Ĉinĉera）的黑色喜剧《自动电影》（*Kinoautomat*）被认为是世界上第一部交互电影，并在蒙特利尔第67届世界博览会的捷克斯洛伐克展馆（Czechoslovak Pavilion at Expo'67）播放。当电影进行到某个节点时，观众需要按动红色或绿色的按钮来投票决定主角的选择，之后电影会沿着观众选择的路径继续进行。

瑞恩提出了创作交互戏剧同时保证沉浸感的方法。其审美标准将更多地以游戏导向为主,设置需要实现的目标。"我设想交互戏剧的未来是爱丽丝梦游仙境式的叙事,它由独立的'小故事'组成,而非被亚里士多德式的情节所支配"(Ryan,2001,p.330)。

19世纪和20世纪初的小说家们在开发沉浸技巧方面非常成功,以至于后人在寻找其他形式的智力满足时充满了压力。艾米莉·勃朗特(Emily Jane Brontë)的《呼啸山庄》(*Wuthering Heights*)和古斯塔夫·福楼拜(Gustave Flaubert)的《包法利夫人》(*Madame Bovary*)等都建构了空间、情感和时间上的沉浸感。后现代文学的一个主要分支侧重于建构,而不是对虚构世界的创造。读者站在文本所建构的现实之外的位置,他们必须在非沉浸状态下进行观察。然而,对文本的多次阅读会产生多种解读方式,因此,沉浸于文本之中仍然会产生不同的体验。

二十、视角主义方法

马克·斯蒂芬·梅多斯(Mark stephen Meadows)认为,所有的故事都是以作者所选的视角来讲述,从特定的角度来呈现文本的(Meadows,2002,p.5)。我们对视角的认知,让我们能够根据背景信息对文本进行解读。如果对一个人的背景有更深刻的了解,我们就能更好地理解他们在故事中的"视角",以及他们采取这种特殊立场的原因。与其说文本是一个没有偏见的独立实体,不如说我们对于文本所持的立场改变了我们对待它的反应。正如我们身处画廊会对同一幅画有各自不同的欣赏视角一样,当我们听到一个故事时,也会依据不同的故事背景,对其做出不同的解释。

这就把我们引向了"视角主义"(Perspectivist Approach)的方法。它从情感和空间两个角度对多种观点进行考量。多重视角之间并非是互不相容的:它们同时存在。我们与它们的关系取决于我们对待文本的立场。"如果你有前景、背景、上下文和决策,你就有了构建交互叙事情节结构的砖瓦"(Meadows,2002,p.17)。在虚拟世界中,需要有足够的信息才能让观众充分地投入到一个沉浸式的环境中。

二十一、弗雷塔格三角

古斯塔夫·弗雷塔格(Gustav Freytag)创造了"弗雷塔格三角"(Freytag Triangle):

把经典情节分成三个主要部分。他对亚里士多德发展、高潮和尾声的情节元素进行了再加工。故事情节被表示为水平轴的时间函数,而故事情节的密度……则用垂直轴来表示。

(Meadows,2002,p.22)

三角可以再度划分来表现副情节和复杂的叙事弧。交互叙事的读者必须抱着一种一探究竟的心态,因为他们需要处理信息并做出决定才能在文本中继续前行。劳雷尔指出"最具吸引力的交互叙事依赖于流动性,即在情节不断展开的过程中不间断地参与。糟糕的交互设计可能会降低流动性并破坏体验"(Laurel quoted in Meadows,2002,p.37)。破坏流动性会使沉浸感下降进而无法吸引用户参与。引导占据了主要地位,而文本屈居次要位置,故事成了对过程的强调,而叙事变成了次要内容。及时响应用户的交互是交互界面获得成功的关键:

在早期的网络页面中,斯坦福大学(Stanford University)、微软和帕洛阿尔托研究所(Xerox-PARC)都花费了大量时间证明:一个人等待页面加载的时间不会超过20秒……这是因为在20秒内人们需要知道一些变化正在发生。

(Meadows,2002,p.39)

用户会以为系统没有对他们的输入做出响应,他们与系统之间的互动也就失败了。当刺激与反应之间的关系并不活跃时,观众的沉浸感就会下降。当用户对文本做出自然响应就可以进行浏览而无须过度关注过程,那么交互界面就是成功的。

二十二、叙事限制

劳雷尔明确了"限制"对引导用户在与系统交互过程中走向特定目标的必要性:"为了使界面正常运转,用户必须对计算机所预期和能够处理的内容有所了解,并且计算机必须包含关于用户可能的目标和行为的一些信息"(Laurel,1991,p.12)。故事应该具有清晰的边界,以便用户可以在其中自由探索;"限制的设置不应缩小可见的自由行动的范围:限制的内容并不是我们能做什么,而是我们有可能想要做的事情"(Laurel,1991,p.106)。在戏剧中,这种"对即兴人物表演者的选择和行动进行限定的做法可能在即兴喜剧(commedia dell'arte)的传统中表现最为明确"(Meadows,2002,p.63)。

二十三、乔伊斯的顿悟

交互可分为观察、探索、修改和相互变化四个步骤。观察差异可以提供关于文本的信息，而对文本的重复则会导致叙事的冗余（redundancy），冗余信息（"有变化的复现"）提供语境，语境为预测创造条件，预测为参与创造条件，而参与是交互的基石。与文本的交互鼓励用户更好地理解元叙事，而这些都是顿悟（epiphany）的瞬间。顿悟即是：

> 乔伊斯发明的一个术语，它代表读者将整个故事的弧线升华为一个简单思想的时刻……这是故事的缩短（foreshorting）和信息的压缩……[这]也是作者行为。
>
> （Meadows，2002，p.49）

乔伊斯之所以能够开拓叙事结构，是由于他对文学的广泛涉猎。像披头士乐队（The Beatles），他们可以尝试几乎全部的音乐形式，而乔伊斯则通过广泛的阅读，熟识了多种语言中的多种文学样式。写作时，乔伊斯可以从这些样式寻找新的方法来表达思想和建构文本。

二十四、电视语言

现有的技术为观众做好了接受新文本形式的准备。电视为人们创造了一个可以同时收看同样的声音画面的公共空间。传统的电视观众精通电视语言。建立这种语言是为了让观众保持兴趣并阻止他们切换频道：

> 镜头切换、角色介绍、音乐节奏、色彩对比、音量，甚至故事结构本身都是为了满足观众对更迅速、更催眠的需求而设计的。
>
> （Meadows，2002，p.56）

与电视不同的是，交互文本不需要被动的读者，因为它需要读者的投入才能使故事出现新的进展。读者并不一定会沿着开放的故事线得到不同的故事结局。阅读文本的目的不同于传统形式，获取叙事信息无须按照线性顺序阅读章节内容，故事节点处的引导会让读者陷入作者/导演创造的世界当中："在交互叙事的发展中，情节必须适应一种更灵活的结构，允许多个视角形成多个观点，观点之间需要相辅相成，以构成一个整体的、有凝聚力的世界观或是观点"（Meadows，2002，p.62）。

二十五、强制叙事和表现叙事

《网络创世纪》（*Ultima Online*）的首席设计师拉尔夫·科斯特（Ralph Koster）提出了两种形式的交互叙事：强制叙事和表现叙事（Meadows，2002，p.63）。强制叙事涉及严格的规则和有限的决策范围；表现叙事则更像是建筑，用户可以自由漫步其中，情节的细节也相对不那么明确。

> 相比于节点结构，调制结构的交互性更基于情节。理想状况下，调制情节能够给读者提供一种避免交互的直通选择，或是选择更为轻松的路线来加强交互性和参与感。
>
> （Meadows，2002，p.65）

叙事中时间的缩短是对视角进行操控的结果。叙事并不是也不可能是实时的，时间被拉长可以称为时间的失真（anamorphsis），它与时间的缩短恰好相反。这与视觉延展的艺术技巧有关，因此只能选择一个特定的视角来观看。"缩短、延展、显现和铺垫都提供了持续的视角。铺垫的提前，有如空间的缩短……这些都是可以让我们从多个视角理解事物的叙事元素"（Meadows，2002，p.91）。

珍妮特·穆里（Janet H. Murray）写道，"当作者将故事扩展到包含多种可能性时，读者会扮演更积极的角色"（Murray，1998，p.38）。穆里解释说，在IMAX 3D短片《勇气之翼》（*Wings of Courage*，1995）中，传统的从内部到外部的剪辑顺序被打破了，因为电影的三维视效已经把观众带到电影空间之中。三维空间营造的沉浸感会被剪辑破坏。另外，游戏《神秘岛》（*Myst*，1993）通过其复杂的声音设计实现了沉浸感。游戏中每一个不同的区域都有独特的环境音效（Murray，1998，p.53）。想象中的空间和通过交互探索（可触）的空间是有区别的，"线性媒体，如书籍和电影，可以用语言或者画面对空间进行刻画，但我们只能在数字环境所展现的空间中穿越"（Murray，1998，p.79）。长篇的超文本小说可以在互联网上查阅。

然而，媒介的百科全书性质也可能是一个障碍。它使叙事者长篇大论并缺乏形式感。它让读者/交互者疑惑哪一个端点才是终点，以及如何知道是否已经看到了所有该看到的东西。

（Murray，1998，p.87）

叙事的交互性本质经常会以读者完全退出阅读并进入另一文本而告终。

二十六、客观对应物

文本的形式主义解读（formalist interpretation）是文本必须包含让人物角色产生情感的事实——一种不能独立存在而必须有客观对应物（objective correlative）的情感。"艾略特（T.S.Eliot）使用客观对应物这个术语来描述文学作品中事件的集合能够捕捉情感体验的方式"（Murray，1998，p.93）。艾略特认为如果没有外部事件，故事的外在与隐藏元素之间会不协调。

参与式叙事也引出了几个相关问题：我们如何进入虚拟世界而不破坏它？我们如何确保虚构的动作不会产生真实的结果？我们如何在幻想中行动，而不被焦虑所麻痹？所有关于这些问题的答案要归因于对数码世界中"第四堵墙"的发现。我们需要对边界常规做出限定，它让我们屈服于虚拟环境的诱惑。

（Murray，1998，p.103）

二十七、虚拟身份

数字参与叙事通常通过使用化身或是人的虚拟形象来体现，这种化身和虚拟形象只存在于虚拟世界中。世界有其自身的物理、历史和社会建设基础。参与程度首先取决于这个世界发展的程度。设计世界的目的可能是服务于某种共同目的（如交流），或仅仅是为了娱乐。虚拟世界的设计者通常将观众的化身描述为完全自主并独立于设计者控制之外的存在。但《第二人生》（Second Life）等网络世界的最新发展已经导致了来自现实世界的监管威胁。网上文章《难逃霸凌》（No Escape）详细讲述了一个网络焦点小组对网络霸凌的调查结果（University of Nottingham，2007）。他们提出要遏制网民"恶意破坏"的行为。但是，他们还发现了从霸凌者的角度来看待霸凌行为的独特机会。许多化身控制者在虚拟世界中的抱怨在现实世界中是受到嘲讽的。许多新闻报道呼吁，用户在"永远失去与现实的联系"之前重新融入现实。

> 后现代的超文本传统将不明确的文本推崇为摆脱了作者霸权的自由，同时也是对读者自由解读的肯定。专门为此目的设计并为许多超文本支持者所推崇的导航软件，对读者而言并没有什么意义。
>
> （Murray，1998，p.113）

即便在像《第二人生》这样成功的虚拟世界中，观众也经常被提醒：世界正在被设计该产品的公司的信息所控制。这些消息通常会警告系统离线，以便更新软件或更改化身的功能。这就引起了人们的质疑，即系统是否成功创建了一个虚拟世界。这个虚拟世界应该能够赋予用户在虚拟环境中掌控自己角色命运的能力。因此，虚拟并不是对叙事的处理，它只是允许人物在章节和情节点之间漫游，但不能对叙事产生真正的影响。美国国家航空航天局（NASA）正利用虚拟世界为化身控制参与者创建记忆，以对抗未来宇航员长期孤立和孤独的预期心理反应。

二十八、扁平人物与圆形人物

"爱德华·摩根·福斯特（Edward Morgan Forster）认为小说中有两种人物：一种是'扁平'（flat characters）的，也就是在整个叙事中一直采用同样的表演方式；另一种是'圆形'（round characters）的，能够不断学习和成长"（Murray，1998，p.242）。后者听起来更像是与交互文本相得益彰的人物类型。与某一事件相关的情感冲突更接近现实。这些情感与故事的视角密切相关。

> 交互参与者不是数字叙事的作者，尽管参与者能够体验艺术创作最令人激动的一个方面——对具有吸引力和可塑性的素材施加外力的兴奋。这不是作者权力，而是代理权力。
>
> （Murray，1998，p.153）

这种区别足以描述交互叙事的作者和他们的参与者/观众之间的关系。设计者创造的世界必须在叙事中创作最初的兴趣点，就像传统文本一样。一些观众对科幻小说的兴趣要高于战争史，这是因为相较于简单的地球历史而言，他们更容易沉浸在其他星球/世界的环境中。

技术水平是开发新技术和新媒体制作潜力的阻碍：能够兼具技术知识和文学技巧进行交互文本创作的作者仍在少数。如后期制作软件Shotgun①使国际团队能够跨地域合作。未来的电子化叙事也可能是团队合作的成果，如同电影或数字化艺术装置一样。这将改变交互叙事书籍的写作方式，但是电影工业多年以来一直以团队架构运作。视听技术的进步使得用一个"骨干团队"拍摄整部电影成为可能。即便如此，最终的结果还是喜忧参半。电影制作部门的职位都有很明确的限定，许多有才华的人都在导演的统领之下实现创意的愿景。导演会发掘工作人员在某些领域所具备的才华和技能，而这些正是导演所缺乏的。如迈克尔·凯恩（Michael Caine）在《电影表演》（*Acting in Film*, 1987）指导视频中所说：当观看"每日素材"时，团队成员只关心每个拍摄镜头中本部门的工作是否成功，只有导演和剪辑师会关注每个部门是否结合成一个整体。现在也有一些小团队和独立创作者在这样工作。

二十九、虚拟现实叙事技巧

用户在虚拟现实世界中是一种"漫游式"的体验，因而有可能错过重要的情节事件，这是故事设计者面临的一个问题。但"错过一些"内容可能成为个性化故事体验的一部分。深度公司（DEEP Inc）推出的虚拟现实纪录片《太空边缘》（*Edge of Space*, 2015）就采用了一种技术，其团队称之为"强制视角"（forced perspective），它被用来控制用户的视野。这些巧妙的设计是一种灵活的叙事手段，通过省略让人自然地把焦点转移到下一个镜头；突然之间转换到"正确"的视角（Cullen，2016）。这也带来一些问题，一些观众发现视角突然重复的变化会产生"眩晕感"。所以深度公司采用了另一种设备来引导观众看向视野内的某一特定部分。设计者暗化了屏幕上与某些故事点不相关的部分，观众的目光将"自然转向亮处，进而关注这一部分的动作"（Cullen，2016）。在交互故事中通过限制用户的选择，在保证叙事进程有效推进的前提下，又提供了一种叙事自由的幻觉："解决方案的一个关键因素，就是间接指导人们如何考虑正在做的事情的戏剧可能性和相关性"（Laurel，1991，p.73）。

诺尼·德·拉佩纳（Nonny de la Peña）的虚拟现实"体验"项目《叙利亚》（*Project Syria*, 2014）再现了"叙利亚阿勒颇（Aleppo district of Syria）地区繁忙街角的一个时刻"（de la Peña，2014）。这种沉浸式的新闻形式"将观众置于场景中并能引发一

---

① 一款集生产管理、评审与协作为一体的工具软件，适用于不同规模的动画和视觉特效团队。——译者注

种身临其境之感。"叙利亚项目使用Unity游戏引擎制作高分辨率图像（graphics）来制造某种"在场感"（sense of presence）：模拟火箭炮攻击对当地居民造成的伤害，看起来仿佛置身于现场一般。

影视创意服务公司的伊利亚·帕特迪斯（Elia Petridis）执导了一个12分钟的虚拟现实体验项目《以眼还眼：虚拟现实中的降神会》（*Eye for an Eye: A Seance in Virtual Reality*，2016）。帕特迪斯指出，虚拟现实提供了一种"融入"（inclusion）的经验，从而产生一种观众与演员同在舞台上的剧场体验（Petridis quoted in Cheong, 2016）。这部电影由一台固定机位的摄影机拍摄，模拟固定的360度的观看视角（stagnant masters'）：演员通过台词、舞台调度和排练来准备自己的角色，然后在一个场景中通过连续表演完成拍摄。指向性录音设备（positional audio）使每个人的声音都能在三维空间中听清楚。《以眼还眼：虚拟现实中的降神会》同时还引入了焦点凝视（Focus Gaze）功能，用户注视某个"提前载入"的视觉元素，就可以使其发光。几秒钟之后，在观众返回主叙事之前，"凝视"还将启动一种附加的视听体验。降神会只是更广阔的跨媒体（transmedia）叙事的一部分，其他素材将对虚拟世界和其中的人物进行扩展。未来的项目将引入依靠CGI（计算机生成图像）和摄影测量技术打造的完全交互式的三维空间，用户可以在其中"四处行走"。

对于沉浸式虚拟现实体验来说，声音必须与视觉空间内可见的透视关系相一致。空间化音频能够在三维空间内制作音效，利用"一种能够将声音附加于在场景中四处移动的物体上的渲染引擎"（Lalwani, 2016）。耳机能制造出个性化的双耳人头立体声录音技术（binaural audio），为用户准确定位三维空间内的声音；"这种个性化的声音设置能让人感觉声音十分遥远，以至于忘记了头戴式设备的存在"（Lalwani, 2016）。

三十、表演动作

表演动作（performative gestures）可以单独使用，也可以连串使用，用来表达叙事，"加强、明确，或者替代口头或书面语言"（Laurel, 1991, p.155）。动作同样可以"通过引入动感和直观感来增强代理体验"（Laurel, 1991, p.158）。值得强调的是，在叙事中，完全不用动作同样可以产生巨大的影响。这一点在《狼厅》（*Wolf Hall*，2015）中得到了很好的体现。《狼厅》是一部关于亨利八世统治下的都铎王朝政治阴谋的暗黑故事。演员马克·里朗斯（Mark Rylance）对剧中人物托马斯·克伦威尔（Thomas Cromwell）的演绎以沉静著称，是一种无声艺术的表现。里朗斯内化了他在屏幕上的表演。剧中的克伦威尔在沉默的状态下，遇到一个又一个危险，总要慎重选择并制定相应策略。里朗斯避免使用明显的面部表情，以免在潜在的敌人面前出卖克伦威尔。他的思想仅仅通过角色"思考"时的眼神进行传达。我们这些观众则要仔细观察他的反应，去解读他的思想。

三十一、手势控制界面

用户可以通过手势控制界面（gesture—controlled interfaces）与数据库进行交互。比如，音乐家伊莫金·希普（Imogen Heap）的 Mi.Mu 智能音乐手套，让用户可以通过手势来操控并演奏乐器。希普通过预先设定的手势来触发音乐测序软件 Ableton 功能。该技术旨在服务创客运动（一种在没有支持性的基础设施的情况下进行工作的科技创意亚文化），它通过开源软件代码对手套进行个性化设置。体感控制器 Leap Motion 创造了在电脑前实现复杂的虚拟现实手部追踪的 3D 交互空间。增强现实公司 Magic Leap 和 Oculus Rift 的头戴式虚拟现实显示器能够生成"一种强烈而有说服力的所谓在场感。虚拟景观、虚拟物体、虚拟人物看起来就在那里——一种不是虚拟幻象而是直觉的感觉"（Kelly，2016）。这些可穿戴式的显示设备将很快取代办公室中的显示器，并将成为社交平台的交互界面。混合现实（Mixed reality）（MR）叙事将逼真的照片和动画内容置于我们的现实世界视野之上，为我们提供了丰富的信息娱乐（infotainment）。这种增强的在场感的情感体验产生了凯利所说的"个人化"视角，因为这是感受位置而不是观察位置"（Kelly，2016）。作为一种叙事方式，虚拟现实和混合现实将开发新的叙事技术，等同于传统电影语言的叙事技巧。

三十二、技术与艺术

奥利·兰金（Ollie Rankin）是一名虚拟现实设计者和视效主管。他之前曾经利用人工智能（artificial intelligence）来创作人群和战争场景。这项工作有助于他思考"故事图谱（story graphs）和分支叙事"（Rankin，interview 2016）。兰金认为交互形式模糊了不断发展的软件技术与创意艺术实践之间的界限。由于既定规则中缺乏对开发者的限制，他鼓励对媒介的所有方面进行尝试。"目前一些基础平台的设计还不完善（比如用户输入），尽管迭代速度较慢，但是这些平台依旧处于竞争之中"（Rankin，interview 2016）。兰金猜想，未来将会有多种交互形式出现，正如多种电影形式的存在，虚拟现实具有将被动观察者转变成能够移情的参与者的特殊能力。关于交互叙事的发展，他说"交互性和故事创作之间是反向关系,一般而言,参与者对故事展开过程控制得越多,叙事者的控制就会越少。"叙事的目的是允许实现交互自由,"虚拟世界中的完全代理"(Rankin,2016),但同时也要对用户对叙事的影响加以限制。兰金推荐了由位于西雅图的维尔福(VALVE)公司采用虚拟现实技术创作的样片《光圈科技机器人维修》(Aperture Robot Repair,2015)。它涵盖了增强代理感的潜意识线索:

> 叙事的时间线会暂停,使你有足够时间完成某个动作,从而触动下一个进程。但感觉上这并不像是暂停,因为在那段时间里你正积极地尝试着做些什么。
>
> (Rankin,interview2016)

兰金的体验式虚拟现实影片《诬陷》(Framed)采用了精心设计的"基于自然语言的分支叙事"(Rankin,interview 2016)来隐藏有限的交互域。在理解了主要参与者回答故事人物问题的意图的前提下,虽然回应的(事先录好的)对话并未提及已经说过的任何东西,但在故事的上下文语境中仍是恰当的。兰金预测,具有尖端水平的人工智能叙事平台将可以对用户的任何输入做出反应,但他相信叙事者仍有去"定义仿真参数、嵌入复杂叙事元素,以及组织总体体验"(Rankin,interview 2016)的空间。

三十三、霍伊《水的重量》:在虚拟现实中制造在场感

爱尔兰艺术家伊莲·霍伊(Elaine Hoey)凭借其虚拟现实电影《水的重量》(The Weight of Water,2016)获得了著名的RDS泰勒艺术奖(Taylor Art Award)(都柏林,爱尔兰)。作品允许头戴式设备使用者在虚拟环境中"亲身"体验移民危机。在研究技术平台时,霍伊指出,是虚拟现实让她"感觉在别处"(Hoey,interview 2017)。她的结论是,虚拟现实是探索欧洲移民危机影响的理想媒介。她认为,由于公众舆论的减弱,这个故事的共鸣度降低。就像唐·麦库林(Don McCullin)在20世纪60年代的战争摄影作品一样,媒体报道的饱和和内容的重复导致人们对经济移民的苦难越来越麻木,故事失去了震撼力。在发展作品的过程中,艺术家们尤其对"在场"的概念感兴趣。霍伊希望她的作品能够构建一种"增强同理心"的在场感。她问自己"我该如何去体验,而不仅仅是在屏幕上观看?"随着时间的推移,屏幕越来越贴近观众的身体(影院、电视、头戴式设备),并且正在被虚拟现实空间内的沉浸式体验所替代。

霍伊最新的数字化艺术作品专注于虚拟现实叙事的发展。为实现这个目标,她采

用了极简主义或去摄影化的图像，以便"减少需要看的东西"。作品试图打破当代政治和科技话语的"回声室效应"（echo chamber）。霍伊正在思考"思维数字岛"的概念，目的是想在虚拟现实空间中动摇观众。

三十四、混合叙事：《弗兰的悲惨之旅》

Killmonday游戏工作室（Killmonday Games）的创意开发者娜塔莉亚·菲格罗亚（Natalia Figueroa）和艾萨克·马丁森（Isak Martinsson）创作了广受欢迎的交互游戏《弗兰的悲惨之旅》（*Fran Bow*，2015）。作为艺术家，他们一直追求摆脱传统叙事架构的限制。菲格罗亚说她并没有目标观众，也不会统计观众。相反，她希望吸引那些喜欢她的"混合叙事"方式的人群。菲格罗亚说她的作品不会"遵循一种既定的节奏或公式"，而是"将生活本身作为最主要的理念"对待（Figueroa, interview 2016）。她勤奋记录了自己每天对人群和地点的观察，从而指出"人们对不同问题所作出的反应是如此不同"。她随后将这些"问题"写入她的故事中，在叙事中创作了自然的交互要点。对菲格罗亚来说，"每一细节都很关键，特别是音乐，她形容音乐就像敲打着你的心脏和在你身体内循环流动的血液的节奏！"她将音乐作为一种情感引导，指引沉浸在叙事中的观众，使其"在某个时刻变为现实"。

三十五、交互诗歌：《亲爱的艾斯特》

来自布莱顿的中国房间工作室（The Chinese Room）的交互故事（interactive story）开发者杰西卡·库里（Jessica Curry）和丹·宾奇贝克（Dan Pinchbeck）打造了独立游戏《亲爱的艾斯特》（*Dear Esther*，2012）和《万众狂欢》（*Everybody Gone to the Rapture*，2016）。《亲爱的艾斯特》是一个发生在苏格兰岛屿上的感人故事。它是由故事和沉浸感而不是由传统机制驱动的（Curry&Pinchbeck, 2016）。音效设计师克莱尔·费奇（Claire Fitch）称这部作品为"交互诗歌"，"艾斯特已经去世了，故事是通过阅读写给艾斯特的信拼凑起来的"（Fitch, interview 2016）。接下来的《万众狂欢》发生在什罗普郡（Shropshire）一个空旷得可怕的村庄，"那里出了一些问题"。在交互体验中，玩家通过收集音频日志来拼凑叙事。费奇称这"真的令人不安……只因为缺少其他角色"。费奇为交互作品制作的音频，既是"反馈机制"，又充当了"情绪增强器"。

三十六、基于位置的增强现实技术（AR）

都柏林鬼屋星球工作室（Haunted Planted Studios）的马德斯·哈尔（Mads Haahr）创造了一个早期的基于位置的增强现实产品。设计师设置（虚拟）线索来构建一个主要的故事活动，创造了一系列交互点，促进了故事的发展和人物的细节；"我认为叙事和交互元素以尽可能多的方式产生同理心是很重要的"（Haahr, interview 2016）。自然主义的音频元素被用来增加不确定性，比如有些声音是基于故事，有些声音来自物理环境。安全性是一个问题，因为故事要求观众去一个"特定的物理位置"；开发人员应该了解任何潜在的危害/危险并发出警告。哈尔认为《我们的风暴》（*Our Own Storm*, 2016）带来的体验"并不像介绍的那样"，这是一个以同情为主题的故事。玩家扮演被杀死的难民角色，然后控制杀手，"最终却发现这个角色也陷入了暴力和压迫中"。

都柏林理工学院（Dublin Institute of Technology）的布莱恩·沃恩（Brian Vaughan）结合了计算机科学和用户交互设计的元素。他认为叙事是一种结构化数据的方法，是一种数据模型。他推荐了卢卡斯·波普（Lucas Pope）的反乌托邦主题惊悚游戏《请出示文件》（*Papers Please: A Dystopian Document Thriller*, 2013）。玩家扮演移民官的角色，检查公民的护照并决定他们是否有资格通过海关。这个故事制造了一个道德困境，迂腐、冷漠的叙事决策实际上会赢得更多的分数，从而确保胜利。

三十七、叙事框架

乌得勒支艺术学院（HKU University of the Arts, Utrecht）的哈特穆特·科尼茨（Hartmut Koenitz）更偏爱"叙事"这个词，而不是"故事"，因为"在交互数字叙事中，没有传统意义上的叙事，而是创造一个动态系统、一个叙事框架（narrative architect）"（Rettberg quoted in Koenitz, interview 2017）。与文学作家或电影制作人相比，交互叙事的作者对观众体验的控制力较弱；它们创造了"交互的机会"，而不是固定的叙事。交互游戏，以及最近的交互纪录片和故事片正逐渐向观众介绍一种交互的叙事范式，并最终创造出一种交互的数字叙事文学。纸恐龙公司（Paper Dino）的《恋爱预留日》（*Save the Date*, 2013）是一部视觉小说，它利用了"跨跃式记忆和元叙事"。通过多次尝试，读者试图找到与费利西亚（Felicia）晚餐约会的正确方法，走向一个圆满的结局。伊丽莎（ELIZA, 1964）是一个程序〔最初是在麻省理工学院（MIT）开发〕，科尼茨说，为了从表面上模仿罗杰斯（Rogerian）的心理治疗师，他"编写了交互演员的脚本"。当一个用户谈论自己和他们的生活时，伊丽莎的回答愚弄了很多人，使他们相信这个程序是一个真实的人。由独立游戏工作室 Playdead 制作的惊悚试验与死亡故事《地狱边缘》（Limbo，2010）是视觉和声音高度创造性的融合。德国表现主义风格（German Expressionist-styled）的美学和富有质感的环境声音，为我们提供了如何在森林中引导迷路的孩子安全走出的线索。这些游戏的原创性支持了科尼茨的观点，即成功在于创造"新的叙事表达方式"，而不是将传统的故事概念转化为交互游戏。

三十八、试验叙事即兴小段：《葛瑞马腾》

斯科特·雷特贝格（Scott Rettberg）认为马克·亚美利加（Mark Amerika）的《葛瑞马腾》（Grammatron，1997）"正朝着一种超文本写作的整体艺术作品迈进。它既是一部小说，也是对网络意识的哲学探索"（Koenitz et al，2015，p.31）。《葛瑞马腾》囊括了1000多种媒介元素——文本、视觉、动画、声音和配乐，来创作"试验叙事即兴小段"（experimental narrative riffs）。它混合了多种话语，包括网络朋客、辩证唯物主义（dialectical materialism）以及乔伊斯和让·吕克·戈达尔（Jean Luc Godard）的作品（Amerika，2011）。它讽刺了我们的网络空间曾经被释放的潜力，这些空间如今已经变得具有侵略性、复杂而紊乱了。

三十九、补救故事

曾经制作了《进退两难》（In the Soup，1992）的制片人汉克·布卢门撒尔（Hank Blumenthal）目前从事交互故事的开发。他说"故事很容易补救"，如果交互界面是非侵入式的，而且观众的"行动是自然"的话，观众会很快学会新的交互方法（Blumenthal，interview 2017）。他的作品着眼于大众。在传统叙事模式仍适用的情况下，交互"故事、体验和副文本（paratexts）都指向了从不同的感官来了解故事"。交互故事正在通过更加复杂的冲突和不同的故事结尾来构建新的人物关系。布卢门撒尔使用"最佳叙事视角"来创作"带有动态行为和代理的半线性"作品。他推荐了由马歇尔·梅迪亚斯（Michael Mateas）和安德鲁·斯特恩（Andrew Stern）创作的《外表》（Facade，2005），作为"自然语言和第一人称体验的一流范例"。该交互剧场作品允许观众积极参与到与两个演员基于文本的讨论中。一对夫妻住在纽约的公寓里。当你受邀来到他们家喝鸡尾酒时，他们将发生争吵。当你跟他们交谈的时候，你的反应不仅会影响他们之间关系的走向，也会影响他们与你所扮演的人物之间交互的语气。布卢门撒尔赞成多分支机构（在多个平台上以多种形式存在的媒体产品）/多平台的叙事方法，其亮点在于衍生产品和附加的故事内容。

四十、交互设计：Twine

交互叙事作家克里斯汀·迪万（Christian Divine）（《奇异人生》，*Life is Strange*）将读者的体验作为叙事的重中之重（Divine，masterclass 2016）。他说"语言是本土化的，是工具的一部分"，这就使作者可以将文化向度植入故事中，从而有助于观众与叙事"联系"起来。这强调了将情感作为捕捉和保持观众注意力的手段，语言的精确、口语化和措辞反而变得不那么重要了。迪万使用开源交互叙事软件Twine从不同角度对交互故事进行设计和建构。

来自都柏林的作家沙琳·普特尼（Charlene Putney）同样使用Twine来快速创作多种基于选择的叙事。她推荐使用Twine创作的交互小说作品，包括安娜·安托弗（Anna Anthropy）的10秒长的超文本小说，以及一首"可无限重复的爱情诗"《世界尽头的爱》（*Queers in Love at the End of the World*，2013）。此外，还有托马斯·利戈蒂（Thomas Ligotti）的作品《爸爸的大长腿》（*My Fathers Long Long Legs*，2014）。这部作品的创作受到了作家迈克尔·卢茨（Michael Lutz）的启发，书中有"明显的诡异感，以及一些巧妙的音乐技巧和光标移动技巧，这些技巧都非常有效"（Putney，interview 2017）。普特尼建议作家们使用Twine来快速创作故事，并评估哪些可用哪些不可用，随后发布多个故事作品，以发展和完善自己的故事组合。关于移动交互叙事的未来，她认为《史蒂夫·杰克逊的巫术》（*Steve Jackson's Sorcery*，2013）让读者可以在短时间内尽享叙事的魅力，是一个很好的例子。《史蒂夫·杰克逊的巫术》取材于1983年版《战斗幻想》（*Fighting Fantasy*）系列交互叙事丛书，这些故事将与多个渴望吸引读者注意力的网站进行竞争。它们必须具有艺术美，对它们的设计也需要符合这种特定传递方式（Putney，interview 2017）。萨拜娜·邦尼奇（Sabina Bonnici）希望在发展叙事的时候能够适应不同层级观众的参与；"一些人喜欢直接跳进来参与到故事中，而其他人可能喜欢潜伏并观望"（Bonnici，interview 2017）。为达到这一目的，她将观众置于"创作和技术发展阶段"的中心。

本章讲述的是叙事文本中的沉浸感和视角。交互叙事的文本取决于交互界面允许获取交互内容的能力。这不会使它们成为一种交流障碍，反而为读者创造了一种新的理解方法。交互行为创造了一种非线性的叙事方式，正如我们所见到的，它是对其他艺术形式的联想。文本沉浸与现实之间的界限是模糊的。我们突然被文本吸引的单一沉浸时刻是不存在的。交互性让读者可以改变视角，这给了读者某种程度上如同现实世界的自由感。调整视角的行为本身就是沉浸过程的一部分。当使用交互界面来改变视角时，我们其实正在基于以往的经历积极思考我们可能预见到什么内容。随着我们继续这种积极的思考，沉浸文本所呈现的世界变得完整。我们也将通过文本遵循一种动态路径，改变视角，直到这种沉浸由于故事结束而消失，或是由于浏览路径的一些重大中断而消失。

瑞恩提出的各种交互叙事结构表明，交互界面越复杂，在叙事过程中作者对用户路径上的控制就会越少。缺乏对浮现意义生成的控制将威胁到剧本的娱乐功能。瑞恩给出了一些基于剧场和文本的非线性作品，这些例子都是极有创意且非传统的。然而，交互开发者仍未就如何定义"传统"交互电影的交互界面达成一致。它们是全新且完全不同的。正是这些差异给不同文本之间的交互设置了巨大障碍。当我们在了解交互界面基本架构的时候，就已经在探索故事了。交互文本的作者们，包括我自己，都花费了大量时间设计交互界面，它是文本的首要组成部分，交互界面成为一个独特元素，与其他元素都有本质的区别，需要经过严格的学习来了解。

第八章　跨媒体叙事

　　新的叙事概念正在接受来自本土和国际市场的公共和私营领域的试验和检验。公共广播机构通过网络和传统媒体渠道传播内容。在爱尔兰，这种内容输出是在一份关于原则和责任的公共服务广播宪章指导下进行的。爱尔兰广播电视台（RTE）的首席数字官穆里安·拉凡（Múirne Laffan）说"人们正在寻找主题的可发现性，而不是任意地浏览"。跟踪用户的能力，有助于创建一种良好的关系，并且能提供一种定制化的探索（tailored discovery）。对不同用户的数据收集创建了一种"更加定制化的用户体验"。不管你喜不喜欢这些故事，我们认为你都应该听到它们的声音（Laffan, interview 2016）。商业化并非一直都是首要目标，因为主要参与者寻求开发被认为是具有开创性的新内容。技术和复杂性可能是进入的壁垒，甚至对一些经验丰富的专业人员来说，也可能不具备相关的专业知识和经验来开发新的叙事平台。不管以什么方式，技术知识必须与叙事技巧相结合，才能创作出能够建立观众群并实现商业回报的新产品。互联网电视服务提供商通过定期更新程序和节目来扩大观众份额。新产品给了观众一个回归的理由。一些早期的在线视频网站在提供预定的连载内容方面收效甚微。20世纪90年代末，《现场》缺少足够的资金为其在线播放购买带宽。由于无法获得足够多的观众，网络播放无法产生充足的广告收益。没有广告收入，就没有足够资金购买更多带宽。许多小众在线视频网站都提供一些奇异或者非主流的内容。这些内容可能最初吸引到的观众非常有限，但是对他们来说，逐渐攫取大众市场的显著份额也是可能的。再生内容的提供者们都成功地在短期内获取了大量观众。2014年，英国百代（British Pathé）发行了新的数字化内容档案，涵盖从1895年到1976年期间的85,000部历史文化影片。这代表了在线播放的本质转变：在传统广播公司被指削减制作预算、损害节目质量之际，英国百代回收利用了一些高质量的影片，通过在线播放旧影片的方式，在无须制作成本的情况下获得了市场份额并实现盈利。瞬息万变的媒体行业创造了更多的新机会，也加速了行业人员的淘汰。本章介绍了几个跨媒体活动，跨国公司内部内容制作部门的兴起，跨媒体新闻内容，以及一些希望创造一种新的电影语言的虚拟现实作品的发展。为了促进虚拟现实作品的发展，位于帕洛阿尔托（Palo Alto）的虚拟现实公司Jaunt推出了《电影VR领域指南：360度拍摄的最佳实践》（*Cinematic VR Field Guide：Best Practices for shooting in 360°*）。该公司将指南称为"活文献"，因为他们能够随着虚拟现实电影制作趋势的转变及时更新。Jaunt希望虚拟现实行业的人士能够将自己的小建议和小技巧发送给他们，从而通过本指南与大家共享。

一、"寻找女孩"

BBC 3台的"寻找女孩"活动是一个跨媒体项目，旨在宣传一部5集的网络剧《失落十三年》。该剧讲述的是"一个被人绑架并拘禁了13年的年轻女孩逃脱"的故事（Pushmann，2016）。通过在社交网络推特（Twitter）和视频网站油管（YouTube）上关注小说中的记者莎拉·海斯（Sarah Hays），观众可以参与到一个交互的侦探故事中，代表莎拉开展在线研究（网站和社交媒体账户），从而帮助找到另一个失踪的女孩子以及可能诱拐了她的男人。在几个星期内，莎拉通过推特与用户们交流，对他们的推断和直觉给出反馈。跨媒体交互与电视剧同时进行，是为了提高观众的参与度和忠诚度。《失落十三年》系列剧中出现了"寻找女孩"的线索，这些线索是由网络用户搜集的，他们鼓励莎拉跟进他们提供的线索开展进一步调查。

二、"爆炸理论"：《永远的艾薇》

布莱顿的艺术团体"爆炸理论"创造了基于表演的交互艺术来探索社会和政治主题。第四教育频道委托该公司创作了一部名为《永远的艾薇》（*Ivy4EVR*，2010）的交互肥皂剧。这个项目直接将相关内容发送到每位用户手机上，旨在为年轻人创建个人化的私密空间，使他们可以探索影响他们日常生活的话题。这些话题包括毒品、酒精和性行为。该剧的编剧是托尼·怀特（Tony White），主人公是一个名叫艾薇的17岁女孩，她不仅吸毒，还可能怀孕了，她的故事线取决于每个观众发给她的短信反馈。尽管讨论的主题微妙敏感，但并不是所有关于她的剧本都是有争议的。与艾薇的对话可能是相当直接的。《永远的艾薇》的故事世界使用了一种简单的语言解析器来搜寻它可以响应的"标签"。这使艾薇可以对发送给她的信息做出恰当答复。这种自然主义的反应使观众和虚构人物之间建立了很强的联系。开发者尼克·唐达凡蒂（Nick Tandavanitj）指出，《永远的艾薇》利用观众随时都可以通过手机进行联系的便利条件，提供了一种非连续却可长期参与的体验（Tandavanitj，interview 2016）。

三、《凯伦》

"爆炸理论"与威尔士国家剧院（National Theatre of Wales）（非营利剧院）一起创作的移动端应用程序《凯伦》（*Karen*）（2015），旨在发展一种适合网络观众的表演艺术方式。"凯伦"（由女演员克莱尔·凯琪（Claire Cage）扮演）是一位通过手机与你交流的生活导师，可以全天候（包括夜晚）与你联系。通过一系列情景对话，你将成为凯伦世界中的一员。她会问你关于自己和人际关系的一些问题，不断调整你对她提出问题的答案，而不是直接引导主要情节的变化。《凯伦》是一部关于分享过度的寓言，或者说是一个有严重问题的人生导师的故事，经过对故事基调和结构的44次修改，团队最初拍摄了19场戏，之后又重拍了12场。该移动端应用程序是与凯莉·佩吉（Kelly Page）医生一起开发的，他为心理测量分析（psychometric profiling）提供医学建议，并创建了一个数据计划来组织和运用30—40个心理测量表。《凯伦》实际上是在剖析用户。用户与她的交互数据经过收集、整理，被打包放入一个可下载的报告中。用户可以在故事结束时访问它。该项目考虑了数据收集的伦理问题，公司使用无缝接口跟踪你的回应，并创建用户在线活动和社交媒体的档案。唐达凡蒂将《凯伦》描述为"最出其不意的项目——取材于戏剧，实时呈现"（Tandavanitj，interview 2016）。

四、内容创作部门：病毒式传播

公司越来越多地在内部及线上制作品牌内容（branded content），其中视频内容占主导地位。"M-Live"是总部位于美国马里兰州贝塞斯达（Bethesda，Meryland）的跨国酒店集团万豪（Marriott）旗下的全球内容工作室。M-Live为万豪的19个酒店品牌提供体验式营销。工作室在多种社交媒体平台上发行内容，吸引客户，建立信任并促进客户达成对万豪品牌的终身忠诚度。该团队通过"追踪不同垂直范围内的流行文化活动"来寻求全球营销机会（Lazauskas，2015）。明尼苏达州大急流城（Grand

Rapids，Minnesota）的朱迪·嘉兰博物馆（Judy Garland Museum）里一双著名的红宝石拖鞋失窃（10年前），2015年，一位匿名捐献者提供了一百万美元的奖金用以找回拖鞋。M-Live在此基础上增加了一百万的万豪积分奖金，随即很快开发了相关创意内容，并通过有针对性的社交媒体帖子和时代广场广告成功推广了他们的优惠。该公司与内容创作者合作，制作以故事为导向的短片，其中一个镜头是在万豪酒店拍摄的，没有植入式广告。万豪建立了自己的媒体公司，重点在于讲述能够吸引观众和建立品牌忠诚度的故事，而不是直接销售。它并没有使用很多当下社交媒体的营销方式，如有损品牌的"虚假通知"（pseudo-notifications）或者"黑暗模式"（dark patterns），尽管这些方式能够哄骗访问者去观看毫无意义和价值的网页（wilshere，2017）。

全球知名的战略咨询公司埃森哲（Accenture）在纽约开设了一间10,000平方英尺的内容工作室。埃森哲互动（Accenture Interactive）和德勤数字（Deloitte Digital）提供"垂直专家，全球消费洞察，能够制作成千上万条内容的人力，以及——由于他们现存的咨询人脉——能够更好地理解数字营销如何融入整体业务"（Wegert，2016）。旅游品牌"最后一分钟"（LastMinute.com）集合网站的网络遍布40多个国家。2016年，他们在欧洲建立了一家内容开发试验室，"在网站和社交媒体上为富裕而年轻的观众提供精心策划的内容"（Mortimer，2016）。2013年，全球音乐电视网（MTV Networks）和索尼（SONY）创建了下一代工作室"宇航员通缉令"（Astronauts Wanted）。他们的跨媒体作品《仲夏》（*Midsømmer*）是"以莎士比亚的《仲夏夜之梦》（*A Midsummer Night's Dream*）为蓝本的性别反串剧。在多种媒体平台如照片墙（Instagram）、脸书（Facebook）、油管、色拉布（Snapchat）、藤（Vine）上，以非线性碎片化的方式提供给消费者"（LevRam，2016）。"宇航员通缉令"工作室给跨媒体发展带来了一种体验方式，使一群有才华的年轻人聚集在一起。他们中的一些已经在社交媒体上有了众多粉丝。这个集体被称为飞行俱乐部（Flight Club），旨在鼓励创新和原创，为网络故事的发展和发行开拓新的可能性，而他们最终的目的还在于使自己的作品产生利润。

独立科幻电影《凤凰事件》（*Phoenix Incident*，2016）的制作人"在过去两年间一直隐藏在网站、推特和脸书中发起一场病毒式运动"（Snider，2016）。电影的部分预算用来与包括快变（Shazam）在内的线上媒体建立视频内容合作关系。故事元素通过互联网分散在不同的平台和传播渠道，创建了一种"带有沉浸感、交互性病毒式营销的事件驱动型电影"，将传统影院产品变成了一种"体验"（Snider，2016）。

视频交易公司病毒猪（ViralHog）希望在全球范围内对视频产品实行独家销售许可。这些视频随后被卖给新的组织，相关收益将与内容创作者共享（Judah，2016）。

尤金传媒（Jukin Media）"代理"了通过社交媒体渠道发现的有可能实现病毒式传播的内容，并将这些片段授权给电视、广告和数字出版公司（Judah，2016）。尽管这些内容大部分是良性的，但该公司也购买了具有争议性的影像资料，其中就包括英格兰肖勒姆空难（Shoreham air crash）的镜头。BBC表示只为那些"具有较强编辑意义"的资源买单（Judah，2016）。视频的商业化带来了与新闻道德相关的重要问题。视频很快就出现在多个网络上（合法的和盗版的），以至于不太可能受到新闻制度的严格约束。当故事被发现是假的或虚构的，只要删除即可，这是传统纸媒无法做到的。

157

五、数字新闻工作室：跨媒体及虚拟现实

福布斯出版平台《品牌之声》（Forbes publishing platform Brand Voice）在全球共有大约2000名撰稿人。该商业杂志为记者们支付报酬的方式已经从固定薪酬模式转变为撰稿人模式（按流量支付）（Goodfellow，2016）。由此带来福布斯网站的访问量显著增长。然而，这种模式因允许广告商直接访问福布斯内容管理系统（Forbes CMS）而受到批评，这可能会损害该公司的新闻诚信。福布斯董事保罗·米卡洛夫（Paul Mikhailoff）反驳了这一观点，他说在数字化世界，记者不再享有唯一的知情权。他将"品牌内容的目的描述为价值互换"（Mikhailoff quoted in Goodfellow，2016），这不仅是为了确保购买行为。知名公司都逐渐开始建立新闻工作室，为用户提供广告和品牌内容的服务。

联合利华（Unilever）内部内容工作室的建立是对广告拦截软件（阻止了品牌接触他们的目标市场）、用户转向策划内容，以及希望寻求品牌体验的一种反应（Joseph，2016）。联合利华的创意部门U工作室将创作"指导视频、信息图片、文章和产品信息"，而U娱乐部门将推动"电视剧、网络剧、游戏、音乐的集成"（Joseph，2016）。《金融时报》（Financial Times）有自己的数字订阅用户基础，所以并非全部依赖于广告收入。它目前正通过其位于伦敦的电影工作室生产高质量的长视频产品。该报纸的核心竞争力就是其"杰出的对观众兴趣和阅读方式的洞察力"（Burrell，2016）。它目前正在通过社交媒体平台传播新闻，提供"一次免费点击"的高质量内容给新的用户，目的在于将他们转化为付费订阅用户。《金融时报》新闻工作室的灯笼仪表盘（Lantern Dashboard）系统使"每一位《金融时报》的记者都能获得有关谁在阅读他们的故事的详细分析"（Burrell，2016）。

《纽约时报》（New York Times）对新闻工作室有着雄心勃勃的计划，其中就包括

对视频新闻的重大投资。由于只有不到一半的读者居住在纽约，所以它必须提供与国际读者相关的连贯内容，同时还要遵循其准确性与完整性的使命。当你加载某页面时，场景设置视频将自动播放。交互故事页面包括了视差滚动（parallax scrolling），"一种能够使网页背景与前景在不同时间下载，从而创造一种沉浸体验的计算机图形效果"（Koc，2015）。（图像）翻转（rollovers）和数据可视化（data visualisations）使读者可以获取进一步的信息，并且能够与数据交互，从而避免了混淆图形布局。所有的视频、动画和摄影内容都是高质量的。该报正在对其新闻编辑室进行改组，以使"与大平台运营不同的、更小的、更聚焦化的报道群集成为可能"（Mullin，2016）。在一份向员工们介绍数字化音视频内容步骤的备忘录中，迪恩·巴奎特（Dean Baquet）说，"编辑们不会再担心填充空间，他们会担心报道的内容，以及讲故事的最佳方式"（Baquet quoted in Mullin，2016）。2015年，报纸首次报道了其沉浸式虚拟现实体验剧《错位》（*Displaced*，2015），并且将谷歌纸盒虚拟现实眼镜（Google Cardboard）发送至订阅用户。这部10分钟的影片介绍了三个分别在乌克兰、南苏丹和黎巴嫩的孩子；"你在听他们的故事的同时，跟他们一起在现场漫步，跟他们一起坐在碎石上，并且亲眼看见人们疯狂争抢从援助飞机上扔下来的食品"（Welsh，2015）。当谈到虚拟现实的影响时，视频记者本·所罗门（Ben Solomon）表示，它的体验更接近于剧院而非电影。就像在剧院里一样，虚拟现实电影使用灯光和声音让你注意到某个特定的物体，从而让你能够"观看到"（Welsh，2015）。

六、社交媒体平台叙事

推特故事时间（Story Time Twitter）是由一连串推文产生的系列扩展叙事。这些实时现场"表现"能够持续一个小时左右，来自"着迷"和"喧闹"人群的"点赞"和"转发"只会增强共同的即时体验。观众可以在作者的账户中以档案形式阅读故事，也可以实时现场参与；从"作者花心血将一个长篇故事转变成若干140字的模块"的过程中获得乐趣（Pierce，2016）。

罗伯·维蒂希（Rob Witting）和马克·马里诺（Mark Marino）已经制作了多个"网络即兴叙述"（netprov）项目。在叙述中，结合了"贡献式合作、社交媒体话语和线上恶作剧等多种元素"。他们的网络即兴叙述项目《占领MLA》（*Occupy MLA*，2012）持续了一年的时间。这个故事是通过一个虚构的学术机构里几个成员的推特内容来呈现的（Koenitz et al，2015，p.31）。

社交媒体Instagram的故事功能（Instagram Stories）允许用户发布带有"图片和

视频结合的日常故事"（McAlone，2016）。油管上的明星们，之前的主要收入都是来自谷歌广告（Google Ads），现在他们通过Instagram上的赞助内容和品牌内容获得可观的收入。

虽然用户在这些平台上的参与度最高，但脸书仍然具有非凡的潜在影响力。平台是"明星们的主要发行点"（McAlone，2016）。创意性的想法按照"简短形式、半小时和正片长度"（McAlone，2016）进行包装，从而在不同渠道的社交媒体进行投放。通过这种方式，他们希望扩大粉丝群，并最终"扩展"到更广泛的分销商，如油管的付费会员服务（YouTube Red）、网飞和全球音乐电视台。

许多电视节目已经成功地利用他们的社交媒体来维持收益，扩大观众群。英国广播公司美国台（BBC America）在汤博乐（Tumblr）、推特（Twitter）和藤（Vine）上宣传推广《神秘博士》（*Doctor Who*）（Nededog，2015）。《帝国》（*Empire*，2015）在推特上的众多粉丝们，在节目播出期间都积极发推文（Moylan，2015）。这些社交媒体网站是现场观众和其他观众与节目创作者动态交互的平台。

七、数据分析

数据分析工具如"内容分析盘"（Contently Analytics dashboard）可为故事贴上如"主题"和"格式"之类的属性标签。一个故事的表现可通过将其观众参与指标（audience engagement）与其他同类故事的相似数据进行比较来进行测评（Lazauskas，2016）。利用内容研究工具Buzzsumo，可以找到社交媒体平台上分享最多的内容和关键主题"意见领袖"（influencers）。内容制作商在考虑为网络传播开发内容时，都会使用这些数据来指导他们的主题选择。数据将告诉他们哪些特定的网络群体正在积极参与阅读、收看和搜索。天钩公司（Skyhook）通过一段时间对终端设备信号的追踪，来精确预测消费者的意图并启用定位广告。这些收集的数据"既提供了个性化也提供了情境"（Rogers，2016）。

索瑞娅·费雷拉（Soraia Ferreira）是一名跨媒体制片人，主要为商界开发"目标故事"（Ferrire, interview 2016）。她的目标就是给商界受众传达相关信息和简短音频，而非娱乐内容。每个平台上的故事元素都是独立的，如果读者希望阅读更多内容，可以跳转到其他平台。肚感（Bellyfeel）的克里希纳·斯科特（Krishna Stott）已经为音乐界制作了广泛的跨媒体和交互式体验内容。通过在开发过程中使用他的故事原型，他将叙事的交互点定位在观众"自然"参与的时刻（Scott, interview 2016）。斯科特避免使用"大段线性媒体"产生的突兀的破坏性交互。相反，他更愿意使观众的交互成为体验"预期"的部分，从而使观众与故事之间保持一种良性的联系。斯科特推荐了《史丹利寓言》(*Stanley Parable*, 2013)，这是一个具有高度创意性和试验性的交互叙事典型案例。叙事者提供剧情概述，但是观众（作为主角）可以选择是否遵循他"指导"。如果不遵循，叙事者将发出警告并且鼓励故事回到"正确路径"上。《史丹利寓言》考虑了交互叙事范围内规则和限制的本质。交互音乐片《霓虹圣经》(*Neon Bible*, 2017)和《反射镜》(*Reflektor*, 2013)是拱廊之火乐队（Arcade Fire）的创意性音乐作品。后者是一个让观众置身其中的体验式作品。斯科特认为跨媒体叙事具有创造新的商业模式的潜力，这种模式因"其内容的'颗粒状'分散形式，而对盗版具有自然免疫能力"（Scott, interview 2016）。

八、故事开发工具和技术

故事开发工具 Atavist（富媒体内容创作）和 VoiceMap（位置感知音频体验）促进了交互叙事的创作。视频制作软件 FrameTrail 使你可以直接在浏览器中生成交互视频内容。线上应用程序开发平台 Thunkable 能够实现非编码人员的完全本地化移动端创作。Conductrr 是一款基于云端的叙事内容管理系统。用户可以运用时间日历"触发器"（triggers）在多平台之间安排内容发布计划，包括电邮、博客、社交媒体、网站和手机。经过脚本设计的社交交互使故事中的人物可以使用预制回答对特定话语进行回复（Conductrr, 2016）。室内定位技术 iBeacon 可以触发推送消息并提示智能手机应用程序，使故事元素可以在特定地理位置进行传递。意念控制器 Emotiv 通过计算与大脑活动和面部表情相关的衡量指标，生成一个无须手脑控制的交互界面。Metagram（2016）是一种裸眼全息影像系统，它"利用增强现实技术在真实世界中创建叙事体验"（Lindquist, interview 2016）。"全息图"可在"多角度被多人看到"。他们的第一部电影《地铁四重奏》(*End of the Line*, 2016) 是一部希区柯克式的谋杀电影，观众对情节的解读和了解取决于他们的观察位置。观众通过互相分享自己的所见来了解故事中到底发生了什么。埃科（Eko）的《破碎的夜》(*Broken Night*, 2017) 是一部由艾米丽·莫蒂默（Emily Mortimer）主演，使用视角叙事的虚拟现实短片（持续8——9.5分钟）。在紧张的剧情中有四个关键时刻，由你来决定将跟随剧中哪个人物继续观看。其目的就是在沉浸式体验中测试个人参与。这里没有交互界面，所有的交互都是由情感驱动的。观众将跟随叙事中在任一特殊节点他们认为最有趣的人物。结果就是你对人物和情节产生何种看法，取决于你曾在哪里和你的所见。

九、增强现实

V数字流媒体公司（VStream Digital Media）为使用EpsonMoverio增强现实智能眼镜（Epson Moverio Glasses）的梅赛德斯马来西亚国家石油公司车队（Mercedes AMG Petromas Formula One Team），开发了一套增强现实解决方案。梅赛德斯一级方程车队独特的贵宾虚拟旅程使用全息显示创建了一种增强现实体验（Williams，interview 2017）。演员陪同参与者，引导他们的进程并提供一个定制的叙事弧线。该系统将最新的爱普生技术放到"决策制定者和预算负责人"手中（Williams，interview 2016）。他们是该技术潜在的投资者。VStream项目开发人员杰梅因·威廉姆斯（Jermain Williams）在开发这些体验式产品的时候，特别关注了人们是如何思考的。他使用游戏化（gamificaton）技巧、心理奖赏、定向声音和其他叙事工具将参与者的注意力集中到每一特定节点最重要的故事元素上。这些针对观众注意力的微妙操作与魔术师的花招相似，都是通过转移他们的注意力来控制感知并影响决定。观众会有一种被给予了探索自由的错觉，实际上他们对故事所做的选择是可推测的，也是可预设的。

十、重建剧场体验

卡米尔·多尼根（Camille Donegan）希望将论坛剧场（Forum theatre）的"活力"和交互角色表演带到她的虚拟现实项目中（Donegan，interview 2017）。有了论坛剧场，观众就可以直接和舞台上的演员互动，为场景添加对话内容，并作出指导。多尼根推荐了Punchdrunk剧团的《不眠之夜》（*Sleep No More*，2011），该剧改编自莎士比亚经典作品《麦克白》（*Macbeth*）。观众在其中参与进了一场生动的表演。场景设置在虚构的麦基特里克酒店（Mckittrick Hotel），其中包含了一些观众探索的故事片段。当观众在现实空间进行探索时，将有一位"遥控演员"对他们进行指引。这个演员可以位于世界上的任何地点，他们基于剧本的指令通过麻省理工学院创建的软件传递出去，来"控制"各种现场道具。"遥控演员"可以接收关于体验者所在地点的随机更新视频，并被鼓励发起恶作剧以使体验者受到"惊吓"。体验者和舞台上的演员以及一系列虚拟现实元素之间都产生互动。射频识别（radio-frequency identification，RFID）和蓝牙技术使"遥控演员"可以在最恰当的时刻对叙事高潮进行定位。丹麦创意媒体机构Makropol创作了一部名为《狗屋》（*Doghouse*，2015）的18分钟交互式晚餐场景剧，由五个人通过佩戴Oculus Rift头戴式虚拟现实显示器同时观看。制片人马德斯·戴思博（Mads Damsbo）称每个观看者的个人体验都是"主观现实"（Mufson，2015）。这部影片由40个完整贯穿的镜头拍摄而成，演员们都戴着一个安装在自行车头盔上的GoPro鱼眼镜头相机。每个观众都能看到晚餐的特定视角，每个视角都会略有不同，这取决于他们角色的视角和对事件的解读。

多尼根一直在探索在电子教学（eLearning）中使用虚拟现实的商业优势。沉浸式虚拟现实高质量的"面对面"效果，有潜力提供更成功的培训体验，并且这种潜力是可拓展的。然而，她也指出需要制定和量化用户参与的衡量标准。分析指标可以包括生物反馈（biofeedback）（出汗和脉搏）、面部表情、声音和姿势。一个典型的例子就是Psious虚拟现实平台（Psious VR platform），该平台用来监测病人的生理机能以衡量他们对特定虚拟刺激的焦虑反应。这家行为健康技术公司使用虚拟体验中的认知治疗方法来治疗恐惧症和焦虑症。多尼根想要衡量学习者在虚拟戏剧环境中进行角色扮演时的参与度。

马特·克里肖（Mat Collishaw）重现了1839年在伯明翰爱德华国王学院（King Edward's School，Birmingham）举行的亨利·福克斯·塔尔伯（Henry Fox Talbot）专题摄影展。《台阶》（*Thresholds*，2017）是一个虚拟现实体验项目，用户可以在计算机重建的塔尔伯图片展的原房间中探索。由于原始图片已经严重损坏，并且目前存放在黑暗的地下室内，这将使人产生一种特殊的共鸣。《台阶》在展出中引入了一种身体的维度，使参观者可以"触摸真实的物体，感受真实的感觉，与他们在虚拟世界中看到的东西相对应——不管是来自火的温暖还是挂在墙上的模塑"（Ellis-Peterson，2017）。

跨媒体叙事提供了一种独特的观众体验。参与的读者/观众被拉进故事空间，他们的参与情况可以通过数据指标和追踪技术进行精确衡量。他们的形象被用来作为定制内容的参考。马丁·瑞瑟（Martin Reiser）说我们正在见证一种新的艺术形式的诞生，该形式"活跃在新'赫兹'空间（Hertzian space）与新受众创造性思维组成的混合世界"；同时他也提到了实际地点的熟悉（hermlich）与数字空间的陌生（Unhermlich）（Koenitz et al，2015，p.255）：也就是电子设备与人类实体交互过程中出现的熟悉与陌生感。

第九章 结 论

在写这本书的时候，我希望能够找出与交互叙事发展最为相关且易于理解的叙事理论和概念。叙事空间的未来很难预测。技术发展非常迅速，我们必须保持开放的心态来研究历史作品和进行体验。交互叙事和跨媒体叙事的开发人员都具有各种技能和能力，但是讲好故事的能力才是他们成功的基础。每年我都会给我的学生布置一项作业，他们必须在接下来的一周内返回作业并且向全班同学讲个笑话。他们需要考虑故事的架构、叙事方式、节奏和时机。首先，他们需要选择一个体面的能够让人们发笑的笑话。他们必须对讲述过程进行排练，以确保将重点放在特殊词汇和短语上。在台上的时候，他们需要观察同学们的反应，在恰当的时机讲出笑点。让自己的同辈做观众是很残酷的，但这无疑会将思路聚焦到故事的功能上。故事总是着眼于特定的观众，我们必须在构建叙事的时候考虑这些观众将怎样接收并解读该故事。

汉克·布鲁门撒尔（Hank Blumenthal）说"一个制片人要具有审美眼光。他必须能够在脑海中形成即将完成影片的全貌。他必须能够抓住来年文化领域的动态"（Hope，2011）。布鲁门撒尔的"故事景观"（storyscapes）描述了"游戏、人物、音乐、副文本和粉丝参与"相协作的跨媒体模式。他指出，"故事景观正在向反诗学的方向不断发展。它在故事帮助我们理解世界的范式方面发挥的作用是革命性的"（Blumenthal，interview 2017）。它使故事成为"认知和情感的里程碑"，从而以戏剧性描绘世界的方式提高"复杂性和不确定性"的水平。

几年前我在英国的一所大学做了一次有关交互叙事的演讲。我向听众指出，在我看来，塔科夫斯基的电影近乎完美，它们看似呆板的风格和引人深思的内容是非常适合交互叙事的。在那天晚上结尾的提问环节，一个人举手并直接说："如果按照你的标准，塔科夫斯基的电影是一种完美的叙事形式的话，那么让故事交互的意义何在？"我参考19世纪的卢德派（Luddites）做了简短回答。正确的回答当然需要考虑商业和创新两个维度。财务上的成功将确保交互故事成为主流，然而非商业性的研究和试验常常产出丰富、多样、令人满意的成果。叙事方式如语言一样是可塑的、有起伏的。它们的逐渐进化生成新的类型、风格、方法和发行平台，这使事物保持新鲜感和趣味。19世纪晚期的伦敦戏剧界需要一些新的东西。从国外的历史技术来看，"导演和设计者看到了远东表演舞台上的复杂象征主义和明显的简约性，那是一种让他们能够走出死胡同的方式"（Hartnoll，2012，p.229）。日本能剧（Japanese Noh theatre）引入了音乐、舞蹈和戏剧，并且根植于宗教仪式。它"从神话传说中提取主题……一种独白和回忆的戏剧……不像在西方那样，是冲突式的"（Hartnoll，2012，p.230）。一种叫作"狂言"（kyogen）的滑稽串场会呈现在能剧的表演中。能剧的演员们在整个职业生涯中将表演同一个角色，每次在舞台上完善每个动作和表达。这引发了对西方年轻演员进行培训的重新评估。能剧院及其面具、配乐和令人回味的服装对爱尔兰剧作家威廉·勃特勒·叶芝（William Butler Yeats）的作品产生了深远影响。通过使用神话和国外戏剧形式，伦敦剧院使内容重获新生并吸引了新的观众。

交互叙事和跨媒体叙事的未来在何方？HP首席技术官肖恩·沃尔（Shane Wall）将当下的虚拟现实描述为"我们这一代人的穿孔卡片"；但他对很快解决增强现实在"展示和视野"上的局限性充满信心（Bonasio，2017）。特艺集团（Technicolour）沉浸式媒体部门高级副总裁马希·加斯特诺（Marcie Jastrow）表示，虚拟现实如果想成为大众娱乐的一种体验，就必须有很强的故事情节和"粘性"来创造"一种直观而舒适的用户体验"。加斯特诺强调，合作是关键，因为没有任何一个公司可以单独开发"虚拟现实的全部潜能"（Jastrow quoted in Bonasio，2017）。

事实证明，普及头戴式设备是很困难的。这有各种各样的原因，如时尚的变化、消费者的接受度、处理能力不足、隐私问题以及眩晕感。然而，很多问题正逐步得到解决。显卡的先进处理能力使帧率提高到了90帧/秒，这显然避免了佩戴者的"晕动症"（Simulation Sickness）。苹果公司收购了德国的眼球追踪技术公司SensoMotoric Instruments。他们的头戴式设备的特色在于一种叫作"视网膜凹式渲染"（foveated rendering）的渲染技术，这种技术为头戴式设备的佩戴者提供了看得到的高分辨率图像。外围图像将以更低的分辨率传输，以减少计算负荷。SensoMotoric技术可能"不仅仅是让增强现实和虚拟现实看起来和感觉起来更真实——它可能是技术主流的关键"（Ghosh，2017）。

迪士尼（Disney）正在创作一种直接面向消费者的流媒体服务。脸书也要提供娱乐内容来与油管、网飞和传统电视网络竞争（Kelion，2017）。脸书尤其对智能手机用户可量化的社交媒体参与感兴趣。这包括用数据挖掘他们的点赞、分享和评论，以便推送个性化内容并传递目标广告。商业驱动、产品导向的虚拟现实叙事包括"体验式"品牌开发,旨在促进与客户的"深度互动",以及对品牌的"长久记忆"(Steward,2017)。

未来的叙事范式可能实现伯吉斯对音响设计、文本、乐谱和视觉复杂的混合式愿景。当今,有大量的动态内容越来越多地在潜意识层面影响着我们。观众的主观反应会受到他们的文化背景和知识的影响。能够阅读乐谱,解读视觉构成、取景、时间、腔调、颜色,对比和翻译语言,并考虑细微差别的观众,将成功解构一个复杂的文本。然而,这可能只是一部分观众罕见的全部才能。交互故事世界是一个戏剧空间,它丰富多样、包罗万象。不管未来出现什么样的故事形式和传播平台,无论你的故事是一部传奇还是一部小品,观众想要的都是一个"极好的故事"。

附件1　制作短片《一点外快》

168　　《一点外快》(The little Extras)的最初创意是按照传统的线性叙事发展的。一个叫萨拉(Sarah)的女人跟她的丈夫和小孩一起生活。她的婚姻生活并不幸福，但是又没有能力离开。在绝望中她找了份兼职，给一对年老的夫妇打扫卫生。年老的女人总是严厉指导她该怎样打扫，并解释说自己的丈夫长期卧床不起。萨拉每天打扫的时候总是跟这个丈夫交流。时间一长，这个老年男子开始迷恋萨拉并逐渐给萨拉提出了一个不正当的交易。他让她裸体做家务，并支付额外的工资［最初的名字为《最后的喝彩》(The Last Hurrah)］。所以萨拉面临着十分有趣的道德困境。故事构建了戏剧性的冲突：她是应该妥协自己的道德和尊严，还是说当人处在水深火热中时这些原则都可以变通？她跟自己交心的好友讨论这件事情，与自己的丈夫争辩，并仔细考虑了自己的处境。经过深思熟虑，她决定接受这份工作并接受那些报酬，然后计划用那些钱为自己和儿子规划新的生活。后来，她的朋友试着跟自己的雇主做出类似的工作安排，暗示他可能会喜欢一些"额外"的照顾。由此，《一点外快》提出了一个问题：到底谁在利用谁？

　　随着项目不断推进，故事以戏剧即兴表演和多版剧本的形式逐渐展开。交互性成为故事发展中探索叙事的一种功能，这似乎显得十分合理。

一、走向新电影范式

169　　体验式叙事和数字化叙事为传统的故事形式提供了令人兴奋的替代选择。《一点外快》的目的就是创造一种交互电影范例来开发飞速发展的数字化生产和传播技术的潜力。我希望以一种能够提供给观者一定程度叙事代理的故事形式，来探索用户参与的沉浸体验。观众能够随着故事的进展选择可替代的叙事视角。最初，我打算通过一个网络传送平台来传播影片。然而，这个交互的多视频流媒体内容过高的进程处理电源要求，即使目前最高规格的电脑配置都无法满足。（如图1）

在构建一种探索元叙事，也就是能够提供多种故事视角的方式时，我决定使用叙事学的术语"主叙事"和"嵌入叙事"。在影片中，一个主叙事将作为线性序列持续运作30分钟，嵌入叙事则只在交互时才全部发挥作用。这个短时间持续的片段（子画面）只有在其出现后立刻被观者点击才会播放。如果没有被选择，嵌入叙事将逐渐消失并且不再显示。它们在屏幕上出现的时间和空间位置，以及与它们并存的播放设置（重叠叙事中的音频和转换如何混合）仍将由作者指挥。

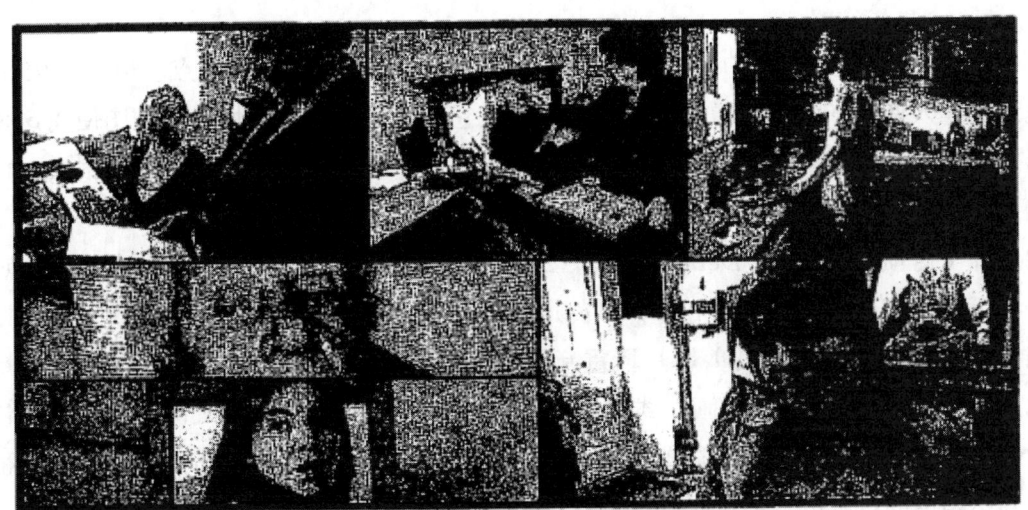

图1 《一点外快》海报

嵌入叙事为观者提供了另一个时间框架，这可能比主叙事所呈现的要快或者慢。诺曼·梅勒（Norman Mailer）比较了在拳王冠军争霸赛中拳击选手的时间感觉和观众的时间感觉（Mailer，1991，p.188）。选手们对时间的感受完全被强化了；他们正在体验一个重大事件的时刻；他们以如此高强度的频率接收信息，以至于他们的时间比观众体验要慢。《一点外快》的叙事使影片的故事可以随着引入更多人物细节和情节发展而扩展。它们为观众提供了操纵故事的权力，使他们可以探索传统影片无法展示的更宽泛的元叙事体验。

通过运用环境音乐和受塔科夫斯基作品启发的长镜头拍摄，我们正在营造一种交互影片的合理氛围。场景的密度可以"加速"或"减缓"经历时间的感觉。如果观众认为时间过得慢，他们将更有可能参与交互；"从这衍生出了波德莱尔的经典理论：'所有优秀的和真正的创作者都是根据他们头脑中的形象来创作，而不是根据自然'"（Agacinski，2003，p.74）。

二、使用空间蒙太奇的叙事

《一点外快》是数码拍摄的作品，其视觉审美有低成本作品的特点。道格玛95的电影制作人使用了数码摄像机，一部分原因是它的真实感和灵活性。当试图使用这种形式来生产高质量视觉效果时，奇迹妙想就诞生了。预算限制对项目的影响很大，特别是在制作后期以及在交互平台及用户交互界面的发展方面。通过重新剪辑一部早年的短片《讨债之门》（At Debt's Door，2005），我体验到了空间蒙太奇。在某个特定场景下，母亲布丽吉特（Brigid）和女儿玛格丽特（Margaret）在为钱争吵。通过按照空间蒙太奇对屏幕上的剪辑片段重新组织，与进入传统剪辑版本相比，观众更快地进入了故事世界。"连环画"式的排放序列迫使观众"探索"蒙太奇元素，等待包含新的叙事信息并推动故事往前发展的下一片段。场景随着年迈的布丽吉特乘坐出租车到达玛格丽特荒废的旧房子外面而缓慢展开。尽管年事已高，她还是得自己打开车门，踩着很陡的楼梯将很沉的包裹拖到房间去。她按响了玛格丽特公寓的蜂鸣器。街上非常吵闹，布丽吉特看起来焦急不安，她对周围的环境感到不舒服。屏幕左侧四分之一的画面，呈现了一个跟拍进厨房的镜头，显示这对母女正在将一些瓷器放到桌上。在屏幕右方，我们看到一系列关于桌子上不同器皿和沏茶的特写镜头。这旨在展现厨房的布局，同时也能关注她们日常生活的细节。同时也使节奏放缓，让观众将注意力转移到接下来的对话上。两个片段（布丽吉特和玛格丽特的中景镜头）并置淡入到画面中央，画面逐渐增大。她们之间愤怒的对话像击剑比赛一般进行着。两个女人都冲对方发出了刺耳的评论，氛围变得越来越僵。玛格丽特向布丽吉特询问自己与妹妹杰西住在一起时收到的那些"情书"。故事最初已经表明这些信函其实是布丽吉特一直对女儿们隐藏的未付账单。布丽吉特向女儿发起了迅速且精准的反击，询问有关玛格丽特丈夫的工作情况。她知道这一直是玛格丽特最在乎的话题，并且将很快让她不再询问有关信函的问题。随着对玛格丽特脆弱心灵的严重打击，布丽吉特的形象进入画面中央并逐渐取代了玛格丽特的形象，这也象征着布丽吉特再次在争吵中胜出。

通过在屏幕上将片段并置，可以让观众同时从两个角度看到对话。这对这场戏是非常适合的，因为人物的反应镜头与台词一样重要。几年来我一直把这个场景的两个不同版本放给学生看，选择空间蒙太奇的学生一直比选择传统线性剪辑的多。他们的反馈就是通过即时展示不同的叙事视角，观众会更能感到沉浸于故事之中。

三、观众凝视

在剧本的初稿中提到了裸露或半裸的问题。在这些版本中，萨拉在老人面前脱光衣服，一丝不挂地做家务。在她的裸体形象之后可以出现一些喜剧化影像和富有创意的镜头语言，使其显得不会过于色情。我担心一些摄影作品迷恋物神的影像将主导故事的风格；一种已经被构建空间呈现的交互内容要求所妥协的视觉风格。剧本更改之后，萨拉"秘密"试穿女人昂贵的衣服，没有意识到老男人在看她。他提出，她可以留着这些衣服，只要她在打扫的时候穿着它们。很快，她将这些衣服卖给了一家古董服装店。

劳拉·穆尔维（Laura Mulvey）指出，对恋物癖的痴迷揭示了女性大众形象背后的意义。女人在影片中穿着极具挑逗性服装的形象十分普遍，已经成为男性幻想和迷恋的物象（Mulvey，1989，p.13）。穆尔维认为恋物关乎男性的自恋，他们视女人的裸体为阉割的自己。女性器官代表了一种伤口，一种男性统治下女人作为物象的展现，而不是代表女人自己的幻想。对女人来说，这个将要呈现的物化女性的形象并不真实存在，只不过是男性潜意识幻想的再现。

在交互电影中，萨拉被鼓励去实现老男人的性幻想。她成为他注视的物体，但是电影短暂停止，阻止她进入观众凝视的范围。这将打断叙事，而停留在性客体上。作为娱乐媒介，这将限制交互的必要性。"凝视"将作为"剪辑"进行并将叙事植入一个单独路径。出于创作一部交互电影的目的，这种情色凝视不可以在这个阶段被包含进来。故事将"品德美好"的萨拉置于一个妥协的位置。我们知道她需要钱，我们与故事的交互告诉我们这种"凝视"不会威胁到她。她将自己的物质需要放在了情感之前。

四、作者的首要意图

詹姆斯·乔伊斯采用了一种抒情风格让阅读变得更像一种体验：

效果有时是惊人的，但代价却是文学措辞的根本性完全崩塌、文学方法本身的完全解体；对读者来说，文本已成为胡言乱语。

（Williams，1980，p.20）

乔伊斯的读者们必须接受作者的首要意图，接受他已经创建的现实以及进入那些现实的机制。交互叙事电影需要观众同样的投入；交互性是用来讲述更复杂的故事，不能按照简单的术语来审视。

意大利电影导演罗伯托·罗西里尼（Roberto Rossellini）在一次与马里奥·维尔多内（Mario Verdone）的采访中讨论了电影中的现实主义：

现实主义电影拥有一个跟现实物体一样的"世界"，而不是讲故事。它所要讲述的内容并不会预先设定好，而是会取决于其自身进展。它无意表现甚至抗拒那些浅薄的大场面，而是更倾向于揭示事物的本源。

（Rossellini quoted in Williams，1980，p.32）

《一点外快》尝试了新的技术，但是拒绝了一些奇迹妙想和不必要的用户交互。这强化了作者在文本中要表达的首要意图，并防止了读者改变作者的目标和目的。故事并非是公式化的，相反，它允许观众通过作者引导的叙事来参与体验，在不改变故事世界的情况下解读它。交互性不是固定的，它提供了各种叙事路径。观众会发现某些路径会比别的更有意思，他们将基于自己对情节/人物的喜好来做决定。经过设计，每个人在参与故事的过程中，有些探索路径是不会被发现的。通过这种方式，故事交互反映了我们在现实生活中所作的决定，日常选择控制并影响了我们的所见所闻。这些将通过嵌入叙事来解决。每一个都增强了我们对元叙事的意识。特殊创作的场景是用来扩展观众对故事现实的知识，同时避免了全面铺陈和冗余内容。嵌入叙事不是套层叙事（mise-en-abîme）（电影中的电影）。它们不会解构叙事也不会简化整体文本。相反，它们与主叙事的场面调度（mise-en-scène）中所建立的内涵要求一致（Hayward，2006，p.252）。作为电影的一个功能，嵌入叙事给电影创作者提供了采用体现作者风格的元素来创作有意义的新场景的机会。这些场景可能与线性文本并行不悖，但是当按照非线性叙事进行构建时，交互故事是非常有效的。根据故事某一节点的发展，我们被带到新的、不曾预期的某个地方，从而改变对故事和人物的解读。

五、放弃作者权

交互叙事模糊了作者和读者之间的界限：

> 需要考虑的是，交互叙事的目标不是创作叙事，而是给故事读者提供一个能够发现或者建构叙事的上下文和环境……交互叙事的设计者和作者更像是建筑师，而不是作家。
>
> （Meadows，2002，p.54）

《一点外快》所展示的电影制作模式中，作者/导演可以创作一种能在设定的叙事范围内自由探索的交互电影。马克·勒布朗（Marc LeBlanc）将其描述为"放弃作者权"，"创作故事世界的规则和程序是行使如何定义空间范围的作者权利"（LeBlanc quoted in Meadows，2002，p.54）。作者创造了故事世界，然后让观众去发现它。

《一点外快》的功能就像是时间上每秒呈现25帧布勒哲尔绘画（Bruegel painting）一样。空间蒙太奇元素配合在一起改变了视角，但是就法布拉而言，他们并没有同时发生。主叙事和嵌入叙事在时间上和物理上都是分离的。对有些嵌入叙事来说，叙事性阐述将在法布拉范围内独立于自己的位置之外。它们仅仅是存在那里，通过对故事和人物额外视角的呈现来发展我们对故事的理解。

六、解构主义电影

叙事解构的独立主义也必须拒绝：《一点外快》通过刻意构建，使美学内容凌驾于形式之上（Hayward，2006，p.301）。交互形式关注应用的简化，而不是创建一个现代音乐交互界面来疏远传统电影观众。

> 但在挑战所有关于真相、正义、道德、意义的统一标准时，在追求把所有的叙事和元理论消解于语言游戏世界的过程中，解构主义最终不顾最激进的实践者的最佳意图，将知识和意义简化为能指的废墟。
>
> （Harvey，1990，p.350）

传统影院感受是一种与知识分享的"真实"相遇。通过在整个小组"现场"交流情感和反应来刺激和提高具体的反应。叙事按照导演和编辑指挥的固定步伐向前推进。观众在文本范围内关联并阅读事件以形成他们自己的解读,他们的想法在过去的事件(场景)和现在之间及时地来回反复。通过收集叙事信息,观众构建他们自己对文本的"真正"理解和意义。这并不是一个集体协议,而是对叙事的总体反映。解构主义电影(deconstructive cinema)使电影制作人使用的道具真实可见,让观众沉浸其中,这可以被形容为"反影院"的(Hayward,2006,p.98)。通过打破电影的审美并且故意违反叙事影片的传统编码方式和习惯,解构主义电影将文本碎片化为不同区块,由观众再次进行拼接。当电影制作人介绍他们的美学和政治观点时,叙事流被忽略了。在达戈尔(Godard)的《筋疲力尽》(*A Bout de Souffle*,1960)中,跳切①刻意打破了叙事节奏,意在拒绝当时主导好莱坞的叙事传统。

《一点外快》使用了空间和时间蒙太奇,但并没有以叙事整体作为代价来使文本碎片化。它提供给观众的体验是具有故事多重视角的元叙事。解构主义方法将分离这些交织的文本并创建一系列的多余片段:"效果就是分解(解构)作者的权利来施加意义或者提供一种持续的叙事"(Harvey,1990,p.51)。费雷德里克·詹姆逊(Fredric Jameson)同样指出,对文本的解构性"阅读"将创建一种与传统艺术作品的"边界"相似的结果。对传统艺术和文本的解构性解读打开了叙事边界并"让我们置身于别处"(Jameson,1991,p.157),首要就是在文本之外并且置身事外。克里斯托弗·诺里斯(Christopher Norris)说"解构主义将永远都不会有结尾词汇,因为它的洞见不可避免地受到修辞的影响,并会受到进一步的解构性解读"(Norris,2006,p.83)。影片《一点外快》的目的在于引发观众对视角问题的思考,并从互相的讨论中获得启发。诺里斯最终给出的建议是将观众从叙事中抽离并使交互成为多余。

七、嵌入叙事的功能

《一点外快》的嵌入叙事允许观众在文本中进行探索,如何在自愿观看的前提下让叙事保证情节的完整?它们的意义就在于增加一些既能够在主叙事中自然存在,也能够按逻辑发展的情节。它们传达的是元叙事的隐藏部分,扩展了故事,创造了人物。亚里士多德说:

> 情节应该(正如悲剧)进行戏剧化的构建;也就是说,它们应该考虑统

---

① 跳切是在不匹配的镜头间的剪切,这种剪辑方式通常会干扰观众在场景中的方向感。

一的动作、完整的整体,并具备开头、中间部分和结尾。

(Aristotle quoted in Heath,1996,p.38)

这将使元叙事的嵌入元素成为观众基本观看的内容。这种情节的"确定结构"(determinate structure)需要所有部分都被呈现出来才能正常运作。所以,不同元素的结构必须是一种任何章节的调换或转移都将重置或改变所有一切的结构。如果某些东西的出现或缺席并没有可辨别的效果,那说明它并不是整体的一部分(Heath,1996,p.15)。

八、学习互动的新模式

在《当代认识问题》(Contemporary problem in Perce Ption)一书中,有一篇关于佩戴倒转视野眼镜试验的文章。最终试验对象适应了运动模式与视野方向的新关系,这证明人不仅可以通过"学习"适应上下维度和左右对称关系,"人类还具有天生的运动组织能力"。

> 当我们将反馈概念植入我们的思想时,我们正在使用控制论模式,这不仅使认知能力导致了行为产生,而且行为不可避免地改变了感知反馈。认知指引了行为,行为也指引了认知。

(Welford &Houssiadas,1970,p.126)

这一研究表明能够提供信息反馈的交互界面将是成功的。观众与叙事进行交互以此影响他们的视角;反过来,这个也将影响他们与不同叙事元素之间的关系。嵌入叙事提高了文本认知能力,扩大了元叙事。因为每一个嵌入叙事都对元叙事的某一特定部分增加了信息,观众可按照自己感兴趣的方向预期与那些接受了故事的人(或者跟随一个剧中人物)进行交互。

塔科夫斯基不认同空间蒙太奇的当代试验:

> 近些年电影技巧的发展已经产生(或退化)了一些特殊的反常现象:为同时并行展示两个或者更多行为,宽银幕被分割成两部分或者更多。在我看来,这种创新是欠考虑的;多屏电影不应该与和弦、和声或复调音乐进行比

较，而应该与几个管弦乐队同时演奏不同音乐的声音进行比较。

（Tarkovsky，1989，p.71）

塔科夫斯基倾向于将图片按照空间来呈现，就像一首诗一样，一个词语接着另一个，一次一行。他认为从生理角度来说，同时观看几个视频是不可能的。不过现代剧本将证明他说的不是真的；事实上，混合拍摄的空间蒙太奇在《欧洲特快车》的运用，提高了对场景的感受和解读。通过在全屏幕内使用子屏幕来空间呈现并行时间线，每一个子屏幕都"包括"了单独的几秒。观众可以同时观看某一事件的"以前""以后"和"现在"。结果对观众来说都是非常深刻的体验。多种空间信息增加了场景密度，迎合了由肾上腺素上升所激发的感知力提升。当然，塔科夫斯基提到的可能是那些无法同时呈现的相反或者不相关的图像。

九、叙事沉浸

对书籍的沉浸并不总能反映高文学价值或者对文本动态参与的要求。托妮·莫里森（Toni Morrison）的《宠儿》（*Beloved*，1987）所营造的沉浸感是出了名的。通常，最熟悉的文本也是最有沉浸效果的。与此相似，《一点外快》必须达到一定程度自然的、而不是被强制或预设的交互。挑战就在于利用观众以前的体验来呈现一个简单的故事。他们需要对嵌入叙事可能在哪个节点需要他们参与有些想法。嵌入叙事需要一个"引入时间"，使场景可以足够长地呈现在屏幕上让观众重新组织，但如果没被观众选择的话还是应该随即逐渐淡出屏幕。对影片的沉浸部分是因为观众的不作为。影片将在没有帮助或交互的情况下向前推进；观众成为非参与观看者。观众成为参与观看者和文本保留传统电影沉浸质量的能力，这两者之间的潜在冲突需要更进一步分析。交互界面可能成为文本沉浸和观众真实世界之间的障碍。这只是问题的实体方面，就思维进程进展到观众沉浸而言，一个欠佳的剪辑也能提醒观众他们在观看电影。所以实际上，任何的用户体验要求都可能导致同样的结果。在处理这个问题的时候，我相信内省式的电影制作手法，受到贝拉·塔尔（Béla Tarr）《鲸鱼马戏团》（*Werckmeister Harmonies*，2000）、《诅咒》（*Damnation*，1988）和塔科夫斯基《潜行者》（*Stalker*，1979）中镜像式呈现的启发，使交互界面沉浸于叙事文本中，有助于观众忽略功能并关注叙事。

十、中央视觉和外围视觉

《一点外快》中的交互也取决于观众是否能够同时接受多个空间呈现的画面。这种呈现技巧依赖于一个人使用外围视觉（peripheral vision）而不是中央视觉（fovel vision）来吸收信息的能力。中央视觉不到一度宽，用于聚焦在特定物体上。外围视觉使我们可以看到更大的范围并引导我们向前。外围视觉将在空间和时间上，对观众进行整个叙事过程的引导。

"观看"的时间过程一闪而逝，是生成影像的叙事方面的事物之一。这是个暗含叙事的时间进程，由于提供了开头和结尾，加之眼睛的运动，使许多叙事作者在讲故事时可以操控和把握。

（Meadows，2002，p.94）

当阅读和浏览文本时，我们是在"勾画"它们的形象，我们没有看见它们，而是"记住"它们。如果交互叙事的体验本质是让观众沉浸在故事中，参与方法应该是利用我们现有的能力来探索世界。

阅读（或者学习阅读）的时候，"口语（colloquialisms）甚至整个句子都可以一眼辨别出来，因为我们了解将要看到的东西。冗余的信息不会妨碍我们的理解"（Meadows，2002，p.94）。

十一、改变视角

阿飒尔·纳菲西（Azar Nafisi）讲述了一位伊朗教师秘密指导年轻女子学习英语文学的故事（Nafisi，2003）。课堂是非法并且高度保密的。一些学生甚至不能告诉家人她们在上课。阿飒尔的朋友米娜（Mina）告诉她教授模糊概念的方法。她问她的学生，当她将椅子移到不同位置的时候，她们看到了什么。她告诉她们，尽管她们在教室的不同位置，有不同的视角，但她们看见的仍然是同一把椅子。她们现在意识到了有不同的方式来观看同样的椅子。这与《一点外快》的叙事架构是非常相似的。观众观看的是同样的故事，但是却有不同的方式来解读叙事。该影片采用的交互水平增加了潜在的故事视角，继而增加了对故事不同解读的了解。观众可以在更私人的层面上参与叙事。通过交互，他们将自己的解读与视觉交织在一起。

十二、《一点外快》的声音设计

在视听文本中应用音乐是最能将观众引入到完全体验的方法。"对于产生幻觉的思维来说，音乐语言在创作感觉的水平对应、揭示数字和物体之间的垂直对应方面是同样擅长的"（Ryan，2001，p.79）。音乐是故事的重要部分。它被用来营造一种沉浸氛围从而使交互变得自然。由于它的存在，空间蒙太奇的交互具有了"圆形边缘"。就像传统的剪辑方式一样，我们通常是在制作视频之前剪辑音频。音频剪辑将我们无缝带入文本拍摄，其后是视频。《一点外快》中使用的环境音乐意在让交互变得"无缝"。

十三、解读与重新解读文本世界

文本创建的感知氛围使读者可以按照自己的想象来"建构"文本世界：

> 该行为的语言功能就是挑选文本世界中的物体，让它们与属性相关联，让人物和布局生动化——简单来讲，将它们的呈现与想象关联。
>
> （Ryan，2001，p.91）

电影提供了一种认识这个世界的方式（音频和视频），但它们也为观众创建了一个新的想象的现实。电影可以选取人物并将他们置于不同的境况下，其娱乐性源于观看他们如何成功或失败地处理了这种境况。在此，作者/导演控制了世界的可视性。他们控制了观众能听到和能看到什么。观众可以按照自己的方式解读这个视听赋格，但是并不如他们解读书面文本时那般自由。《一点外快》中，这些权限控制一部分给予了观众。观众可以通过选择特定的故事视角来按照自己的方式"探索叙事"。嵌入叙事是那些具有更强戏剧张力的场景，但也能与主叙事相融合，或者作为删减片段。我们在家庭影院的播放中能看到，删减片段经常被剪辑回来加入电影的后期发行。这就转向了完成一部电影的实际行动问题。电影经常被形容为三次制作：一是脚本，二是脚本拍摄成电影，三是电影剪辑。显然，电影制作人可以审视影片制作的第三个阶段，只要他们想对脚本和镜头进行再次解读。雷德利·斯科特（Ridley Scott）重新剪辑了几次《银翼杀手》，并且在首播大约25年之后，重新拍摄了其中一个场景。在没有大量应用数字效果的电影中，再次进行剪辑并不是常规操作。所以，《一点外快》

给观众带来了一些"重新解读"的潜力。就像一个重新剪辑的电影版本,故事视角可能转变,但是故事本身基本保持不变。故事的开头和结尾不会改变,但我们可能会更多或更少地了解人物和他们的叙事历程。

十四、故事板和动画

就时间方面来说,《一点外快》的动画分镜(故事板到对话,如图2)非常有用。它们被用来更正如重叠对话之类的问题。为保证最终影片中不出现慢速或者快速的剪辑,必须对场景进行时间限定。

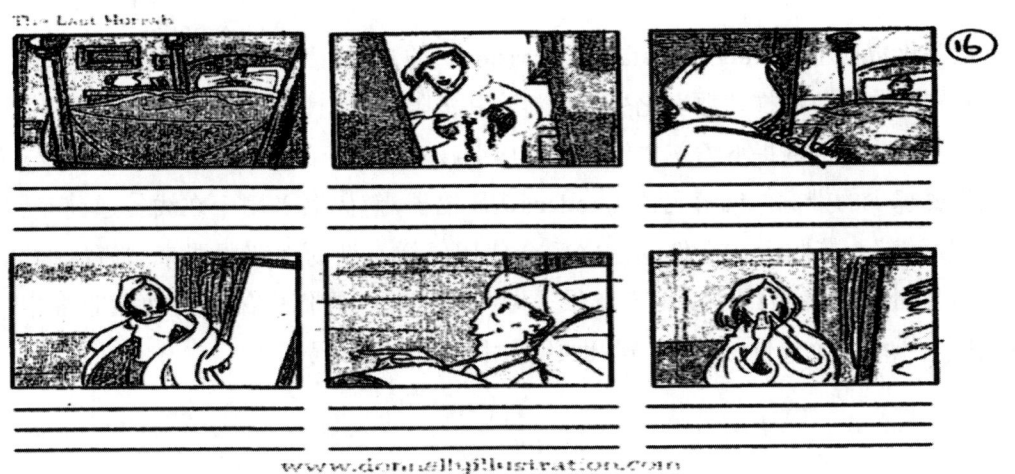

图2 《一点外快》的故事板

瑞恩指出了作者的两种陈述类型。反事实陈述类型,我们从"本真事实"来看待不同的版本,并提供一种替代历史;虚构陈述类型,我们沉浸在文本中,文本成为现实,即回到中心位置,瑞恩将其视为阅读小说的基本组成部分。《一点外快》的交互使观众重新回归到电影文本的"现实"中。故事的沉浸本质发挥了嵌入交互的功能。

通常对一个文本的赏析都是在我们阅读完整本书之后,我们可以将其视为一个单独的实体。《一点外快》的目的在于,观众可以通过讨论自己的探索路径来创建对同一部电影从不同视角观看(或者关注)的共享体验。

附件2 数字化数据压缩

182 数字化数据压缩（digital data compression）的知识对跨媒体工作而言是非常重要的，特别是与解决和推动数字化视听材料到其极限的问题相关。网络播放者采用了在质量损失最小化的前提下缩减文件大小的压缩技术。越小的文件越能被快速传送，而且只需要越少的带宽。编解码器（codecs，压缩器/解码器）用于在线传递前对文件进行"压缩"。接收者在文件到达之后会使用同样类型的编解码器来"解压缩"文件。有大量的编解码器可以用于音乐、图片和视频，它们中的一些功能非常相似，但是用于压缩一个文件的编解码器也必须用来正确地解码。

一、时空压缩：开发冗余

对图像和视频的压缩在时间和空间上都是可以进行的（在每帧之内和从一帧到另一帧）。空间压缩利用了空间冗余，重复了一幅图像内组成单独颜色"区块"的像素值——举例来说，一片蔚蓝的天空。像素在帧幅内按照X-Y坐标定位。当全部

183 所需的是一个值加上它应该被再次使用的次数的数值时，空间压缩用来减少重复传送同样的像素值。当特定X-Y坐标内的像素值不从一幅变到另一幅时，时间冗余便存在了。这通常发生在相机处于固定位置且图片背景是静止的情况下。此处的冗余是组成图像背景的像素，基本上不会从它们的第一幅值发生变化。因此，编解码器通过记录第一帧幅内的X-Y像素值来压缩视频文件，然后指示它们应该被重复多少次。连续帧幅内的快速变换像素值需要一个高数据率（data rate）来存储及播放视频。一些编解码器使用二次编码（two-pass-encoding）来评估每一组镜头需要的数据率，然后增加或减少每一个镜头用到的数据数量来优化压缩。

二、量化：阈值水平和色带

阈值（threshold）可以用来设定压缩需要的层级。这个数值用来根据固定比例量化像素信息。举例来说，一个具有无数颜色的细微精致的图像在每个像素值都需要记录和储存的情况下将生成一个巨大数值。有了量化，编解码器将标注每个数值，然后将其按照设定的比例转换到最近的数值。这就像使用温度计来记录房间温度，精确到0.1度（如32.2°），然后"量化"该值到最接近的整数值（32°）。阈值指明了压缩数值与原数值如何不同。过度量化可能会导致一些图片质量的损失（新的像素值是原像素值的约值——相近但不完全相同），但是也会减少重建图像所需的像素值并进而减少数据文件的大小。所以，必须调整编解码器的设置从而控制使用压缩的数量，或控制可能出现的色带（banding）——原图像内的细微色调变化呈现的大片颜色带。

三、编码压缩

编码压缩用于机器代码层面。编解码器寻找组成文件代码内长且重复的系列位。编解码器移走这些字符串并取而代之以更短的序列。传输文件将包含一个数据头（header），用于通知接收编解码器，通过使用原有的长序列来取代这些短字符串解压缩文件。

四、帧预测：关键帧和校验和值

MPEG（动态图像专家组）（Motion Picture Experts Group）编解码器用来编码视频。MPEG使用帧预测系统来减少必须传送的数据数量。编解码器对关键帧（Keyframes），如帧1和5，进行编码和传送，然后"预测"帧2、3和4。编解码器将"预测"帧与原来帧进行比较，从而评估它们的准确性，然后对帧数据使用一种算法来计算出一个校验和值（checksum value）。这个校验和值也被传送给接收方。一旦收到帧1、5和校验和值，接收编解码器使用帧1和5来预测帧2、3和4，并使用算法来生成另一个校验和值。如果接收到的和本地创建的校验和值是一样的，这些帧一定是被正确预测了。必须对MPEG图像进行缓冲（buffered），才有时间重新发送损坏数据和漏掉的文件。这就意味着MPEG播放不可能是完全现场实时的；在现场活动和接收、对视听材料进行加工并呈现于观众屏幕之间会有短暂的延迟。

索 引

5 Year Drive-By（1995），《5年车程》（1995），117页

8½（1963），《八部半》（1963），23页

24hr Psycho（1993），《24小时惊魂记》（1993），117页

A Bout de Souffle（1960），《筋疲力尽》（1960），175页

A Midsummer Night's Dream，《仲夏夜之梦》，156页

A Rake's Progress（1731-1733），《逐渐堕落》（1731—1733），20页

A Short Film About Love（1988），《爱情短片》（1988），73页

Aarseth，E.，艾斯本·亚瑟斯，129页

Ableton，音乐测序软件Ableton，144页

abstract concepts，抽象概念，40页

Abyss，The（1989），《深渊》（1989），122页

Accenture Interactive，埃森哲互动，155页

Ackerman，C.，香特尔·阿克曼，26页

Acting in Film（1987），《电影表演》（1987），142页

Adorno，Theodor W.，西奥多·W.阿多诺，8页，18页，78-79页，85页

affidavit-exposition，书面陈述-阐述，87-88页

Agacinski，S.，西尔维安·阿加辛斯基·S，20页，170页

Alexander Nevsky（1938）《亚历山大·涅夫斯基》（1938），25页

Algorithm，算法，85页，98页，111页，116页，119页，121页，184页

Algorithmic Music Evolution Engine，音乐算法进化引擎，66页

Alice's Adventures in Wonderland，《爱丽丝梦游仙境》，123页

Allegri, G., 格里戈里奥·阿勒格里, 76页

Altiverb, 采样混响效果器, 81页

ambient: audio, 环境：音频, 69页; music, 音乐, 69页, 170页, 179页

American Splendor（2003），《美国荣耀》(2003)，32页，124页

Amerika, M., 马克·亚美利加, 149页

Anachronies, 错时, 101-102页

Anamorphosis, 失真, 139页

Anderson, P.T., 保罗·托罗斯·安德森, 80页

anempathetic music（soundtracks），非移情配乐，84页

angle of view, 视角, 39页

Antenna Theatre, 天线剧场, 135页

Anthropy, A., 安娜·安托弗, 150页

anticipation and resolution（in story and music），（故事和音乐里的）预期与实现，72页

Aperture Robot Repair（2015），《光圈科技机器人维修》(2015)，145页

Apocalypse Now（1979），《现代启示录》(1979)，80页

Apple, 苹果, 27页, 166页

Arabian Nights,《天方夜谭》, 100页

Arcade Fire, 拱廊之火乐队, 160页

Aristotle, 亚里士多德, 19-20页, 44页, 76页, 127页, 136页

Arnheim, R., 鲁道夫·阿恩海姆, 40页

artificial intelligence, 人工智能, 145页

associative linkage, 关联链接, 115页

Astronauts Wanted, 宇航员通缉令, 156页

asynchrony, 非同步性, 34页

At Debt's Door（2005），《讨债之门》(2005)，170页

Atherton, K., 凯文·阿瑟顿, 123页

attentional blink, 注意瞬脱, 50页, 62页, 102页

audience: diversity 观众：多样性, 71页; engagement metrics, 参与指标, 159页

augmented reality（AR），增强现实，120-121页，148页，160-161页，166页

auteur film-maker, 电影制作人, 41页

Avid, 剪辑软件, 27页

back-story, 故事背景, 30页

Bal，M.，米柯·鲍尔，99页

Balfour，I，伊恩·巴尔弗，33-35页

banding（due to quantisation），色带（由于量化），183页

Banks，R.，罗素·班克斯，33页

Baroque Italian stage design，巴洛克式意大利舞台设计，134页

Barthes，R.，罗兰·巴特，82页，103页，106-108页，129页

Battleship Potemkin（1925），《战舰波将金号》（1925），79页

Baudelaire，C.，夏尔·皮埃尔·波德莱尔，20页，170页

Bazin，A.，安德烈·巴赞，36-37页，48页

BBC Research and Development，英国广播公司研究发展中心，66页

Beatles，The，披头士，138页

Beck J.，朱利安·贝克，134页

Beckett，S.，塞缪尔·贝克特，123页

Behar，H.，亨利·贝哈尔，33页

Bellantoni，Patti，帕蒂·贝兰托尼，54-56页，62页

Bellyfeel，肚感，159页

Beloved，《宠儿》，177页

Benjamin，W.，沃尔特·本杰明，110页

Berger，J.，约翰·伯格，121页

binaural audio，双耳人头立体声录音技术，144页

Biofeedback，生物反馈，162页

Biswas，S.，夏朗·比斯瓦斯，118页

Blade Runner（1982），《银翼杀手》（1982），89页，180页

Blair Witch Project，*The*（1999），《女巫布莱尔》（1999），81页

Blast Theory，爆炸理论，154页

Blumenthal，H.，汉克·布鲁门撒尔，164-165页

Bonitzer，P.，帕斯卡·波尼茨，41页

Bonnici，S.，萨拜娜·邦尼奇，150-151页

Bootz，P.，菲利普·布茨，129页

Borges，J.L.，豪尔赫·路易斯·博尔赫斯，33页，115页

Bosch，H.，希罗尼穆斯·博世，92页

Brand Voice，Forbes publishing platform，《品牌之声》，福布斯出版平台，157页

branded content，品牌内容，155页，157-158页

Brandt, B., 比尔·布兰德, 15页

Branigan, E., 爱德华·布拉尼根, 35-37页

Brecht, B., 伯托尔特·布莱希特, 18-19页, 104页, 106页

Brodovitch, A., 阿列克谢·布罗多维奇, 15页

Broken Night（2017），《破碎的夜》（2017），161页

Brontë, E., 艾米丽·勃朗特, 32页, 136页

Broomberg, A., 亚当·布鲁姆伯格, 104页

Brown, M., 马克·布朗, 118页

Brown Sisters: Thirty-Three Years, The（2007），《布朗姐妹的三十三年》（2007），16页

Brueghel, P., 彼得·布鲁盖尔, 92页

Bruner, J., 杰罗姆·布鲁纳, 7页

Buckley, M., 迈克尔·巴克利, 47页

buffered data, 缓冲数据, 184页

Buffini, M., 莫伊拉·巴菲尼, 123页

Burgess, A., 安东尼·伯吉斯, 46-47页, 68页, 71页, 166页

Burroughs, W., 威廉·巴勒斯, 91页

Buzzsumo, 内容研究工具, 159页

Cage, C., 克莱尔·凯琪, 154页

Caine, M., 迈克尔·凯恩, 142页

Calvino, I., 伊塔罗·卡尔维诺, 52-53页, 115页, 129页

Camerata, The, 音乐社团, 76页

Cameraworks（1984），《摄影作品》（1984），90页

Carroll, L., 路易斯·卡罗, 123页

Cartier-Bresson, H., 亨利·卡地亚·布列松, 22页, 105页

Casino（1995），《赌场风云》（1995），32页

Causal, 因果性的, 130页；causality, 因果关系, 相关性, 35页, 143页；cause and effect 因果关系, 17页, 48-49页

Cent Mille Milliards de Poèmes,《一百万亿首诗》, 129页

chain of related sensations（Kandinsky），相关感情链（康定斯基），61页

Chanarin, O., 奥利弗·查纳林, 104页

checksum value, 校验和值, 184页

Chiaramonte, G., 基亚拉蒙特, 53-54页

Chinatown（1974），《唐人街》（1974），55页
Chinese Room, The，中国房间工作室，147页
Chion, M.，米歇尔·琼，84页
Chromotherapy，色光疗法，61页
chronological deviations，时间偏差，101页
Činčera, R.，拉杜兹·金赛拉，135页
cinematic allusionism，电影的隐喻，80页
Cinematic VR Field Guide：Best Practices for Shooting in 360°，《电影VR领域指南：360度拍摄的最佳实践》，153页
circular theatre architecture，圆形剧场建筑，134页
Citizen Kane（1942），《公民凯恩》（1942），34页
City of God（2002），《上帝之城》（2002），73页
Coan, J.吉姆·科恩，51页
Codecs，编解码器，182-184页
codification：of audiovisual story content；of music；of responses to form and colour，编纂：视听故事元素，98页，118-119页；音乐，70-72页；对形式和色彩的响应，97页
Cold Mountain（2003），《冷山》（2003），27页
Collishaw, M.，马特·克里肖，162页
colloquialisms：parsing sentences，口语：分析句子，179页；in story language，在叙事语言中，150页
commedia dell'arte，即兴喜剧，137页
Composition No.1，《一号作品》，129页
Concatenation，连接，107页，127页
Conductrr，内容管理系统，160页
Confabulation，虚构，51页
Confessions of an English Opium- Eater，《一个英国鸦片吸食者的自白》，105页
Connotation，内涵，46-47页，64页，83页，173页
Contently Analytics dashboard，内容分析盘，159页
contextual operating system，背景系统，112页
Contiguous，毗连，26页，100页
Contrapuntal，对位，84页
Conversation, The（1974），《对话》（1974），24页

Cooke, D., 德里克·库克, 71页

Coover, R., 罗伯特·库弗, 115页

Copland, A., 艾伦·科普兰, 79页

Coppola, F., 弗朗西斯·科波拉, 24页, 73页

Corbett, R., 罗尼·考拜特, 59页

counterpoint: melodic, 对位: 旋律, 79页, didactic, 说教, 84页; accidental, 偶然, 75页

Cultural Analytics Lab, 文化分析实验室, 108页

Cunningham, L., 利亚姆·坎宁安, 88页

Curry, J., 杰西卡·库里, 147页

cyber-archaeologists, 网络考古学家, 111页

Cybertexts, 网络文本, 129页

Czechoslovak Pavilion at Expo'67, 第67届世界博览会的捷克斯洛伐克展馆, 135页

d'Arezzo, G., 阿雷佐·吉多, 27页, 75页

Damnation(1988),《诅咒》(1988), 178页

Damsbo, M., 马德斯·戴思博, 162页

dark patterns, 黑暗模式, 155页

data rate, 数据率, 183页

data visualisations, 数据可视化, 158页

Database, 数据库, 98页, 109-119页, 126页, 144页

Davies, C., 查尔·戴维斯, 121-122页

Davies, T., 特伦斯·戴维斯, 90页

de la Pena, N., 诺尼·德·拉佩纳, 143页

De Quincey, T., 托马斯·德·昆西, 105页

Dear Esther(2012),《亲爱的艾斯特》(2012), 147页

Debussy, C., 阿希尔-克洛德·德彪西, 61页

decisive moment, 决定性瞬间, 22页, 105页

deconstruction theory, 解构主义理论, 48页

deconstructive cinema, 解构主义电影, 174-175页

decontextualised cinema, 去文本化的电影, 35页

DEEP Inc, 深度公司, 143页

Deleuze, G., 吉尔·德勒兹, 112页

Deloitte Digital，德勤数字，155页

delta, the，增量，81页

DeNiro, R.，罗伯特·德尼罗，32页

Denis, C.，克莱尔·丹尼斯，33页

Denotative，外延，64页，82-83页

Dense Clarity, Clear Density，《高清晰度，高密度》，28页

DePalma, B.，布莱恩·德帕尔玛，58页

Deren, M.，玛雅·黛伦，46页

Design Laboratory, The，设计实验室，15页

determinate structure，确定结构，176页

diabolus in musica，魔鬼的颤音，71页

Diachronic，历时，83页

dialectical materialism，辩证唯物主义，149页

Dialogue，对话、对白，31页，33-34页，40页，64页，67-69页，73页，80页，83页，93页，98页，100-101页，103页，135页，146页，161页，180-181页

Diegesis，叙事引导，7页；Diegetic，剧情声，32页，40页，42页，79-80页，82-84页

digital data compression，数字化数据压缩，182-184页

Diptych，双联画，25页

Disney，迪士尼，166页

Displaced, The（2015），《错位》（2015），158页

Distanciation, see also Brecht, B.，距离论，参见布莱希特·B，106页

Distant Voices, Still Lives（1988），《声渺物静》（1988），90页

distribution: of product，发行，96页；cycles，周期，97页；networks，网络，111页，118页；platforms，平台，121页，155-156页，159页，165页

Divine, C.，克里斯汀·迪万，150页

Doctor Who，神秘博士，159页

Doghouse, The（2015），《狗屋》（2015），162页

Donegan, C.，卡米尔·多尼根，161-162页

double linearity，双线性，101页

double-exposed images，双重曝光影像，89页

Dovey, J.，约翰·杜威，49页

Dr. Mabuse, The Gambler（1922），《玩家马布斯博士》（1922），36页

dramatic tension,戏剧张力,29页,131页

Dreyer,C.,卡尔·德雷尔,40页

Dunkirk(2017),《敦刻尔克》(2017),64页,128页

Edge of Space(2015),《太空边缘》(2015),143页

Edward II,(*Brecht*),《爱德华二世》(布莱希特),18页

Egoyan,A.,阿托姆·伊戈扬,33-35页

Eisenstein,S.see also montage,谢尔盖·爱森斯坦,参见蒙太奇,25页,37-38页,54页,58页,78-79页,87-90页,97页,115页,127页

Eisler,H.,汉斯·艾斯勒,78-79页,85页

Eko,埃科,160页

Elara,云平台,126页

Eliot,T.S.,艾略特,140页

ELIZA(1964),伊丽莎(1964),149页

Ellipsis,省略,143页

embedded narrative,嵌入叙事,100-101页,127页,169-170页,173-174页,176-178页,180页

emergent landscape,新兴风景,124页;Meaning,浮现意义,133页,151页;narratives,突现叙事,118页

Emotiv,意念控制器,160页

Empathy,同理心,36页,146页,148页

Empathetic,移情的,84页,145页

Empire(2015),《帝国》(2015),159页

End of the Line(2016),《地铁四重奏》(2016),160页

Engagement,参与,14-16页,19页,36页,41页,47页,50页,88页,118页,150页,154-155页,159页,161-163页,166页,169页,173页,177页,179页

Entgrenzung,打破边界,46页

epiphany,see also Joyce,J.,顿悟,参见詹姆斯·乔伊斯,138-139页

Epson Moverio glasses,Epson Moverio增强现实智能眼镜,161页

equal temperament,平均律,77页

ergodic literature,遍历文学,129页

Europa(1991),《欧洲特快车》(1991),86页,94页,102页,177页

Everybody's Gone to the Rapture(2016),《万众狂欢》(2016),147页

explicit qualification(of a character)(角色的)限定条件,102页

extended shots，加长镜头，39页

extractive hypertext，提取式超文本，114页

Eye for an Eye: A Seance in Virtual Reality（2016），《以眼还眼：虚拟现实中的降神会》（2016），143页

Fabula，法布拉，17页，35页，44页，53页，100-103页，128-130页，174页

Façade（2005），舞剧《外表》，149页

Facebook，脸书，156页，159页，166页

Far From Heaven（2002），《远离天堂》（2002），56页

Feingold，K.，肯·法因戈尔德，48-49页

Fellini，F.，费里尼·F，23页

Ferreira，S.，索瑞娅·费雷拉，159页

Figgis，M.，迈克·菲吉斯，73页，95页

Figueroa，N.，娜塔莉亚·菲格罗亚，147页

Filmatics Creative Services，影视创意服务，143页

filmic discourse（irregular rhythm），电影话语（不规则节奏），82页

Final Cut Pro，苹果剪辑软件，27页

Financial Times, The，《金融时报》，157页

Find The Girl，寻找女孩，153-154页

Finnegans Wake，《芬尼根守灵夜》，47页，124页

Fisher，R，费舍尔，50页

Fitch，C.，克莱尔·费奇，147页

Flaherty，R.，罗伯特·弗莱厄蒂，31页

'flat' and 'round' characters，扁平人物与圆形人物，141页

Flaubert，G，古斯塔夫·福楼拜，136页

Flight Club，飞行俱乐部，156页

flinch points，"退缩"点，26页

Focalizor，聚焦者，100页

Focus Gaze，焦点凝视，143页

Foley，动效拟音，80-81页

Forbes，福布斯，157页

forced perspective，强制视角，143页

Foreshadowing，铺垫，118页，139页

Foreshortening，缩短，138-139页

formalist interpretation（of text），（文本的）形式主义解读，140页

Forster，E. M.，爱德华·摩根·福斯特，141页

Forum theatre，论坛剧场，161页

Foundry，芯片设计公司，126页

fourth wall，the，第四堵墙，35页，134页，140页

foveal vision，中央视觉，178页

foveated rendering，视网膜凹式渲染，166页

Fox Talbot，H，亨利·福克斯·塔尔伯，162页

Fragmentation，碎片，40页，81页

Framed，《诬陷》，146页

FrameTrail，视频制作软件，160页

Fran Bow（2015），《弗兰的悲惨之旅》（2015），147页

French theatre，法国大木偶剧场，135页

Freytag，G.，古斯塔夫·弗雷塔格，136页

Friday Night（2002），《星期五之夜》（2002），33页

Futurists，未来主义者，121页

Gamification，游戏化，161页

Gangs of New York（2002），《纽约黑帮》（2005），65页

Garden of Forking Paths，*The*《交叉小径的花园》，130页

Genre，类型，29页，32页，40页，73页，80-84页，111页，116页，125页，133页，165页

German expressionism，德国表现主义，37页

Gesamtkunstwerk，整体艺术作品，37页，149页

gesture-controlled interfaces，手势控制界面，112页，144页

gestures，performative，表演动作，144页

Giamatti，P.，保罗·嘉马地，32页

glissando effect，滑奏效应，64页

Godard，J.L.，让·吕克·戈达尔，149页，175页

Godfather，The（1972），《教父》（1972），56页

Goethe，J. W.，歌德，54页

Goldman，W.，威廉·戈德曼，31页，43页

Good Cook，The（1998），《好厨师》（1998），47-48页

Goodall，H.，霍华德·古多尔，74-77页，84页

Google：Ads，谷歌广告，158页；Cardboard，谷歌纸盒虚拟现实眼镜，158页

Gorbman，C.，克劳迪娅·戈尔布曼，79页，82-84页

Gordon，D.，道格拉斯·戈登，117页

Gracyk，T.，西奥多·格拉西克，61页

Graduate，The（1967），《毕业生》（1967），80页

Graham，P.，保罗·格雷厄姆，105页

Grammatron（1997），《葛瑞马腾》（1997），149页

Greek chorus，希腊戏剧合唱团，83页，134页

Griffith，D.W.，大卫·格里菲斯，41页

Guattari，F.，瓜塔里·F，112页

Guignol，大木偶剧场，135页

Haahr，M.，马德斯·哈尔，148页

Haiku，俳句，38页

Hamlet，《哈姆雷特》，51页

Hansen，B.N.，汉森·B·N，117页

Hardman，C.，克里斯·哈德曼，135页

Hardy，G.H.，G.H.哈代，59-60页，62页

harmonic superimposure，和声叠加，28页

Harpold，T.，特伦斯·哈波德，127页

Haunted Planet Studios，鬼屋星球工作室，148页

Hayward，S.，苏珊·海沃德，17页，124页，173-175页

Header，数据头，183页

Heap，I，伊莫金·希普，144页

Heath，M.，马尔科姆·海斯，19-20页，174页

heimlich，熟悉，163页

Hertzian space，赫兹空间，163页

High Noon（1952），《正午》（1952），128页

Hitchcock，A.，希区柯克·A，36页，41-42页，117页，160页；'bomb theory'，炸弹理论，36页

Hitchings，H.亨利·希金斯，51-52页

Hockney，D.，大卫·霍克尼，86页，90-91页

Hoey，E.，伊莲·霍伊，146-147页

Hogarth，W.，威廉·霍加斯，20页

Hollywood，好莱坞，47页，78-79页，84页，95页，175页

Hope，C.，夏兰·霍普，67页

HTML，超文本标记语言，113页

Hulk（2003），《绿巨人》（2003），94页，123页

Hunger（2008），《饥饿游戏》（2008），88页

Huston，J.，约翰休·斯顿，23页

Hypergraphics，超图形，92页

Hypernarrative，超叙事，113页

Hypertext，超文本，43页，114-116页，122页，127页，130-131页，133页，140-141页，149-150页

I Ching，《易经》，115页

I'm Your Man（1992），《我是你的男人》（1992），133页

iBeacon，室内定位技术，160页

If on a Winter's Night a Traveller，《寒冬夜行人》，52页，129页

Iliad, The，《伊利亚特》，101页

imitative-denotative instrumentation - 'mickey-mousing'，模仿-外延的乐器法——"米老鼠化"，82页

IMMEMORY（1997），《非记忆》（1997），113页

immersion：沉浸感，36页，43页，58-59页，65页，69页，139页，151页，178页；emotional，情感的，133页；interactive stories，交互式故事，147页，169页；spatial，空间，127页，133页；Temporal，时间的，127-128页，133页，136页；Textual，文本的，84页，122-123页，127页，135-137页；in VR，虚拟现实中，122页；see also narrative immersion

implicit qualification of a character，隐含的条件，102页

In the Soup（1992），《进退两难》（1992），149页

incantation style speech；Nuremberg rallies，咒语式演讲；纽伦堡党代会，70页

inclusion（VR experience），融入感（虚拟现实体验），143页

Influencers，意见领袖，159页

Infotainment，信息娱乐，145页

infra-ordinary，超日常，104页

Instagram Stories，社交媒体Instagram的故事功能，158页

intention（writer's），意图（作者），30页，47页，77页，86页，118页

interactive narrative，交互叙事，20页，44-45页，49-50页，52页，61页，65-66页，

85页，95页，107页，112-113页，115页，118页，120页，123页，133页，136-137页，139页，142页，146页，148页，160页，164-165页，174页，178页

interactive text，交互文本，43页，46页，62页，85页，107页，115-116页，119页，130-131页，138页，142页，151页

Interface，界面，14页，43-44页，97-98页，101页，109页，112页，114页，116-119页，124页，126页，130页，137页，144-145页，149页，151页，155页，160-161页，170页，174页，176页，178页

interpretative analysis，解释与分析，35页

intertextual character，互文性特征，115页

Intertextuality，互文性，82页

Intertitles，字幕，95页，97页

Iranian film，伊朗电影，35页

Ivy4EVR（2010），《永远的艾薇》（2010），154页

J'ai faim，j'aifroid（1984），《我饥肠辘辘，我寒冷难耐》（1984），26页

Jackie（2016），《第一夫人》（2016），64页

Jackson，S.，史蒂夫·杰克逊，150页

James，C.，克莱夫·詹姆斯，59页

Jastrow，M.，马希·加斯特诺，166页

Jaunt，虚拟现实公司Jaunt，153页

Jazz，爵士，18页，66页，77页，85页，89页

Jebb，K.，凯特琳娜·杰布，91页

joiners（Hockney），拼贴（霍克尼），86页，90-91页

Jones，T.，托比·琼斯，32页

Joyce，J.，詹姆斯·乔伊斯，33-34页，46-47页，115页，124页，137页，149页，172页

Joyce，M.，迈克尔·乔伊斯，131页

Judy Garland Museum，朱迪·嘉兰博物馆，155页

Jukin Media，尤金传媒，156页

jump cut，跳切，26页，175页，181页

Juxtaposition，并列、并置，17页，25页，34页，48页，54-56页，86-87页，91页，127页，130页

kaleidoscope metaphor，万花筒般，130页

Kalinak，K.，凯瑟琳·卡利纳克，80页

Kandinsky, W., 瓦西里·康定斯基, 61页

Karen（2015）,《凯伦》（2015）, 154页

Keller, H., 汉斯·凯利特, 72页

Keyframes, 关键帧, 184页

Kiarostami, A., 基亚罗斯塔米斯·科克, 35页

Kieslowski, k., 克日什托夫·基耶斯洛夫斯基, 73页

Killmonday Games, Killmonday游戏工作室, 147页

King Kong（1933）,《金刚》（1933）, 84页

Kino-eye, 电影之眼, 95-96页

Kinoautomat, 自动电影, 135页

Koenitz, H., 哈特穆特·科尼茨, 148-149页, 158页, 163页

Kojima, H., 小岛秀夫, 2页

Koppelman, C., 查尔斯·科佩尔曼, C, 27-28页, 133页

Koran, The, 古兰经, 53页

Korven, M., 马克·科尔文, 64页

Koster, R., 拉尔夫·科斯特, 139页

Kunstwallen（the will-to-art）, 艺术的意志, 58页

Kurosawa, A., 黑泽明, 115页

L'art mnemonique,《浪漫派的艺术》, 20页

La Jetée（1962）,《堤》（1962）, 93页

Lack, R., 拉塞尔·莱克, 81页

Laffan, M., 穆里安·拉凡, 152页

Landow, G.P., 乔治·兰道, 127页

Lang, F., 弗里茨·朗, 36页

Lantern Dashboard, 灯笼仪表盘, 157页

LastMinute.com group, 最后一分钟集合网站, 156页

Laurel, B., 布伦达·劳雷尔, 19页, 36页, 130页, 134-135页, 137页, 143-144页

law of two-and-a-half, 两层半定律, 28页

Leap Motion（VR hand-tracking）, Leap Motion体感控制器（虚拟现实手部追踪）, 145页

LeBlanc, M., 马克·勒布朗, 174页

Lee, Ang, 李安, 94页

Legrady, G., 乔治·拉格迪, 113页

Leitmotif, 主旋律, 79页, 80页, 83页

Lemaltre, M., 莫里斯·勒马特, 92页

Lettrists, The, 字母派, 92页

Levi, M., 迈卡·利瓦伊, 64页

Lexia, 词汇, 107页, 130页, 133页

Lialina, O., 奥利亚·利亚利纳, 113页

Liestol, G., 古纳尔·利斯托, 130页

Lievsay, S., 斯基普·利夫赛, 80-81页

Life is Strange(2015),《奇异人生》(2015), 150页

Ligotti, T., 托马斯·利戈蒂, 150页

Limbo(2010),《地狱边缘》(2010), 149页

Lindquist, J., 林德奎斯特, 160页

literary 'cut-ups', 文学碎片, 91页

Little Extras, The,《一点外快》, 101页, 117页, 168-170页, 173-181页

Living Theatre, The, 生活剧场, 134页

loop, the, 循环, 48页

Lunenfeld, P., 彼得·卢内菲尔德, 114页

Lutz, M., 迈克尔·卢茨, 150页

Lytro camera, 光场相机, 126页

M-Live(Marriott),(万豪酒店)全球内容工作室, 155页

Macbeth,《麦克白》, 161页

MacGuffin, 麦高芬, 41-42页

Mackendrick, A., 亚历山大·麦肯德里克, 29-30页, 43页

Madame Bovary,《包法利夫人》, 136页

Magic Leap, 增强现实公司Magic Leap, 145页

Magnolia(1999),《木兰花》(1999), 80页

Magnum photo agency, 玛格南图片社, 110页

Mailer, N., 诺曼·梅勒, 170页

Makropol, 丹麦创意媒体机构Makropol, 162页

Malina, J., 朱迪斯·玛丽娜, 134页

Malone Dies,《马龙之死》, 123页

Man with a Movie Camera, The(1929),《带摄影机的人》(1929), 95页

Mancini, H., 亨利·曼奇尼, 81页

Mann, A., 艾米·曼恩, 80页

Manovich, L., 列夫·马诺维奇, 112-114页, 116-117页

Marino, M., 马克·马里诺, 158页

Marker, C., 克里斯·马克, 93, 113页

Marpurg, F., 弗里德里希·马普格, 64页

Martinsson, I., 艾萨克·马丁森, 147页

Marvellous（2014）,《奇妙人生》（2014）, 32页

Mateas, M., 马歇尔·梅迪亚斯, 149页

Matrix Trilogy, The（1999-2003）,《黑客帝国三部曲》,（1999-2003）, 89页

McCullin, D., 唐·麦库林, 146页

McLuhan, M., 马歇尔·麦克卢汉, 121页

McQueen, S., 史蒂夫·麦奎因, 88页

Meadows, D., 丹尼尔·梅多斯, 14-15页, 104页

Meadows, M.S., 马克·斯蒂芬·梅多斯, 136页

Mean Streets（1970）,《穷街陋巷》（1970）, 32页

mediavis, 媒介视觉识别系统, 109页

Meirelles, F., 费尔南多·梅里尔斯, 73页

Meisel, E., 埃德蒙德·梅塞尔, 79页

Melody, 旋律, 66页, 77-78页

Mercedes AMG Petronas Formula One Team, 梅赛德斯马来西亚国家石油公司车队, 161页

Mermaid's Tears, The（2017）,《美人鱼的眼泪》（2017）, 66页

Meshes in the Afternoon（1943）,《午后的迷惘》（1943）, 46页

meta-perspective, 元透视, 46页

meta-narrative, 元叙事, 59页, 101页, 138页, 173页, 175-176页

Metagram, 裸眼全息影像系统Metagram, 160页

Metalanguage, 元语言, 106页

Metonym, 转喻, 100页

Metz, C., 克里斯蒂安·梅茨, 40页

Meyer, L., 伦纳德·迈耶, 72页

Meyer, P., 佩德罗·梅耶尔, 17页

Meyerowitz, J., 乔尔·迈耶罗维茨, 15页

Mi.Mu gloves，Mi.Mu智能音乐手套，144页

Michals，D.，杜安·麦可斯，16页

Michelson，A.，安妮特·米切尔森，95页

Micronarratives，微叙事，92-93页

Microsoft，微软，137页

Middle-Earth：Shadow of Mordor（2014），Nemesis system《中土世界：暗影魔多》（2014），复仇系统，118页

Midsømmer，《仲夏》，156页

Mikhailoff，P.，保罗·米卡洛夫，157页

Milton，J.，约翰·弥尔顿，88页

Mimesis，模仿，121页

Minghella，A.，安东尼·明盖，27页

Mise-en-abîme，套层叙事，173页

mise-en-scène，场面调度，173页

Miserere Mei，*Deus*，《求主怜悯歌》，76页

Mission Impossible（1996），《碟中谍》（1996），58页

Mission Impossible III（2003），《碟中谍3》（2003），42页

mixed reality（MR），混合现实（MR），145页

modes of authorship，作者身份，108页

Monolinguism，单语主义（只用一种语言），34页

Montage，蒙太奇，25页，37页，39-40页，58页，78-79页，86-87页，127页，130页，170-171页，174-175页，177页，179页

Morrison，T.，托妮·莫里森，177页

Mortensen，W.，威廉·莫滕森，57-58页

Mortimer E.，艾米丽·莫蒂默，161页

Mosaic（2017），《马赛克》（2017），120页

Mottahedeh，N.，内加尔·莫塔赫德，35页

MPEG（Motion Picture Experts Group），MPEG（动态图像专家组），184页

MTV，全球音乐电视台，159页；MTV Networks，全球音乐电视网，156页

multiple trajectories，多重轨迹，112-113页

Murch，W.，沃尔特·默奇，21-28页，44页，79-80页，133页

Murray，J.H.，珍妮特·H·穆里，139页

music：classification of musical notation，音乐：记谱法的类别，70页；Devices，

装置，70-71页，82页；discourse（regular rhythm）；话语（规则节奏），82页；forms，形式，71-72页，84页，89页，138页；illustration，示例，78页；Motifs，主题，68页

My Boyfriend Came Back from the War（1996），《我男友从战场归来》（1996），113页

My Fathers Long Long Legs（2014），《爸爸的大长腿》（2014），150页

Myst（1993），《神秘岛》（1993），139页

Naficy，H.，哈米德·纳菲西，34页

Nafisi，A.，阿飒尔·纳菲西，179页

Narration，叙事，36-37页，80页，83-84页，100页，135页

narrative: architect，叙事框架，148页；Branching，分支，145-146页；Circular，圆形（循环），42页；conventions，习惯，14页，32页，36页，83页；Film，电影，29页，41页，56页，64页，71页，82-83页，95页；Immersion，沉浸，17页，177页；Perspective，视角，45页，94页，101-102页，115页，169页；Progression，进程，29页，43页，49页，59页，65页，72页，106-107页，143页

Narratology，叙事学，99-100页，130页

Narrator，叙事者，29页，32页，46页，52页，83页，100-101页，107页，119页，160页

NASA，美国国家航空航天局，141页

National Theatre of Wales，威尔士国家剧院，154页

natural rhythm of the story，故事的自然节奏，39页

Naturalistic，自然主义，39页，148页，154页

Neon Bible（2007），《霓虹圣经》（2017），160页

Netflix，网飞，128页，159页，166页；Netflix Quantum Theory，网飞量子理论，111页

'netprov' projects，"网络即兴叙述"项目，158页

neumatic notation，音乐记谱法，74页

New Book, The（1975），《新书》（1975），94页

New York Times, The，《纽约时报》，157页

Nick of Time（1995），《千钧一发》（1995），128页

Nicoll，A.，阿勒代斯·尼科尔，34页

Nietzsche，F.，弗里德里希·威廉·尼采，134页

Nixon，N.，尼古拉斯·尼克松，16页

non-diegetic，画外音，32页，40页，79页，80页，83页

non-linear storytelling，非线性叙事，124页

non-vocalised consonants，辅音，24页

Norman Conquests，The（1973），《诺曼征服》（1973），135页

Norris，C.，克里斯托弗·诺里斯，175页

Notorious（1946），《臭名昭著》，41页

O'Connor，N.，尼尔·欧·康纳，67页，72页

objective correlative，客观对应物，140页

observational position of the audience，观众的观察位置，160页

Occupy MLA（2012），《占领MLA》（2012），158页

Oculus Rift，头戴式虚拟现实显示器，145页，162页

Oedipal trajectory，俄狄浦斯轨迹概念，17页

Oh Brother Where Art Thou?（2000），《逃狱三王》（2000），81页

ontological time，本体论时间，74页

orchestral scores，管弦乐谱，80页，85页

ORPHEUS，俄耳普斯，66页

Osmose（1995），《渗透》（1995），121-122页

Our Own Storm（2016），《我们的风暴》（2016），148页

Ozark（2017），《黑钱胜地》（2017），128页

Page，K.，凯莉·佩吉，155页

palette：colour，调色板，55-57页；literary，文学的广泛涉猎，138页；music and sound，音乐和声音，69-71页：

Paper Dino，纸恐龙公司，148页

Papers Please：A Dystopian Document Thriller（2013），反乌托邦主题惊悚游戏《请出示文件》（2013），148页

paradigmatic structures，纵向机构（并列结构），40页

Paradise Lost（1667），《失乐园》（1667），88页

parallax scrolling，视差滚动，157页

parallel actions in film，电影中的平行剪辑，41页

Paratexts，副文本，149页，165页

Passion of Joan of Arct The（1928），《圣女贞德的激情》（1928），40页

Pekar，H.，哈维·佩卡尔，32页

perceptual synthesis（Baudelaire），知觉合成，20页

Perec, G., 乔治·佩里克, 104页

peripheral vision, 外围视觉, 178页

personalized sound in VR, 虚拟现实中的个性化声音设置, 144页

Perspective, 视角, 16页, 20-21页, 25页, 31-33页, 35-37页, 39页, 41页, 43页, 45-46页, 48页, 50页, 52页, 61页, 66页, 72页, 77页, 84页, 85页, 88页, 90-91页, 94-95页, 97页, 101-103页, 106-108页, 110页, 112页, 115页, 120页, 124-125页, 128页, 130页, 132页, 136页, 139页, 141-144页, 151页, 161-162页, 169页, 171页, 174-176页, 179-181页

perspectivist approach, the, 视角主义方法, 136页

Pesci, J. 乔·佩西, 32页

Peter Pan,《彼得·潘》, 134页

Petridis, E., 伊利亚·帕特迪斯, 143页

Phoenix Incident, The（2016）,《凤凰事件》（2016）, 156页

Phone Booth（2003）,《狙击电话亭》（2003）, 86页

photo-montage, 照片蒙太奇, 91页

Photobooks, 摄影书, 16页

Photogrammetry, 摄影测量技术, 110-111页, 144页

Picasso, P., 巴勃罗·毕加索, 91页

Pinchbeck, D., 丹·宾奇贝克, 147页

Playdead, 独立游戏工作室Playdead, 149页

Poetics（Aristotle）,《诗学》（亚里士多德）, 19页, 44页, 76页

point-of-view, 观点, 102页

polysemous images, 多义图像, 103页

pop score, 流行乐谱, 80页

Pope, L., 卢卡斯·波普, 148页

positional audio, 指向性录音设备, 143页

post-structural literary criticism, 后结构文学批评, 115页

Precipitant Sounds, 突发声音, 25页

presence（in VR）, 在场（虚拟现实中）, 143页, 145-146页

Present, The（2012）,《当下》（2012）, 105页

primary narrative, 主叙事, 100-101页, 127页, 169-170页, 173-174页, 176页, 180页

Project Mosul（Universidad de Murcia）, 摩苏尔项目（穆尔西亚大学）, 111页

Project Syria（2014），VR"体验"项目《叙利亚》（2014），143页

Propp，V.，普罗普·V，98-99页，125页

Proprioception，本体感觉，122页

prosodic elements of speech，语音的韵律元素，67-68页

Protohypertexts，原始超文本，115页

pseudo-notifications，虚假通知，155页

Psious VR platform，一种虚拟现实平台，162页

psychological time，心理时间，74页，83页

psychometric profiling，心理测量分析，155页

Pulp Fiction（1994），《低俗小说》（1994），128页

Punchdrunk，Punchdrunk剧团，161页

Putney，C.，沙琳·普特尼，150页

quantisation in data compression，数据压缩中的量化，183页

Queers in Love at the End of the World（2013），《世界尽头的爱》（2013），150页

Queneau，R.，雷蒙·格诺，129页

Quest for Fire（1981），《火种》（1981），68页

Raging Bull（1980），《愤怒的公牛》（1980），63页

Rankin，O.，奥利·兰金，145-146页

Ray-Jones，T.，托尼·雷·琼斯，15页

Raymond，J.，简·雷蒙德，50页，62页

RDS Taylor Art Award，泰勒艺术奖，146页

Realism，现实主义，122页，128页；Brechtian；布莱希特，18页；Hitchcock；希区柯克，41页；Mortenson's photography，莫滕森的摄影作品，57页

reality of film texts，电影文本的真实性，31页

Reay，P.，波林·雷伊，79-80页，82页

Recontextualisation，语境重构，130页

reduced kinesthetic feedback loops，运动知觉反馈回路的作用削减，122页

redundancy：narrative，冗余叙事，138页，173页，179页；spatial and temporal，空间和时间，82-83页

'referred pain'，牵连式疼痛，22页

Reflektor（2013），《反射镜》（2013），160页

Reiser，M.，马丁·瑞瑟，163页

representation and abstraction，表象和抽象，91页

representational context in media narrative, 媒介叙事中的表征语境, 36页

representative frame (editing), 关键帧（代表帧）（剪辑）, 22页

resolution: in music, 实现：在音乐中, 72页; graphics, 图像, 143页, 166页; narrative, 叙事, 17页, 29页

retrospective narrative, 回顾叙事, 33-34页

retroversion within the text, 在文本中的追溯, 102页

Rettberg, S., 斯科特·雷特贝格, 149页

RFID (radio-frequency identification), 射频识别, 162页

rhythmic organisation in music, 音乐中的节奏组织, 69页, 73页

Rich, B.R., 鲁比·里奇, 34页

Riegi A., 阿洛伊斯·李格尔, 58页

rollovers and data visualisations, 翻转和数据可视化, 158页

room tone, 背景音, 67页

'Rosebud', 玫瑰花蕾, 34页

Rosemary's Baby (1968), 《罗斯玛丽的婴儿》(1968), 55页

Rossellini, R., 罗伯托·罗西里尼, 173页

Rotoscoping, 转描技术, 126页

RTE (Raidió Teilifís Éireann), 爱尔兰广播电视台, 152页

rule of six, 六条准则, 21页, 24页, 79页

Russian Ark (2002), 《俄罗斯方舟》(2002), 128页

Ryan, M.L., 玛丽·劳拉·瑞恩, 124页, 131-132页, 135页, 151页, 181页

Ryan, N., 尼克·瑞恩, 17页

Rybczyński, Z., 兹比格涅夫·布热津斯基, 48页, 94-95页

Rylance, M., 马克·里朗斯, 144页

Saccadically, 扫视地, 179页

Saporta, M., 马克·萨波塔, 129页

Save the Date (2013), 《恋爱预留日》(2013), 148页

Scheherazade (*Arabian Nights*), 谢赫拉莎德《天方夜谭》, 100页

Schindler's List (1993), 《辛德勒的名单》(1993), 126页

Schlegel, G.F., G.F.施莱格尔, 134页

Schopenhauer, A., 亚瑟·叔本华, 74页

Schumacher, J., 乔尔·舒马赫, 86页

Scorsese, M., 马丁·斯科塞斯, 31-32页, 65页, 80页

Screw Cupid（2008），《螺旋丘比特》（2008），67页

Scriabin，A.N.，亚历山大·史克里亚宾，61页

scripted social interactions，经过脚本设计的社交互动，160页

Searchers, The（1956），《搜索者》（1956），117页

Second Life，《第二人生》，141页

Semantics，语义，47页，92页，112-113页，116页

SensoMotoric Instruments，德国眼球追踪技术公司，166页

Shakespeare，W.，威廉·莎士比亚，34页，76页，91页，156页

Shazam，快变，156页

Shepard tone，谢泼德音调，64页

Shipping News, The（2001），《航运新闻》（2001），56页

Shklovsky，V.，维克托·什克洛夫斯基，31页，46页

Shore，S.，史蒂芬·肖尔，104页

Shotgun，后期制作软件Shotgun，142页

Simon and Garfunkel，西蒙和加芬克尔，80页

simulation sickness in VR，虚拟现实模拟中的晕动症，166页

Sin City（2005），《罪恶之城》（2005），123页

Sinha，A.，阿莫里什·辛哈，35页

Syuzhet，休热特，100，130页

Skyhook，天钩公司，159页

Sleep No More（2011），《不眠之夜》（2011），161页

Slippery Traces（1996），《滑落的痕迹》（1996），113页

Snapchat，照片分享社交媒体"色拉布"，156页

Soderbergh，S.，史蒂文·索德伯格，120页

Software Studies Initiative，软件研究计划，108页

Solomon，B.，本·所罗门，158页

Sonnenschein，D.，戴维·索南夏因，65页

Sony，索尼，156页

Sopranos, The: Made in American（2007），《黑道家族》（美国，2007），26页

Sorcery（2013），《巫术》（2013），150页

sound-colours，有色彩的声音，28页

Soundtrack，声轨，28页，64页，67页，70页，78-79页，81-82页，84页，149页

spatial compression，时空压缩，182页；immersion，沉浸，127页，133页；

montage，蒙太奇，86页，92页，94-97页，124页，170-171页，174页，177页，179页；
narrative，叙事，114页；presentation，呈现，43页，124页

  spectral analysis in sound editing，声音剪辑中的频谱分析技术，67页

  Spencer，H.，赫伯特·斯潘塞，68页

  Spiritual Exercises（St. Ignatius of Loyola），《神操》（圣依纳爵），127页

  Spot，*The*，互动小说《现场》，132页，153页

  'stagnant masters' in VR，固定的360度的观看视角，143页

  Stalker（1979），《潜行者》（1979），178页

  Stanford University，斯坦福大学，137页

  Stanley Parable，*The*（2013），《史丹利寓言》（2013），160页

  Steiner，M.，马克斯·斯坦纳，84页

  Stern，A.，安德鲁·斯特恩，149页

  Storr，A.，安东尼·斯托尔，67-72页

  story algorithm，故事算法，119页

  story arc，故事线，30页，36页，52页，80页，154页

  story graphs，故事图谱，145页

  Story Time Twitter，推特故事时间，158页

  story bible，故事圣经，129页

  Storyscapes，故事景观，165页

  Stott，K.，克里希纳·斯科特，159-160页

  Stravinsky，I.，伊戈尔·费奥多罗维奇·斯特拉温斯基，74页

  stream of consciousness，意识流，46页

  structural/materialist film，结构主义电影，42页

  structures of interactivity，交互性结构，132页

  sub-narrative，主观叙事，29页

  subjective interpretation，主观释义，45页，53页，55页，60-61页

  subjective retroversion，主观追溯，102页

  subtext，潜台词，30页，34页，43页

  Subtitles，字幕，33页，34页，43页

  Summit，*The*，（2012），《夺命巅峰》（2012），17页

  Sunset Boulevard（1950），《日落大道》（1950），32页

  Sur（1936），《太阳报》，33页

  Surprising Spiral，*The*，（1991），《惊奇螺旋》（1991），48页

Swedish nyckelharpa，瑞典的尼古赫帕，64页

Sweet Hereafter，The（1997），《莫失莫忘》（1997），33页

Symbolism，象征主义，39页，165页

Symmetry，对称性，72页，78页，176页

sync sound recording，音频录制，41页

Synchronic，同步的，102页

Synchronicity，同步性，83页

Syncopation，切分音，18页，77页

Synecdochical，提喻法，100页

Syntactic，语法，67-68页

syntagmatic structures，横向结构，40页

Synthesis，合成，20页，37页，66页，97页

'tailored discovery'，定制探索，152页

Talented Mr. Ripley，The（1999），《天才瑞普利先生》（1999），55页

Talking Pictures，会说话的照片，14-15页，104页

Tandavanitj，N.，尼克·唐达凡蒂，154-155页

Tango（1982），《探戈》（1982），48页

Tarantino，Q.，昆汀·塔伦蒂诺，80页

Tarkovsky，A.，安德烈·塔科夫斯基，37-40页，53页，165页，170页，177-178页

Tarr，B.，贝拉·塔尔，178页

Temporal，时间，16页，23页，25页，34页，59页，65页，83页，90页，94页，96页，105页，125页，128页，130-1页，169页；anamorphosis，失真，139；compression，压缩，182；deceleration，减速，117页；immersion，沉浸，36页，41页，127页，133页，136页；montage，蒙太奇，27页，37页，48页，86-87页，97页，174-175页；perspective，视角，45页，49页，54页，88页，90页，178页；redundancy，冗余，42-3页，88页，183页；see also digital data compression，参见数据压缩

Terminator 2（1991），《终结者2》（1991），122页

test audiences，试看观众，22页

Texte écrit，写作文本，129页

texte lu，阅读文本，130页

textes-à-voir，读者心理建构文本，129页

textual representation，文本表示，84页，108页

Theall，D.，唐纳德·瑟尔，124页

thematic discoverability，主题的可发现性，152页

Thirteen（2016），《失落十三年》（2016），153-154页

threshold levels in data compression，数据压缩中的阈值水平，183页

Thresholds（2017），《台阶》（2017），162页

Through the Olive Trees（1994），《穿过橄榄树》（1994），35页

Thunkable，线上应用程序开发平台，160页

time-based narrative，基于事件的叙事，90页

Timecode（2000），《时间码》（2000），73页，95页

Tina and Tony's Wedding（1985），《蒂娜和托尼的婚礼》（1985），135页

To Walk Invisible：The Bronte Sisters（2016），《隐于书后》（2016），32页

Tracing（1997），《痕迹》（1997），113页

Trainspotting（1996），《猜火车》（1996），82页

Transmedia，跨媒体，144页，152-154页，156-157页，159-160页，162页，164-165页，182页

triangulation：of opinions，综合分析观点，118页；of perspectives，视角，46页，175页；of sonic elements，声音元素，64页

'triggers' in content scheduling，内容安排中的"触发器"，160页

Tumblr，汤博乐，159页

Twelve Blue：Story in Eight Bars（1997），《十二蓝》（1997），131页

Twine，交互叙事软件Twine，150页

Twixt（2011），《两者之间》（2011），73页

two-pass encoding，二次编码，183页

Two Places / Two Performances（1976），《两个地方／两个演出》（1976），123页

Ultima Online，《网络创世纪》，139页

Ulysses（1993），《尤利西斯》（1993），33-34页，46-47页，115页

Uncommon Places（1982），《不寻常的地方》（1982），105页

Under the Skin（2014），《皮囊之下》（2014），64页

Unheimlich，陌生，163页

Unilever，联合利华，157页；U-Entertainment，联合利华U娱乐部门，157页；U-Studio，联合利华U工作室，157页

Unity game engine，Unity游戏引擎，143页

Valve，维尔福，145页

Vaughan，B.，布莱恩·沃恩，148页

vertical montage，垂直蒙太奇，89页

Vertov，D.，吉加·维尔托夫，95-97页，115页

Vico，G.，詹巴蒂斯塔·维柯，68页

Vine，微软软件"藤"，156页，159页

ViralHog，病毒猪，156页

virtual characters，虚拟人物，145页；Landscapes，景观，145页；Objects，物体，145页；Worlds，世界，107-108页，141页

virtual reality（VR），虚拟现实（VR，121页，125页，143页，157页，158页，161-162页，166页

voiceover，画外音，32页

Von Trier，L.拉尔斯·冯·提尔，86页，94页，102页

VStream Digital Media，V数字流媒体公司，161页

Wainwright，S.，萨莉·温赖特，33页

Wall，S.，肖恩·沃尔，165页

Wand，E.，艾库·韦德，49-50页

War Primer（1955），《战争入门读本》（1955），104页

War Primer II（2013），《战争入门读本II》（2013），104页

Wattpad，瓦特帕德，111页

Weight of Water，The（2016），《水的重量》（2016），146页

Welles，O.，奥森·威尔斯，34页

Wendell Holmes，O.，奥利弗·温德尔·霍姆斯，110页

Werckmeister Harmonies（2000），《鲸鱼马戏团》（2000），178页

Westworld（2016），《西部世界》（2016），128页

White，T.，托尼·怀特，154页

will-to-art（*kunstwollen*），艺术意志，58页

Williams，J.，杰梅因·威廉姆斯，161页

Williams，R.，雷蒙德·威廉姆斯，121页，

Wind Will Carry us，The（1999），《随风而逝》（1999），35页

Wings of Courage（1995），《勇气之翼》（1995），139页

Winogrand，G.，盖瑞·温诺格兰德，15页

Witch The（2015），《女巫》（2015），64页

Wittig, R., 罗伯·维蒂希, 158页

Wolf Hall（2015），《狼厅》（2015），144页

Wonderland，《仙境》，123页

Worringer, W., 威廉·沃林格, 69页

Wuthering Heights，《呼啸山庄》，127页，136页

Xerox-PARC，帕洛阿尔托研究所，137页

YouTube，油管，153页，156页，158-159页，166页；YouTube Red，油管的付费会员服务，159页

Zimmer, H., 汉斯·齐默, 64页

Žižek, S., 斯拉沃热·齐泽克, 42页

图书在版编目(CIP)数据

交互叙事与跨媒体叙事:新媒体平台上的沉浸式故事创作 /(爱尔兰)凯利·麦克莱恩(Kelly McErlean)著;孙斌,李蕊,丁艳华译. -- 北京:中国传媒大学出版社,2021.9(2024.6重印)
(跨学科媒介研究译丛)
ISBN 978-7-5657-2995-9

Ⅰ. ①交… Ⅱ. ①凯… ②孙… ③李… ④丁… Ⅲ. ①剧本—创作方法 Ⅳ. ①I053.5

中国版本图书馆 CIP 数据核字(2021)第 163187 号

Interactive Narratives and Transmedia Storytelling: Creating Immersive Stories Across New Media Platform, 1st Edition / by Kelly McErlean / ISBN:9781138638822 Copyright © 2018

Authorized translation from English language edition published by Routledge, a member of the Taylor & Francis Group LLC. All rights reserved. 本书原版由 Taylor & Francis 出版集团旗下 Routledge 出版公司出版,并经其授权翻译出版。版权所有,侵权必究。

Communication University of China Press is authorized to publish and distribute exclusively the Chinese (Simplified Characters) language edition. This edition is authorized for sale throughout Mainland of China. No part of the publication may be reproduced or distributed by any means, or stored in a database or retrieval system, without the prior written permission of the publisher. 本书中文简体翻译版授权由中国传媒大学出版社独家出版并限在中国大陆地区销售。未经出版者书面许可,不得以任何方式复制或发行本书的任何部分。

Copies of this book sold without a Taylor & Francis sticker on the cover are unauthorized and illegal. 本书封面贴有 Taylor & Francis 公司防伪标签,无标签者不得销售。

著作权合同登记号 图字:01-2021-4102

跨学科媒介研究译丛

交互叙事与跨媒体叙事:新媒体平台上的沉浸式故事创作
JIAOHU XUSHI YU KUAMEITI XUSHI: XINMEITI PINGTAI SHANG DE CHENJINSHI GUSHI CHUANGZUO

著　　者	[爱尔兰]凯利·麦克莱恩(Kelly McErlean)
译　　者	孙　斌　李　蕊　丁艳华
策划编辑	曾婧娴
责任编辑	曾婧娴
封面设计	运平设计
责任印制	李志鹏

出版发行	**中国传媒大学**出版社		
社　　址	北京市朝阳区定福庄东街1号	邮　编	100024
电　　话	86-10-65450528　65450532	传　真	65779405
网　　址	http://cucp.cuc.edu.cn		
经　　销	全国新华书店		
印　　刷	三河市东方印刷有限公司		
开　　本	787mm×1092mm　1/16		
印　　张	12.25		
字　　数	247千字		
版　　次	2021年9月第1版		
印　　次	2024年6月第3次印刷		
书　　号	ISBN 978-7-5657-2995-9/I·2995	定　价	62.00元

本社法律顾问:北京嘉润律师事务所　郭建平